Franz Fühmann:
Kapitulation
Erzählungen

Deutscher
Taschenbuch
Verlag

dtv

Von Franz Fühmann
sind im Deutschen Taschenbuch Verlag erschienen:
Fräulein Veronika Paulmann aus der Pirnaer Vorstadt oder Etwas über das Schauerliche bei E. T. A. Hoffmann (10217)
Der Sturz des Engels (10368)

April 1985
Deutscher Taschenbuch Verlag GmbH & Co. KG, München
Lizenzausgabe mit freundlicher Genehmigung des VEB Hinstorff Verlags, Rostock, und des Hoffmann und Campe Verlags, Hamburg

Die Erzählungen sind entnommen aus dem Band ›Erzählungen 1955–1975‹.
Die Erzählung ›Kameraden‹ erscheint hier mit freundlicher Genehmigung des Hoffmann und Campe Verlags, Hamburg.
Umschlaggestaltung: Celestino Piatti
Gesamtherstellung: C. H. Beck'sche Buchdruckerei, Nördlingen
Printed in Germany · ISBN 3-423-10397-3

Inhalt

Kameraden

Im Juni des Jahres 1941, an der Memel, geschah es, daß drei Soldaten, der Obergefreite Karl W. und die Oberschützen Josef L. und Thomas P., gemeinsam ihren großen Tag hatten. Es war ihnen gelungen, bei einem Übungsschießen mit je drei Schuß fünfunddreißig Ringe zu treffen. Das war das beste Schießergebnis seit Jahren im Bataillon, ja in der gesamten Division. Die drei waren sofort, noch auf dem Schießstand, vom Bataillonskommandeur, einem Major von der Saale, belobigt worden. Es war üblich, den glücklichen Schützen nach solchen Leistungen Heimaturlaub zu gewähren; doch schon seit Wochen war Urlaubssperre. So wurden die drei für drei Tage von jeglichem Dienst befreit. Sie durften wegtreten, ohne das Ende der Übung abwarten zu müssen.

Karl, Josef und Thomas einigten sich schnell, wie die freien Stunden zu verbringen wären. Sie wollten nach Libiaken gehen, nach dem nächsten Dorf; es waren zwar zwei Stunden Wegs dahin, aber dort konnte man, hatte man Glück, Mädchen finden, und hatte man kein Glück, so konnte man sich in einer Kneipe darüber trösten. In Libiaken gab es eine Kneipe, das allein lohnte die zwei Stunden Weg. In ihrem Standort war keine Kneipe. Dort waren nur Wiesen, wasserdurchschnittene, die langsam Sumpf wurden; und hie und da aus der Ebene erhoben sich kleine Hügelzüge, dünenähnlich, ganz flach ansteigend und dann steil, senkrecht, ja nach innen gehöhlt abfallend. Diese Hügel waren mit lichten Wäldern bewachsen, mit Birken, Erlen und Kiefern, und unter den schütteren Kronen drängten sich die Regimenter zusammen, Mann an Mann, Zelt an Zelt, Geschütz an Geschütz. Es war, als gehörten sie zur Landschaft. »Das ist Baltikum«, sagte Karl. »So war das schon immer!«

Sie machten sich also auf den Weg nach Libiaken. Sie gingen barhaupt, den Blusenkragen geöffnet, die Ärmel aufgekrempelt, gelöst und frei, das Gewehr über die Brust gehängt. Sie sangen laut. Das Land dehnte sich vor ihnen, offen, strotzend in einem Grün wie von der Unterseite fleischiger Blätter genommen; hineingemischt war das heftige Maigelb der Sumpfblumen, und grell aus dem Grün und Gelb blitzte das Silber rinnenden und ruhenden Wassers. Ungeheuer wölbte sich der glasblaue Himmel, und dort, wo er die Erde berührte, flossen die Elemente ineinander zu einem weichen, weißen, die Konturen aller Dinge auflösenden Dunst.

Da plötzlich schwang sich, wohl von den Schritten der Wandernden aufgeschreckt, ein wunderbarer Vogel in den Himmel auf. Der Vogel ähnelte einem Reiher, aber sein Gefieder war von einem stechenden harten Schwarz, und die Brust war mit roten Rauten gezeichnet. Der Vogel schwamm schnell durch die Luft, schraubte sich hoch und stand dann, flügelschlagend, ein unheimliches schwarzes Zeichen, im kristallenen Himmel.

Die Soldaten hatten sofort den Wunsch, den Vogel zu schießen. Scharfe Munition besaßen sie; sie hatten in der Eile ihres Aufbruchs die noch nicht verschossenen Patronen, das waren je drei, nicht, wie es Befehl war, auf dem Schießplatz dem Waffenmeister zurückgegeben. Aber es war ihnen streng verboten, hier, an der Grenze, ohne Befehl zu schießen; sie hätten dafür vor ein Kriegsgericht kommen können. Sie schwankten zwischen der Furcht vor der Strafe und der Freude, den Vogel zu schießen. Karl warnte; Josef hingegen wandte ein, daß der Major von der Saale ein leidenschaftlicher Sammler seltenen Getiers sei; er würde ihnen nicht nur den unerlaubten Schuß nachsehen, sondern sie noch belobigen, wenn sie ihm diesen schwarzroten Reiher brächten. Doch über Rede und Gegenrede war es schon zu spät geworden. Der Vogel schoß davon, als wittere er sein Verderben, den Hals weit vorgestreckt, ein Pfeil, bewegt von zwei riesigen Rudern. Er entschwand. Enttäuscht ließen die Soldaten die Gewehre sinken. Aber sie hatten Glück, das zweite Mal an diesem Tage. Der Reiher schwamm wieder heran, und nun belauerten sie ihn, fiebernd vor Jagdlust. Der Vogel stand noch sehr hoch. Langsam kam er herunter. Er stieß einen krächzenden Schrei aus, dann schoß er, flügelklatschend, einem Weidengebüsch am Wasser zu und ließ sich dort nieder. Sein Schwarz leuchtete, sonnenbeglänzt, aus dem ruhigen Grün. Er äugte zu den Soldaten hinüber, dann wandte er sich dem Wasser zu, um zu trinken. Da drückten Josef und Karl gleichzeitig ab, und Thomas wollte gerade den Finger am Abzug krümmen, doch ein schrecklicher Schrei, der den Donner des Schusses überschrie, lähmte ihn. Sie standen wie versteinert, und ihre Gesichter waren grau geworden. Atemlos warteten sie, aber es kam nichts mehr; nur Stille war, die man spürte so wie Wind, der vom Wasser her weht. Das Gewehr entglitt Josefs Hand, es fiel ins Gras, leise klirrend. Da kam wieder Leben in sie. Sie wußten, daß das, was sie getroffen hatten, ein Mensch gewesen war, und nun rannten sie, den Menschen zu retten. Aber als sie zur Weide gekommen waren, da war keine Rettung mehr.

Da lag, zerfetzt, der Reiher, und neben ihm sahen sie ein Mädchen liegen, tot. Sie lag im harten Riedgras, hinter dem Busch, am Bachufer, voll auf dem Rücken, die Arme ausgebreitet, und aus ihrer Brust quoll Blut, ein Rinnsal, schon stockend. Josef, Thomas, sie sahen's und stöhnten auf, leise, ohne Schrei, in äußerstem Entsetzen. Es war das erste Mal, daß sie Blut aus einem Menschen rinnen sahen. Sie ertrugen es nicht. Sie schauten weg; da sahen sie den Reiher. Sie sahen das Gras an, auch das war rot.

»Um Gottes willen«, sagte Karl entsetzt, »um Gottes willen, das ist ja die Tochter des Majors!«

Er beugte sich über das Mädchen, aber er rührte sie nicht an. Er lauschte, ob ihr Atem ging, und sah ihr ins Auge.

»Aus«, sagte er.

»Ich habe nicht geschossen, ich nicht ...«, stammelte Thomas. Ein furchtbares Grauen kam ihn an. Er wollte fortlaufen, aber er konnte es nicht. Er stand wie eine Pflanze, festgebannt, wahllos und wehrlos in diesem Mord verwurzelt, und so, wie es eine Blüte zwingt oder ein Blatt, sich in eine bestimmte Richtung zu kehren, zum Licht zu, so zwang es ihn, den Kopf zu wenden und die Tote anzusehen. Er sah hin. Es war ihm, als wäre er gar nicht auf dieser Welt; er wußte für einen Augenblick nicht, wo er war und wann.

Das Gesicht der Toten verschwamm, das weiße Gesicht, die weiße Brust, die weißen Arme, es war nur ein heller Fleck, so wie ein Mond auf dunklem Grund, sehr dunkel, tiefgrünes sattes Gras, darüber wogte das Grauen des Todes. Es wurde Schrift: »Wir sind geboren, um für Deutschland zu sterben!« Diese Worte standen – Thomas war weit weg in der Zeit – in harten, schwarzen Lettern im Torgestänge eines Lagers der HJ, in dem Thomas den Sommer verbracht hatte, den letzten, ehe er eingezogen worden war. Diese Worte hatten sich schwarz abgehoben von dem weißen Sand, der dahinter war, unermeßlich, zum Meer hin, das man rauschen hören konnte. Diese Worte hatte er gelesen, und er hatte sich nicht viel dabei gedacht wie die andern Kameraden auch; das stand so da, und es waren eben Worte, rauschhafte, große. Sterben, wer kannte das schon, wer wußte das, wer? Doch eines Tages mußten die Jungen ihren Mut beweisen; sie wurden, mit verbundenen Augen, auf einen Hügel geführt, dessen Höhe sie nicht kannten. Dort stellte sie ihr Führer an den Abgrund und sagte: »Springt hinunter!« Er sagte auch: »Es ist gefährlich. Es ist hoch, und unten ist es steinig. Es kann die Knochen kosten, gar das Genick!«

Einige hatten sich geweigert zu springen, die hatte man höhnend wieder heimgeschickt. Aber von denen, die geblieben waren, hatte keiner gefragt, warum er diesen wahnsinnigen Sprung tun sollte und warum das Ehre war. Da hatte Thomas an die Worte im Lagertor denken müssen, und er hatte sich gesagt: Nun wird es Ernst. Er hatte ein Rauschen gehört und war gesprungen. Offenbar mußte er – und wie er ein jeder, im Augenblick, da er absprang – sehr komisch ausgesehen haben, denn jedesmal hatten die Führer schallend aufgelacht. Das alles war jetzt wieder da in Thomas: die namenlose Furcht vor dem, was kommen würde, der Anhauch des Todes, der plötzlich im Leben stand, der Sprung, der Sturz, der endlos schien, hinab, durch Wogen von Gelächter.

Das ganze Leben, diese ganzen achtzehn Jahre flogen vorm offenen Auge vorüber, diese achtzehn Jahre, in denen das Größte jener Sprung gewesen war und die drei Schuß nach der Scheibe. Nun fiel er aus diesen Jahren in etwas Unbekanntes, das schwarz war. Da stieß er auf Grund, eine Erschütterung rann durch seinen Körper, er schlug die Augen auf, und da lag sie, die Tote, tot. Thomas schauerte. Thomas lief fort.

Aber Josef hatte ihn schon an der Schulter gepackt. »Wohin willst du?« schrie er Thomas an.

Thomas konnte nicht antworten. Er hatte nichts gewollt als fortlaufen, weg, weg von hier. Das mochte er Josef nicht sagen. Da fiel ihm etwas ein. Er stammelte: »Ich wollte einen Spaten holen – wir müssen sie begraben ...«

»So«, sagte Josef, »Spaten holen. Sieh an!« Er krallte die Finger fester ins Uniformtuch des Kameraden. Die Linke hatte er am Griff seines Seitengewehrs. Thomas sah es nicht, aber er hörte, wie sich Metall an Metall scheuerte. »Was willst du«, fragte er tonlos.

Karl trat zu ihm. »Du wolltest uns wohl verpfeifen, was?« sagte er.

Da erst begriff Thomas; er riß sich mit einem Ruck los, und seine Hand fuhr auch an die Seite. Aber Josef hatte sein Seitengewehr schon in der Hand, und Karl hatte sein Gewehr gehoben.

Thomas ließ die Hand sinken. »Ihr seid ja verrückt«, sagte er. Sie antworteten nicht. Sie belauerten einander. Thomas bat: »Laßt mich in Frieden!« Sie antworteten nicht. Thomas wankte. Eine dunkle Welle rollte ihm durchs Hirn. Ihm wurde übel. »Das könnte dir so passen«, hörte er Josef sagen, »das könnte dem so passen: in Frieden lassen! Er hat nicht geschossen. Er will fort. Er will sich heraushalten. Er will uns verpfeifen. Er ist ein Verräter!«

Thomas raffte sich zusammen. »Ich will doch nichts verraten«, stammelte er.

»Er soll auch schießen. Dann ist er auch mit drin«, sagte Josef zu Karl.

»Was heißt das?« fragte Karl.

»Er soll schießen wie wir!«

»Auf sie?«

»Ja!« brüllte Josef. »Ja!«

»Nein, nein, nur das nicht«, wimmerte Thomas entsetzt. Doch auch Karl widersprach. »Das macht doch nur Lärm«, sagte er. Er hob sein Gewehr und setzte den Lauf Thomas auf die Brust.

Thomas hielt stand. Seine Knie strafften sich wieder. Als er das Metall auf seinem Körper fühlte, sah er Karl fest in die Augen. Eine Weile standen sie so. Thomas blinzelte nicht. Karl ließ endlich das Gewehr sinken. Ihre Augen waren noch immer ineinander. »Merk dir«, sagte Karl, »wenn du uns verpfeifen willst, dann bist du erledigt. Jetzt kommt's nicht mehr drauf an. Alles oder nichts!«

»Ich bin doch kein Verräter, Kameraden!« sagte Thomas.

»Nein«, sagte Josef, »das genügt nicht, was er uns da

sagt! Sprich nach, Thomas: ›Wenn ich euch verpfeife, Kameraden, dann habe ich den Tod verdient!‹ Sag's nach!«

»Wenn ich euch verpfeife, dann habe ich den Tod verdient!« sagte Thomas ohne Zaudern.

»In Ordnung«, sagte Karl. Erst jetzt gaben seine Blicke Thomas frei. Doch dann standen sie unschlüssig wie zuvor: Was sollten sie mit der Toten tun? Hier konnte ja jeden Augenblick jemand vorbeikommen, ein Kamerad oder ein Offizier oder auch nur ein Bauer; es war ja der Weg nach Libiaken, der Weg ins Dorf, der Weg zur Kneipe. Und dann war es ihnen auch, als hörten sie hinter sich Stimmen, Geraun, von fern her.

»Wir müssen sie fortbringen, weit fort, so weit wie möglich zur Grenze hin«, flüsterte Karl. »Wir müssen sie in einem Sumpfloch verschwinden lassen. Faßt an!« Er sagte: »Faßt an!« wie ein Kommando. Er blieb stehen. Josef hatte die Tote an den Händen gepackt. »Faß an, Thomas, nimm sie bei den Beinen!« verlangte er.

Thomas bückte sich gehorsam nieder, er griff nach den Beinen, aber da er sie berührte, flog ihm die Hand weg, als hätte ihn ein elektrischer Schlag getroffen. Er versuchte nochmals zuzugreifen, aber wieder zuckte er zurück, und nun konnte er auch nicht mehr hinsehen. Er wandte den Kopf ab, ein Krampf durchschüttelte ihn, er heulte wie ein Kind und fiel ins Gras.

Josef gab ihm einen Tritt. »Steh auf, Scheißkerl, Feigling!« Thomas wälzte sich heulend auf die Seite. Karl zog ihn hoch, stellte ihn auf die Beine und sagte: »Am besten, du steckst mal den Finger in den Mund!« Thomas schüttelte hastig den Kopf, aber nun würgte es ihn heftiger; Karl drehte ihn noch herum, und Thomas erbrach sich.

»Herrgott, ist das ein Scheißkerl, welche Waschlappen haben den denn erzogen?« sagte Josef. Doch da begann er zu zittern, seine Hände zitterten, seine Lippen, sein Leib, er lauschte nach rückwärts und flüsterte: »Hört!« Ja, es waren Stimmen, sie kamen heran. »So kommt schon, so kommt schon«, heulte Josef. Er warf sich mit einem Ruck die Tote über die Schulter und lief davon; Karl folgte ihm, Thomas mit sich ziehend.

Sie liefen, am Wasser entlang, der Grenze zu. Sie liefen, bis sie Soldaten sahen, die dort patrouillierten, mückengroß, Pünktchen, schwarz, kriechend am Horizont im weißen Dunst. Sie wußten nicht, ob es Deutsche waren oder Russen. Nun gingen sie geduckt. Josef keuchte. Er hatte die Leiche fallen lassen und schleifte sie hinter sich her. Die Wiesen waren sumpfig; der Boden schwang an bestimmten Stellen wie eine Gummidecke, und Wasser gluckste unter ihren Füßen. Sie kamen an einen Dränagegraben. Plötzlich knallte ein Schuß. Sie wußten nicht, wem er galt, ob ihnen oder einem anderen Menschen, einem Getier, einer Scheibe Pappe oder nur der Luft. Doch sie erschraken so sehr, daß sie sich in den Graben fallen ließen. Die Tote rollte ihnen nach.

Da lagen sie im sumpfigen Brackwasser, das zentimeterhoch über dem schwammigen Boden stand. Träge tauchten große Blasen hoch und blieben unter der Haut des Wassers stecken. Es roch nach verwesendem Gras. Mit den Händen schaufelten sie eine Grube, preßten die Tote hinein und deckten sie zu mit Erde, Moor und Schilf. Sie arbeiteten, daß ihnen der Schweiß auf die Stirn kam. Dann suchten sie nach Steinen, die leichte Grabdekke zu beschweren. Sie fanden nur einen Grenzstein, einen alten, verwitterten Stein mit einer ihnen unverständlichen Inschrift darauf und seltsamen Zeichen, die sie nicht deuten konnten. Mit diesem Stein beschwerten sie das Grab. Dann liefen sie, immer geduckt, zurück, zum Bach, sich zu säubern. Sie hatten lange zu tun. Dann warteten sie am Bach bis zum Abend.

Karl gab den beiden gute Ratschläge. Er sagte: »Ich weiß Bescheid, wie das ist und was man tun muß. Es ist nicht leicht, zum ersten Male. Ich weiß das!« Die beiden Jungen hingen an seinen Lippen, andächtig fast. Er sagte:

»Schweigt. Was auch kommt, haltet das Maul. Ich schaffe schon Rat. Laßt euch auf keine Unterhaltung ein. Legt euch hin. Schlaft. Die erste Nacht ist schwer, dann hat man es überstanden. Man gewöhnt sich.« Thomas und Josef hörten ihm schweigend zu. Thomas dachte: Aber ihr Vater, ihr Vater? Doch er wagte nichts zu sagen. Karl fuhr fort: »Wenn wir dichthalten, dann kann nichts herauskommen. Verlaßt euch auf mich! Ich habe meine Erfahrung!« Sie sahen ihn an wie einen Vater. Es gelang ihm zu lächeln. »Es gibt Schlimmeres«, sagte er. »Es gibt Schlimmeres«, wiederholte Josef sinnend.

Als es Abend geworden war, machten sie sich auf den Weg in die Unterkunft. Es war noch sehr hell, aber sie mochten nicht mehr warten, es trieb sie zu Menschen. Jeder dachte daran, aber keiner fragte, ob man nicht doch den schwarzen Reiher mitnehmen sollte. Dann, nachdem sie schon eine Weile gegangen waren, fiel es Karl ein, daß der tote Reiher sie verraten könnte. Sie liefen zurück und verscharrten ihn unter der Weide. Dort fand ihn niemand mehr; er verfaulte dort, nutzlos. Mit ihm war eine Vogelrasse ausgestorben, die der Mensch nicht gekannt hatte. Nur die drei Soldaten hatten das letzte Exemplar gesehen; aber für sie war diese Rasse Reiher nichts wert gewesen, nur die zwei Schüsse, und daß sie ihn verscharrten.

»Man muß an alles denken«, sagte Karl.

»Es ist sehr wichtig in solchen Fällen, daß man scharf denkt«, wiederholte er auf dem Heimweg. Josef und Thomas nickten schweigend. »Jetzt müßt ihr jedes Wort überlegen«, sagte Karl zum dritten Mal. »Ja, ja, ja!« schrie Josef überreizt. »Nun hör doch auf!«

»Nerven!« brummte Karl.

Als sie in ihre Unterkunft kamen, schwoll ihnen Lärm und Gesang entgegen. Feuer brannten. Sie erfuhren, daß eine Sonderration Trinkbranntwein und Rum ausgegeben worden war. Sie gingen zur Feldküche, um ihre Portionen abzuholen. Der Küchenunteroffizier sagte ihnen,

Major von der Saale habe befohlen, ihnen für ihre vorzügliche Leistung im Scharfschießen doppelte Portionen auszugeben. »Was hat er?« schrie Josef zitternd. »Der ist besoffen seit Mittag«, sagte Karl und schob Josef beiseite. Da entsann sich Josef, daß er ja auch nach der Scheibe geschossen hatte. »Ist schon in Ordnung«, sagte er forsch. Sie nahmen ihren Rum und Branntwein, für jeden je einen halben Liter. Kameraden kamen auf sie zu, um mit ihnen zu feiern. Sie konnten sich den Einladungen nicht entziehen. Sie saßen mit den anderen am Feuer, einsilbig, tranken und starrten vor sich hin. Als erster erhob sich Thomas; er sagte, er habe Kopfschmerzen und wolle schlafen gehen. Er ging, und Josef und Karl folgten ihm sofort. Sie schliefen in einer niedrigen einräumigen Holzbaracke, in der etwa vierzig Mann untergebracht waren. Die Baracke war noch leer; sie waren die ersten, die sich zu Bette legten. Karl wünschte eine gute Nacht.

Sie lagen im Finstern, es gab kein Licht in der Baracke, und die Fenster waren verdunkelt. Obwohl sie viel getrunken hatten, konnten sie doch nicht einschlafen. Schließlich kam über Thomas eine Art Traum. Wüste Gesichte fielen ihn an. Es war, seltsam, nicht die Tote, die er sehen mußte, und auch nicht die todkündende Schrift, und er mußte auch nicht in einen unbekannten Abgrund springen. Es war eigentlich umgekehrt: Er stand, und er hatte die Vorstellung eines ganz bestimmten Grau, eines dunklen bröckeligen Grau, das verschiedene Formen annahm, am häufigsten die einer riesigen Wand, die auf ihn herabkam, schräg von oben, und die ihn zu erdrücken drohte. Er wehrte sich mit aller Kraft; er wußte, daß er träumte, und er rang mit sich, aufzuwachen, aus dem Traum herauszukommen. Er fürchtete, er könnte im Traum schreien oder gar sprechen. Doch da fuhr die Wand schon herab, unerbittlich, aber sie erdrückte ihn nicht. Sie kippte, er hatte sie nun im Rücken, und eine Hand, schweißig, wischte ihm übers Gesicht; er mußte sich an die Wand lehnen, und

Kälte durchdrang ihn. Nun wuchs, da er so stand, ein Graues vor ihm, rund, hohl, drohend, viele kalte Rundungen. Die Gewehrläufe kamen alle in seinem Auge zusammen. »Gott hilf mir, Gott hilf mir, laß mich aufwachen«, stöhnte er. »Gott hilf mir, ich werde verrückt, das halte ich nicht aus!« Die Läufe vor seinem Gesicht schwankten nicht. Thomas stammelte: »Ich schwöre doch, ich schwöre ...« Er brach ab. Er durfte ja nicht reden. Er wußte nicht, und das marterte ihn: Hatte er nur geträumt zu reden, oder hatte er jetzt wirklich gesagt: »Ich schwöre ...« Er wartete, stumm, die Läufe schwankten nicht. Er wartete auf einen Befehl, der Befehl kam nicht.

Ich werde verrückt, sagte er zu sich.

Noch immer geschah nichts.

Das kann doch nicht sein, das kann doch nicht sein, daß die Kameraden auf einen schießen! dachte er, und da lächelte er fast: Das ist doch alles nur ein Traum! Und nun war er aufgewacht; er träumte, er sei aufgewacht. Erlöst dachte er: Das war doch nur geträumt! Ich liege hier, und nichts ist geschehen. Keine Gewehre vor mir, keine Tote. Alles ein Traum, und alles ist gut!

Da ließ die Kälte im Rücken nach, da löste sich das Grau vor ihm, da war es ihm, als fielen sehr schnell Nebel nieder. Nein: Er selbst fiel durch Nebel hindurch in die Tiefe. Er wollte fallen. Nun aber schlug er auf; ach ..., er fuhr hoch, er war hellwach. Die Schläfer schnarchten und stöhnten. Einer sprach im Schlaf, er sagte immer: »Du Saustück, geh weg, du Saustück, geh weg!« Thomas war am ganzen Leib naß. Er wischte sich mit dem Handrükken den perlenden Schweiß von Stirn und Brust. Da sah er die Tote wieder, wie sie naß war von Blut. Er schlug die Hände vor die Augen, so wie es kleine Kinder tun, wenn sie unfolgsam waren und der Strafe entgegensehen. Er warf sich herum; das dürre Holz des Bettgestells knackte und knarrte. Thomas lag reglos. Er hörte, es war Josefs Stimme, die leise Frage: »Thomas –?«

Er antwortete nicht. Er wagte auch nicht zu atmen. Alles, was er war, sein ganzes Sein und Denken, es war nur der Wunsch, ausgelöscht zu sein. Er wünschte, er läge an der Stelle der Toten, im Sumpf, unterm Schlamm, den Stein auf der Brust.

Hätte ich einen Revolver, ich wüßte, was ich täte, sagte er sich. Er fühlte eine Frage und gab sich selbst Antwort: Nein, mit dem Gewehr, das kann ich nicht, ich kann nicht mit den Zehen abdrücken, und auch nicht mit dem Seitengewehr und auch nicht erhängen. Gift müßte ich haben, einen Trank, um einzuschlafen!

Er fühlte, wie Josef ihn belauerte. Er sah durch die Dunkelheit. Ich muß sprechen, ich muß es sagen, ich muß es dem Major sagen, sonst werde ich verrückt, dachte er, verzweifelt, entschlossen. Leise, leise kletterte er aus dem Bett. Er machte kein Geräusch. Das Schnarchen der Schläfer überdeckte seine Schritte. Und dennoch, Thomas spürte es, kam einer ihm nach. Thomas ging zur Latrine, und nach wenigen Schritten wandte er sich schnell um. Er sah Josef in den Schlagschatten der Baracke springen. Thomas tat, als habe er nichts gesehen, und ging weiter.

Es war sehr kühl geworden, ein Wind kam vom Meer her, stetig und kalt. Die Kühle und der Salzhauch, den der Wind hertrieb, beruhigten Thomas, und es war auch so beruhigend zu sehen, daß die Welt war wie immer: dieser Nachthimmel aus schwarzem Wachs mit der käsigen Halbmondsichel, die Silhouetten der Baracken, Zelte und Bäume, der lichte Wald auf dem Hügel droben und der Wind. Die Erde war noch unterm Fuß, die Welt stand heil, das Leben ging weiter, nichts war geschehen.

Plötzlich war einer neben ihm, ein Schatten, ein Kommandant des HJ-Lagers.

Du bist zu weich, Kerl, härter werden, härter werden, hörte er ihn sagen. Das hatte der Kommandant auch gesagt, ehe sie den Mutsprung gemacht hatten. Jetzt dachte

Thomas daran, daß der Abhang, den hinunter sie gesprungen waren, nicht hoch gewesen war, noch keine zwei Meter, und keiner hatte sich beim Springen auch nur einen Finger verstaucht. Vielleicht war es nun auch so; vielleicht war es wirklich nur diese eine Nacht, die man durchstehen mußte! Wieder war der Schatten neben ihm. Er sagte, wie damals, beim letzten Fahnenappell, den sie abhielten: Unsere Ehre heißt Treue! Weh dem, der je seine Kameraden verrät! Der wird ausgestoßen sein aus seinem Volke! Deutsch sein heißt zusammenstehen auf Gedeih und Verderb! Das hat uns groß gemacht in der Geschichte! Darum sind wir das auserlesene Volk, wir, Hüter der Nibelungentreue!

Dann hatte Thomas mit den Kameraden geschworen, auf die Fahne, auf den Führer, für Ehre und Treue. Als er Soldat wurde, hatte er abermals geschworen – und heute hatte er gesagt: »Bringt mich um, wenn ich euch verraten will!« Und doch, was wollte er denn? Wohin ging er? Wie hieß er, hieß er denn Judas? Er hörte hinter sich Josef huschen. Er drehte sich nicht um. Reiß dich doch zusammen! befahl er sich. Er zwang sich, das Geschehene zu rekonstruieren. Er sah den Mondschein, bleich zu seinen Füßen, im kristallenen Sand, wie er funkelnd verrann. Er sah sie, sie lag vor seinen Füßen. Er redete sie an. Dich kann doch keiner mehr lebendig machen, keiner! sagte er zu ihr. Ich bin nicht Christus, ich kann dir nicht sagen: Steh auf und geh! Ich würde mich melden, freiwillig, ins Zuchthaus gehen, sterben, ja, sterben, könnte ich dich lebendig machen dadurch. Aber ich kann es nicht. Er wiederholte: Ich kann es nicht! Und er sagte es das dritte Mal: Ich kann es doch nicht!

Thomas atmete ruhiger. Nur mehr der Mondschein war zu seinen Füßen. Man muß ruhig, ruhig überlegen, sagte er sich. Woran bin ich? Sage ich etwas, dann kostet es zwei Kameraden den Kopf. Das Mädchen wird davon nicht lebendig. Sage ich nichts, dann können zwei Kameraden davonkommen, zwei ehrliche Jungen, das soll man doch auch nicht vergessen. So oder so – die Tote bleibt tot. Soll man die Zahl der Toten vermehren? Aber der Vater, ihr Vater?

Thomas stand verzweifelt. Hier, fühlte er, kam etwas, das alle seine Rechtfertigungen zerstörte: Ein Vater, ihr Vater, in der schrecklichen Ungewißheit, in Verzweiflung und Bitternis! Ach was, sagte er sich, ach was! Es geht um das Leben zweier Kameraden. Sie müßten sterben. Das ist schlimmer! Er sagte laut: »Aus. Es war nichts. Erledigt.«

Er atmete tief und sah zum Himmel auf: Da waren ja Sterne! Es war ihm, als hätte er nie zuvor Sterne so gesehen, so silbern und kalt und schön, so strahlend, unbekümmert um alles, was geschieht, gleichmäßig über Schlaf und Blut, Gebären und Mord. Er sah dies kalte Licht, erlöst. Er hatte sich entschieden. Er war kein Mann der Tat, er entschied sich selten, und er brauchte lange, bis er sich entschied. Die erste große Entscheidung seines Lebens war jener Sprung gewesen. Dies war die zweite. Sie schien ihm größer.

Jetzt fühlte er sich sicher und ruhig. Er war gewiß, daß solch ein Traumgesicht nicht noch einmal auf ihn stürzen würde. Wahrhaftig, Karl hatte recht gehabt, es war nur die erste Nacht. Er dachte, es müsse so eine Art Feuertaufe sein, was er erlebt hatte. Vielleicht war es sogar gut, diese Feuertaufe schon jetzt empfangen zu haben, schon vor dem Kampf, vor der Schlacht, in die er einmal gehen würde.

Plötzlich empfand er einen Ekel vor sich selbst: Wie feige, wie jämmerlich hatte er sich benommen, wie schuftig! Es war eine Prüfung gewesen; er hatte versagt, der innere Schweinehund war durchgebrochen! Was hatte er denn getan? Sich heimlich aus der Baracke gestohlen, die Kameraden zu verraten, das hatte er getan, und nun spürten sie ihm nach, und da schlich er nun zur Latrine hin, wie ein kleiner dreckiger Lausbub, der sich verstecken will vor seinem Lehrer, und da stand er nun hinter der Bretterwand, vor der Senkgrube, von Schmeißfliegen umschwirrt, und hinten, im Schatten, lauerten die Kameraden, wachend, ob er nur die Latrine aufsuchen wollte oder ob er daran war, sie vor die Kugel zu liefern ...

Entschlossen wandte er sich um und ging schnell auf den Platz zurück, wo er die Kameraden wähnte. Josef kam ihm entgegen. Er tat, als interessiere ihn Thomas nicht, er kam, mit kleinen Schritten, schnellen, und wollte vorüber. Thomas rief ihn an: »Warte!« Josef blieb verdutzt stehen. Thomas rannte in die Baracke. Mit der Patronentasche in der Hand kehrte er zurück.

»Was soll das? Was willst du mit der Patronentasche?« fragte Josef hastig.

»Ich will euch nichts voraushaben!« sagte Thomas. Er packte Josef an der Hand und sagte: »Komm mit!« Josef folgte ihm hilflos. Während sie gingen, sagte Thomas: »Ich will euch nichts voraushaben. Du hast gesagt, ich soll auch auf sie schießen, damit ich auch drin bin, weißt du noch? Nun werde ich mit drin sein; ich werde eine Patrone in die Latrine werfen, das ist soviel, als ob ich auch geschossen hätte. Jedem fehlt dann eine Patrone, jeder hat geschossen!« Er schrie leise auf: »Euer Mißtrauen ist unerträglich. So kann man nicht mehr leben! So kann man ja nicht weiterleben!«

»Nein«, sagte Josef hastig, es klang heiser: »Nein, das brauchst du nicht, das sollst du nicht!«

»Ich will das aber«, sagte Thomas.

»Thomas ...«, sagte Josef, er sprach stockend, mit schwerer Zunge, »Thomas – ich muß dir was sagen. Ich bin ein Schwein. Ich dachte, du wirst uns verpfeifen, ja, das hab ich gedacht, und da habe ich dir ...«

Thomas riß die Patronentasche auf. Es waren nur zwei Patronen darin statt drei. Thomas ballte die Faust um den Ladestreifen. Die zwei spitzen Bleikerne ragten aus der geschlossenen Faust, ein Totschläger. Josef sprang zurück und riß den Arm vor die Stirn, zur Abwehr. Sie wären übereinander hergefallen, doch da kam Karl.

Josef wandte sich schnell zu Karl. Er sagte: »Alles in Ordnung. Thomas hat eine Patrone in die Scheißgrube geworfen. Er ist ein anständiger Kerl. Jetzt ziehen wir alle drei gleich.«

»So?« sagte Karl. Er musterte Josef. Josef versuchte zu lachen, es war ein klägliches Lachen. Plötzlich sagte er: »Moment mal!« und wollte verschwinden. Karl verstellte ihm den Weg. »Nichts da«, sagte er, »gib die Patrone her, die du Thomas gestohlen hast!«

Josef zog die Patrone aus seiner Tasche. Karl pfiff durch die Zähne.

»Wo hätte ich sie denn hintun sollen, Karl?« stammelte Josef. »Ich wollte sie doch in die Latrine werfen!«

»Oder in die eigene Patronentasche stecken? Dann hättest du ein Alibi gehabt, was?«

»Das ist doch Unsinn«, sagte Josef leise. Sein Gesicht war rot angelaufen. Karl nahm ihm die Patrone aus der Hand, ging zur Latrine und warf die Patrone in die Grube. Man hörte sie aufschlagen, es war ein leises klatschendes Geräusch. Thomas atmete auf, wie erlöst. Er streckte den beiden die Hand hin. Er sagte: »Jetzt ist's aus mit dem Mißtrauen, Kameraden! Jetzt sind wir alle gleich. Nun laßt uns alle schwören. Wer nun auch nur daran denkt, den anderen zu verraten, der soll vogelfrei sein!«

Sie legten die Hände ineinander.

»Das ist ja wie ein Rütlischwur«, sagte Karl. Thomas lachte. Ein Kamerad aus der Baracke schlurfte vorbei. »Was habt ihr denn da?« fragte er schlaftrunken. Sie lösten schnell die Hände. »Wir haben den Bund der Scharfschützen gegründet«, sagte Karl.

»Na, dann sauft mal«, sagte der Soldat und ging weiter.

»Recht hat er«, sagte Karl, »jetzt besaufen wir uns.«

»Wo?«fragte Thomas.

»In der Waschbaracke«, sagte Josef.

»Ja«, sagte Karl, »in der Waschbaracke, da stört uns keiner.« Er und Thomas gingen, ihre Flaschen zu holen. Josefs Flaschen sollten die eiserne Reserve sein. Als Thomas und Karl verschwunden waren, eilte Josef zur Latrine und schaute in die Grube. Nein, es war unmöglich, sie war schon viel zu hoch gefüllt. »Ihr seid wirklich verrückt geworden«, sagte der, der auf der Latrine saß. Josef ging schnell hinaus. Er dachte: Wir verraten uns noch in dieser Nacht mit unserm Getue! Dann dachte er an seinen Plan, wie klug er ihn eingefädelt und wie blöde er ihn selbst vereitelt hatte. Warum hatte er Karl die Patrone gegeben! Er hätte sagen können, er habe sie in die Abfallgrube neben der Küche geworfen. Nun war die Chance verpaßt, nun blieb er im Spiel! Er schlenderte zur Waschbaracke hinüber, vergrämt, und wenig fehlte, daß er laut aufgeheult hätte vor Wut. Er wünschte, sein Vater wäre hier, sein lieber Vater, der würde ihm helfen. Vater hatte immer Rat gewußt. Vater hatte immer recht behalten. Josef dachte daran, wie Vater jeden Morgen, nach dem Waschen, sich seine Zahnprothese einsetzte und dabei sagte: »Diese Zähne haben sie mir ausgeschlagen, weil ich einer der ersten war, die zum Führer standen!« Josef hörte die Stimme des Vaters neben sich: »Mein Junge, wir hatten alles gegen uns. Aber wir haben recht behalten. Nun haben wir die Macht, und nun werden wir bleiben, das nächste Jahrtausend, ewig. Die Geschichte gibt immer dem recht, der recht haben muß. Mein Junge, bei allem, was du tust, denke daran, daß die Macht das Recht ist. Der Mächtige darf alles, das ist die tiefste Weisheit des Lebens!«

Vater wird mir helfen, gewiß, dachte Josef. Sein Vater war ein mächtiger Mann, der in der nächsten Nähe Himmlers saß. Josefs Stirn glättete sich. Morgen, gleich früh, werde ich schreiben, nein, telegrafieren, dachte Josef. Er hörte Schritte und Klirren.

Karl und Thomas kamen zurück, die Flaschen im Arm, Decken über der Schulter. In einer Ecke richteten sie sich ein. Die Flasche kreiste. Sie tranken schweigend. Ein lekker Wasserhahn tropfte; alle zehn Sekunden, das war sechsmal in der Minute, das war nach jedem vierten Atemzug etwa, trat ein Tropfen, halbrund, aus der Mündung heraus, wurde schwer, schwoll an, birnenförmig, und löste sich dann und schlug auf das dumpf widerhallende Blech der Abflußrinne. Zwischen den Tropfenschlägen war Stille. Sie tranken. Ein Tropfen fiel. Karl setzte hart die Flasche auf. »Na«, sagte Josef. Ein Tropfen fiel. Thomas setzte die Flasche an. Am Fenster tauchte ein Schatten auf. Er ging vorüber. Der Tropfen fiel. Thomas trank. Karl scharrte mit den Füßen, sie hörten den Tropfen jetzt nicht, der gefallen sein mußte. Sie lauschten angespannt. Ein Tropfen fiel. Sie schwiegen. Thomas stellte die Flasche hin. Er holte tief Luft. Dann wagte er die Frage zu stellen, die ihn quälte. Er fragte: »Hast du schon mal, Karl ...?«

Karl fuhr auf. »Was hab ich?«

»... jemanden totgemacht.«

Josef lachte. »Natürlich hat er, Mensch!« sagte er.

»Ich war doch im Freikorps, was glaubst denn du?« sagte Karl. »Und dann hab ich mitgemacht, die Kommune in Berlin zu erledigen. Und dann war ich in Polen.« Er trank einen Schluck. »Wer noch nie einen umgelegt hat, der ist kein richtiger Kerl«, sagte er.

»Erzähl mal davon«, bat Josef.

»So meine ich das nicht«, sagte Thomas. »Ich meine – nicht im Kampf, das ist was anderes. Das muß ja dann so sein. Und die Kommune, das sind ja eigentlich keine Menschen. Ich meine – so wie heute ...«

»Hör mal«, sagte Karl freundlich, »heute haben wir einen Vogel geschossen, verstehst du? Ich weiß nicht, was du redest! Wir haben einen Vogel geschossen. Er ist ins Wasser gefallen und untergegangen. Verstehst du das?«

»Ja«, sagte Thomas, »ich verstehe das. Wir haben einen Vogel geschossen!«

»Und was ist das auch?« sagte Josef. »Ein Vogel kann unter Umständen mehr wert sein als ein Mensch. Was ist so ein Mensch?« Karl gähnte und rülpste laut. »Was ist ein Mensch?« sagte Josef vor sich hin, seinen Gedanken weiterspinnend, »was ist ein Mensch? Der Mensch ist ein Dreck. Ein Stückchen Metall im Hirn, ein bißchen Gas in der Lunge oder ein Loch in den Adern, und in ein paar Tagen ist er nur mehr ein Aas!«

»Quatsch nicht so blöde, ja!« sagte Karl. Er war zornig. »Wir leben!« sagte er scharf.

»Ja, wir leben, wir wehren uns, wir ergeben uns nicht!« sagte Josef.

»Richtig!« sagte Karl; nun lachte er wieder vergnügt. Er begann vor sich hin zu summen: »So leben wir, so leben wir, so leben wir alle Tage ...«, und er trommelte den Takt mit den Knöcheln auf die Blechrinne. »Halt doch dein Maul, draußen geht wer!« sagte Josef. Karl brach ab. Sie lauschten. Aber es war Stille; ein wenig nur vom Wind war zu hören, ein gleichmäßiges Brausen, und die Tropfen, die niederschlugen. Thomas griff nach der Flasche und trank, einen langen Schluck. Er zündete sich eine Zigarette an. Sie sahen im flackernden Schein: Sein Gesicht war grün, verzerrt, die Augen blutunterlaufen. Er ließ das Streichholz fallen, es fiel, noch glimmend, auf die Decke, es brannte ein kleines Loch hinein, kreisrund, und feiner beißender Qualm stieg auf. Thomas nahm es nicht mehr wahr. Er sog an der Zigarette. Sie brannte nicht, sie war nur angekohlt. Er wollte sie ausspucken, aber sie blieb an seinen speichelnassen Lippen hängen. Er zog die Lippe zurück; das Zigarettenende schob sich ihm in den Mund und löste sich auf. Er schmeckte den widerlich bitteren Tabak auf der Zunge. Nun spürte er auch den Rauch, schwer, beißend. Ein Tropfen fiel; es knallte in Thomas' Ohr wie ein Paukenschlag, und Kreise kamen aus ihm heraus, schwärzliche und blaue, sie spannten sich um ihn, sie griffen ihn. Ein Tropfen fiel. Da schrie Thomas auf; er sprang mit einem gewaltigen Satz auf, er stand, und er schrie, wie ein Sturzbach kam das Geschrei aus ihm heraus. Josef sprang auf und hieb zu. Er traf Thomas an die Schläfe, mit der vollen Wucht seiner nackten harten Faust. Thomas stürzte nieder, rollte den Bretterrost hinunter, schlug mit dem Hinterkopf gegen das Abflußrohr, blieb liegen.

»Der hat den Koller«, sagte Karl.

»Was machen wir denn mit ihm?« fragte Josef.

»In die Baracke tragen«, sagte Karl.

»Ich meine, später?« fragte Josef.

»Ach so«, sagte Karl.

»*Der* hält nicht dicht!« sagte Josef.

»Er muß«, sagte Karl.

»Wir können ja nicht ewig hinter ihm her sein«, sagte Josef.

»Was tun?« sagte Karl.

»Er hat es selbst gesagt!«

»Ja, das hat er.«

»Also los ...«

»Aber wie?«

»Wir tragen ihn dann hinaus«, sagte Josef. »Wir legen ihn so hin, als ob es Selbstmord wäre. Oder noch besser: Wir legen ihn in einen Wassergraben. Jeder wird glauben, er ist im Suff hingefallen und erstickt. Jetzt merkt er nichts. Jetzt können wir alles mit ihm machen. Komm!«

»Komm!« sagte Karl.

Sie packten Thomas, sie hoben ihn hoch und schritten mit ihm zur Tür. Josef wollte gerade nach der Klinke greifen, da wurde die Tür aufgerissen, ein Lichtkegel schoß ins Dunkel und faßte sie. Sie konnten nichts sehen.

»Was haben Sie denn da, meine verehrten Herren?«

fragte eine Stimme. Das Herz stand ihnen still. Diese Stimme kannten sie. Es war die Stimme des Majors von der Saale.

»Was haben Sie denn da?« wiederholte der Major. »Eine Leiche? Zeigen Sie her. Tatsächlich, eine Leiche. Eine Schnapsleiche. Spielen hier wohl Schlachtfeld, was?«

Karl ließ Thomas' Beine fallen, er lachte dumm, er grüßte, und er ging, grüßend und lachend, am Major vorüber, drückte sich durch die Tür, bemüht, geradeaus zu gehen, immer noch die Hand an der bloßen Stirn, im unfreiwillig parodierten Paradeschritt. Da stoppte ihn ein »Halt!«.

Er stand.

»Kehrt!« Er machte kehrt. Noch immer ließ er die Hand an der Stirn.

»Besoffen?«

»Jawohl, Herr Major, besoffen!«

»So ...«

Plötzlich lachte der Major. Er lachte schallend, er hielt sich die Seiten vor Lachen, er lehnte sich an die Wand, von Lachen geschüttelt. Karl lachte mit, und Josef lachte.

»Mensch, Sie sind das größte Viech, das ich je gesehen habe!« grunzte der Major. »Sie sind ein Viech, verstanden?«

»Jawoll, ich bin ein Viech!«

»Ein Viech; ihr seid alle Viecher!«

Karl und Josef sagten: »Jawoll!«

Da brüllte der Major: »Ruhe! Was treibt ihr denn da?«

Sie standen still. Josef fühlte, das erste Mal in seinem Leben, den vollen Schauer, böse zu sein. Wenn du jetzt wüßtest, dachte er, wenn du jetzt wüßtest, was ich weiß. Paß auf, Alter, spaß nicht mit uns; ich bin ein Wolf, ich bin ein Tier, ich pack dich, ich zerreiß dich, ich sag dir was!

»Wir feiern unser Scharfschießen, Herr Major«, schnarrte Karl laut. Da erst erkannte sie der Major wieder. »Ach, das seid ihr, die Scharfschützen, die Teufelskerls!« Er schwankte ein wenig, er war angeheitert. »Das ist gut, ihr seid richtig, ihr könnt saufen«, sagte er. »Mit euch trink ich einen!«

Er zog sein Zigarettenetui und bot Zigaretten an. Josef beeilte sich, die Streichholzschachtel aus der Tasche zu fingern. Er rieb ein Hölzchen an, es zerbrach. Er wollte ein zweites herausnehmen, da fiel die Schachtel zu Boden. Er hob sie auf. Er nahm ein zweites Streichholz. Seine Hände flogen. Er drückte das Hölzchen zu fest gegen die Reibfläche; es zerbrach wieder, das Köpfchen, schon entzündet, spritzte weg. Josef fühlte den Blick des Majors auf seinen Händen. Jetzt zitterte er so, daß er das dritte Hölzchen nicht aus der Schachtel ziehen konnte. Er stützte die Hand auf den Schenkel. Seine Finger verkrampften sich. Plötzlich spürte er sein Herz pochen, und Schweiß trat ihm auf die Stirn. Karl nahm ihm die Schachtel ab und gab dem Major Feuer. »Diese Streichhölzer sind Mist«, sagte er.

»Was haben Sie denn, Mann?« fragte der Major. »Warum sind Sie denn so nervös?«

»Ich habe nichts, Herr Major!« stammelte Josef.

»Sie können saufen, soviel Sie wollen, aber Ihre Hand darf nicht zittern«, sagte der Major. »Wenn jetzt der Feind dastände, wenn Sie jetzt schießen müßten, was dann? Die Hand eines deutschen Soldaten darf nie zittern, verstanden!«

»Jawoll, Herr Major«, schmetterten Josef und Karl.

Der Major hob die Hand, wie zum deutschen Gruß, ein wenig über die Waagrechte geschrägt. Von den Fingerkuppen über die Handgelenkknöchel, den Ellenbogen bis zum Schultergelenk war es eine gerade, nur im Oberarm durch die Wulst des Muskels ausgebuchtete Linie: »Da könnt ihr was lernen«, sagte der Major. Arm und Hand, sie ragten in die Luft, unbeweglich, wie gemeißelt. »Doll«, sagte Karl bewundernd. Der Major ließ den Arm, nachdem er ihn minutenlang ausgestreckt gehalten hatte, sinken.

»Ganz großartig, Herr Major«, sagte Josef.

»Quatsch«, sagte der Major. »Das ist gar nicht großartig, verstanden!« schrie er. »Das bitte ich mir aus von meinen Soldaten, verstanden?«

»Jawoll, Herr Major!« schmetterten Josef und Karl.

»Aber sonst seid ihr brave Kerls«, sagte der Major. »Bleibt mal so!« Er zog Karl eine Flasche aus der Rocktasche und trank. Dann tranken Karl und Josef. Den Thomas hatten sie auf den Boden gelegt. »Der hat genug. Der verträgt nichts«, sagte Karl.

»Es freut mich«, sagte der Major, »daß ihr nicht nur gute Schützen, sondern auch gute Kameraden seid. Die Kameradschaft ist der eherne Fels des Soldatentums. Es ist schön, daß ihr euch um den Kameraden kümmert. Ihr hättet alles mögliche mit ihm anstellen können, zum Spaß, wie das jetzt wieder Mode sein soll. Es ist schön von euch, daß ihr euren Kameraden zu Bett tragen wollt. Und nun, marsch, marsch, in die Klappe!«

Sie grüßten straff: »Heil Hitler!«

»Heil Hitler«, antwortete der Major. Wieder fühlte Josef einen Schauer im Gehirn. Er pflanzte sich vor dem Major auf und schmetterte: »Bitte Herrn Major, auch Ihrem Fräulein Tochter eine gute Nacht zu wünschen!«

Karl erstarrte vor Schreck. Fiel den Jungen jetzt auch ein Koller an, oder war das großartige, bewundernswerte Frechheit, ein psychologisches Alibi?

»Danke«, sagte der Major. Er lachte gutmütig, väterlich, zufrieden. »Sie ist zwar heute mittag abgereist, nach Berlin. Aber sicher schläft sie auch ohne Ihre Wünsche gut!«

»Ach, abgereist«, sagte Josef.

»Nanu, auch verschossen gewesen in das Mädel?« fragte der Major.

Josef lief rot an, Karl lachte.

»Na, geben Sie's ruhig zu, mein Junge«, sagte der Major und klopfte Josef auf die Schulter. Josef nickte.

»Wer denn nicht, Herr Major«, sagte Karl, »ich doch auch. Jeder.«

Der Major lachte herzlich. »Ein richtiges Soldatenmädel«, sagte er. »Marschiert wie ein Gardekürassier; die sieben Stunden zur Bahn, die läuft das Mädel ab wie einen Spaziergang. Gehört sich auch so!«

»Doll!« sagte Karl.

»Wenn die Urlaubssperre nicht wäre, dann könnten Sie jetzt mit ihr fahren, könnten ihr wenigstens das Gepäck nachbringen«, sagte der Major zu Josef. »Pech gehabt, Herr Kavalier!«

»Wirklich Pech gehabt, Herr Major«, sagte Josef.

Der Major ging. Karl und Josef fielen einander in die Arme. »Mensch«, sagte Karl, »Mensch, jetzt sind wir schon übern Berg. Jetzt nur weiter so Glück haben!« Sie hoben Thomas auf, trugen ihn in die Baracke und warfen ihn auf seine Pritsche. »Hast du aber Schwein gehabt, mein Junge!« sagte Karl zu Thomas, »so ein Viechsglück!« Sie trollten sich zu ihren Pritschen. Keiner sah und hörte sie. Die dunstige Luft war laut von Schnarchen und Röcheln. Karl schlief bald ein; Josef blieb wach. Er hatte den Blick wohl gespürt, den Karl auf ihn gerichtet hatte, als er, Josef, dem Töchterchen des Majors eine gute Nacht wünschen ließ. Er fühlte sich Karl, dem alten Baltikumer, überlegen. Er fühlte sich allen überlegen. Wer weiß denn schon um das Mysterium des Todes? dachte er; was wissen denn die da! Er haßte sie, sie alle, wie sie da lagen und schliefen und schnarchten und sich wälzten im Schlaf. Wer versteht mich denn schon, dachte Josef, mit wem kann man denn schon sprechen? Ich muß Nietzsche lesen, morgen, sobald es Licht ist, werde ich Nietzsche lesen! Er hatte mehrere Bücher im Tornister: Bücher von Nietzsche, von George, von Binding und einen Band deutscher Romantiker: Tieck, Brentano, Novalis. Wenn es nur schon Morgen wäre, dachte er.

Endlich zerriß ein schriller Pfiff die Nachtgeräusche. Eilends sprang Josef aus dem Bett, warf sich den Mantel über und lief zur Schreibstube, den Kurier zur Telegrafenstation abzufangen. Er gab ihm ein Telegramm mit, an den Vater, das lautete: »Bitte komm sofort. Brauche Dich sehr. Josef.« Dann wusch er sich gründlich, und als die Baracke leer war und nur Thomas und Karl in ihren Betten lagen und schnarchend schliefen, legte sich auch Josef hin, mit sicherem Gefühl. Er dachte: Vater hilft, er muß ja helfen! Dann dachte er plötzlich: Was ist das doch für ein Unsinn, diese Jagd nach einer Patrone! Als ob das etwas änderte! Was für ein Unsinn! Blöd hab ich mich angestellt! Langsam kam die Müdigkeit über ihn. Er fühlte seine Glieder leicht werden. Es war ihm, als löse er sich vom Boden und fliege. Er schlief ein, und ehe er einschlief, lächelte er noch, und er schlief ein, mit diesem Lächeln auf den Zügen.

Karl erwachte als erster; es mochte gegen elf Uhr sein. Die Fensterläden standen weit auf, die Sonne strömte herein, der Duft der Wiesen und der kräftig-dunkle Geruch von Kiefernharz. Karl stürzte ans Fenster. Er konnte zur Schreibstube des Majors hinübersehen. Auch dort war ein Fenster geöffnet. Karl sah den Major am Schreibtisch sitzen und arbeiten. Nun sah auch der Major herüber; er erkannte Karl, und er winkte zum Gruß.

Karl weckte seine Kameraden. Thomas taumelte schwer aus seinem Rausch, er war vergiftet, er konnte kaum die Augen öffnen und stammelte, mühsam, angestrengt die Zunge wälzend, sinnlose Satzbrocken. Karl und Josef packten ihn und schleppten ihn in die Waschbaracke, dort zogen sie ihn aus und legten ihn unter die kalte Brause. Allmählich kam Thomas zu sich. Sie flößten ihm schwarzen Kaffee ein und gaben ihm noch Koffeintabletten zum Kauen. »Du brauchst einen klaren Kopf jetzt«, sagte Karl.

Dann, nachdem sie sich gewaschen hatten und in der

warmen Sonne saßen, im Gras, an Birken gelehnt und Vogelsang überm Haupt, erzählte Karl, was sich in dieser Nacht in der Waschbaracke ereignet hatte. Karl meinte, es sei gut gewesen, offenbar eine Fügung des Schicksals, daß Thomas den Koller bekommen hatte und, sinnlos besoffen und k. o. geschlagen, die Nacht gelegen habe. Ob er wohl seine Nerven behalten hätte, wenn er so unvermutet in der Nacht dem Major gegenübergestanden hätte?

»Ich erinnere mich an nichts mehr«, sagte Thomas. »Ich weiß nur noch, daß wir uns die Hand gegeben hatten. Weiter weiß ich nichts mehr.«

»Das ist gut so«, sagte Karl. Thomas schwieg. Er atmete tief die warme duftende Luft ein. Im seinem Kopf war es wüst, ein Gemisch von Angst, Blut und Nacht. »Schlagt mich doch tot, Kameraden!« sagte er.

Er hatte Angst, nagende, quälende Angst. Er dachte: Gestern, das war ja nur ein Abend, eine Nacht, ein Rausch, so geht das doch nicht weiter. Ich kann mich doch nicht immer um den Verstand saufen. Jetzt werde ich damit leben müssen, tagaus, tagein, mit dem Wissen um den Mord, den Major muß ich ansehen, sein Gesicht, seine Augen, seine Fragen muß ich hören; wie wird das?

Er fragte, und die ganze Angst tönte in der Frage: »Aber es muß doch schon aufgefallen sein, daß sie nicht da ist...«

»Hab keine Angst«, sagte Karl, und er berichtete, daß der Major seine Tochter auf der Reise nach Berlin wähne. »Frühestens morgen kann sie ankommen«, überlegte er laut. »Drei Tage wartet der Alte wohl ohne Argwohn auf die Post. Das wären vier Tage. Dann, vielleicht, telegrafiert er, es vergeht noch ein Tag. Fünf Tage haben wir. Das ist sehr viel.«

Thomas atmete auf. »Man sollte sie besser vergraben«, riet Josef.

»Abwarten«, sagte Karl, »abwarten, es ist jetzt alles in bester Ordnung.«

Nun glaubt der Major also, sie fährt nach Berlin, dachte

Thomas. Er sah den Zug: stampfend, sie saß darin, als Schatten, Luft in Luft. Er dachte: Der Vater wähnt sie in Sicherheit. Vielleicht schaut er jetzt von seinem Schreibtisch auf und sieht sie auch im Zug. Mensch unter Menschen. Er weiß es ja nicht. Der Major ist auch ein Vater. Seltsam ist das, wie vielerlei doch ein Mensch ist: Vorgesetzter, Vater, Feind und Freund. Was ist ein Mensch? Thomas mochte nicht weiterdenken. Er fürchtete sich vor dem Denken. Er fürchtete sich vor dem Anblick des Majors. Wie sollte das denn weitergehen? Er wußte es nicht.

»Warum ist die denn so plötzlich nach Berlin gefahren?« fragte Josef.

Karl zuckte mit den Schultern. »Ich weiß nicht. Vielleicht kriegt sie ein Kind.«

»Nein«, sagte Thomas heftig.

Karl sah ihn erstaunt an. »Hast du ...«, so fragte er, aber er brach ab. Josef sah Thomas plötzlich groß an und lachte. »Warst du in sie verliebt?« fragte Karl grinsend. Thomas fuhr auf. »Na, hast du mit ihr geschlafen?« fragte Josef.

»Schweine, ach ihr Schweine«, sagte Thomas langsam.

»Na, na«, sagte Josef.

»Laß ihn doch, das ist doch nicht gut«, begütigte Karl. Thomas atmete schwer.

»Aber warum sollst du nicht in sie verliebt gewesen sein, Junge«, sagte Karl gemütlich.

»Nein«, schrie Thomas, »nein, ich habe nichts mit ihr gehabt, nichts, gar nichts! Sie ist für mich ein Mensch wie alle anderen, versteht ihr, ein Mensch ...«

»Ja, ja, ein Mensch, nun laß gut sein«, sagte Karl.

»Sprecht nie mehr davon«, verlangte Thomas. »Gut«, sagte Karl.

Josef pfiff eine Schlagermelodie. Er sah auch einen Zug, der fuhr in entgegengesetzter Richtung als der Zug, den Thomas gesehen hatte. Er sah seinen Vater darin sitzen, den Vater, der eilte, ihm zu helfen, ihn zu schützen vor der Rache des anderen Vaters. Vielleicht kommt er auch mit dem Flugzeug, sagte er sich. Sicher kommt er mit dem Flugzeug.

Sie verbrachten einen qualvollen Tag. Unendlich langsam verging die Zeit. Sie kamen nicht voneinander los. Sie wußten, trotz ihres Schwures, daß sie einander nicht trauten. So hingen sie aneinander, verfilzt, ein Gemengsel dreier Körper, jeder sich und den anderen zur Last und zum Ekel. Sie gingen in die Baracke, dort spielten sie Skat, stundenlang, und dabei beredeten sie, ob sie die Leiche vergraben sollten oder ob sie alles so lassen sollten, wie es war. Josef war dafür, sie besser zu vergraben; Karl war dafür, alles so zu lassen. Thomas hatte keine Meinung. So ließen sie alles treiben.

Endlich kam der Abend, mit langen Schatten und grauem, nassem Gewölk. Müde rückte das Bataillon ein. Doch kaum waren die Kameraden in der Baracke, wurde Alarm geschlagen. Fluchend stürzten die Soldaten wieder zum Appellplatz. Die drei blieben. Aber nach wenigen Minuten riß der diensthabende Unteroffizier die Barakkentür auf. Er schrie: »Warum treten Sie nicht an? Sind Sie wahnsinnig?«

»Wir haben dienstfrei«, sagte Karl ruhig; aber der Unteroffizier brüllte: »Befehl vom Herrn Major! Das ganze Bataillon wartet auf euch Blattläuse, ja, glotzt nicht, auf euch! Raus!«

Mechanisch, ganz mechanisch griff ein jeder von den dreien nach seinem Koppel; mechanisch schnallten sie es um, prüften den Sitz der Patronentasche, des Seitengewehrs und des Koppelschlosses, und noch im Laufen rückten sie das Käppi gerade, mit der Handkante prüfend vom Käppibug über die Stirn den Nasenrücken hinunterstreifend. Sie liefen schnell, im gleichen Schritt, und ihr Atem und ihre Herzen gingen im gleichen Takt. »Ruhig jetzt, nur ruhig, ruhig!« flüsterte Karl ihnen zu. Das war nicht nötig; sie hatten keine Angst. Obwohl sie fühlten, ja wußten, daß jetzt ihre Sache entschieden wurde, hatten sie keine Angst. Sie waren beinahe glücklich darüber, daß eine Entscheidung fiel. Endlich hörten sie wieder auf, Einzelwesen, aneinandergebundene Ichs, zu sein; nun würde sie der große rasselnde Mechanismus in sich aufnehmen, es würde ihnen etwas befohlen werden und etwas anderes verboten, und sie würden wieder gehorchen dürfen, wahllos, ohne denken zu müssen, befreit vom eigenen Willen und eigenen Entscheid. Es war sinnlos zu grübeln, während dieser Minute, während dieses Laufes, was nun werden würde, warum man auch sie zum Appell befohlen hatte, ob der Alarm sich auf den Mord bezog oder ob er nur eine Übung war, eine Strafe oder gar die absurde Laune eines Vorgesetzten. Es war jetzt alles sinnlos, alles, außer dem Appellplatz, dem Bataillon, dem Major, und dort lag dieser Appellplatz, und dorthin liefen sie, zur Mitte der Welt, zur Mitte des Alls.

Graue Blöcke, vom Abendsonnenschein angerötet, so standen die Kompanien im Karree. Was Metall war an ihnen, funkelte. Die drei wollten sich einreihen, aber der Major ließ sie vor die Front treten, das Gesicht ihrer Kompanie zugewandt. Sie standen ganz ruhig; ihre Koppel und ihre Mützen saßen tadellos, es war kein Fehl an ihnen. »Stillgestanden!« befahl der Major. Die Hacken von Hunderten gestiefelten Menschen knallten zusammen. Der Major verlas einen Befehl des Führers an die Wehrmacht, einen Befehl, der den Soldaten das Blut in den Adern stocken machte. Es war die Rede von einer durch das Genie des Führers aufgedeckten bolschewistischen Verschwörung, von einem drohenden Angriff aus dem Osten und von Maßnahmen, die der Führer dagegen getroffen habe. Das Bataillon hörte diese Worte, und viele Gesichter wurden bleich. Dann verlas der Major einen Divisionsbefehl, in dem ab sofort jegliche Art von Urlaub und Ausgang gesperrt wurde. Es hieß darin, niemand dürfe außerhalb des Dienstes den Standort verlassen. Höchste Alarmstufe wurde angeordnet; die Waffe mußte stets griffbereit sein, und niemand durfte die Uniform ablegen, auch nicht zur Nachtruhe. Der Major las langsam, Satz für Satz, und nach jedem Satz fragte er: »Habt ihr verstanden, Jungs? Das ist kein Spaß!« Dann, nachdem er zu Ende gelesen, ließ er das Blatt sinken. Er wies auf die drei, die vor der Front des Bataillons standen. »Das sind die besten Schützen der Division!« rief der Major. »Nehmt euch ein Beispiel an ihnen! So müssen Soldaten, Kameraden sein! Solche Kerls braucht jetzt der Führer, um seine gigantischen Pläne zu verwirklichen!« Er holte tief Luft und rief dann: »Bataillon – weggetreten!« Sie rannten in die Baracken. Noch im Laufen stieß Thomas den Josef an. »Gerettet!« sagte er.

»Mensch«, sagte Josef, »Mensch, so mußte das kommen, genauso mußte das kommen!«

Sie waren eben in die Baracke getreten, da erreichten sie neue Befehle. Sie mußten wieder antreten. Ihre Verbandpäckchen wurden kontrolliert, ihre eisernen Rationen, ihre Erkennungsmarken. Dann empfingen sie scharfe Munition, jeder sechzig Patronen.

»Auf ein fröhliches Scheibenschießen!« sagte Karl.

Die Offiziere und Feldwebel gaben sich sehr jovial und sprachen viel von der Kameradschaft. Als die Appelle vorüber waren, gingen die Zugführer durch die Baracken. Sie sagten: »Der Zapfenstreich ist heute aufgehoben. Packt eure Sachen. Was ihr nicht braucht, das schickt nach Hause, Kameraden. Verstanden?«

»Jawoll«, sagten die Soldaten.

Alle packten. Josef und Thomas hatten sich um Karl gesammelt. »Es geht los, Kinder!« sagte er. »Es geht los!« Er klatschte sich mit der flachen Hand auf den Oberschenkel, er rieb sich die Hände, sein Mund wurde ganz breit, und er lächelte, sein Gesicht war eine einzige Grimasse.

»Es geht los«, sagte er wieder und wieder. »Alles wird gut. Es geht los!«

»Kinder, wenn das mal gut geht«, sagte einer, der neben Karl packte.

»Was willst du?« fragte Josef scharf, »was sagst du?«

»Laß doch«, begütigte Karl, »mach keinen Ärger.«

»Nun wollen wir also Rußland besetzen«, sagte leise eine Stimme, »Moskau, den Ural, bis zum Pazifik.« Seltsam, obwohl diese Stimme leise schwang, übertönte sie allen Lärm, und sie machte alle Münder verstummen. Das Schweigen war eine untragbare Last, auf alle gelegt.

»Was denn ...«, sagte Josef, er sprach sehr heiser, »was denn – natürlich geht es gegen die Bolschewiken. Das mußte ja kommen.« Er begann plötzlich zu schreien: »Das mußte ja kommen, besser heute als morgen!«

»Besser ein Ende mit Schrecken ...«, sagte Karl und lachte. Josef sah Karl kalt an. Karl zuckte mit den Schultern und machte sich daran, seinen Tornister zu packen.

Thomas trat zu Josef. Er fragte: »Wann werden wir wohl in Moskau sein?«

»Bald, verlaß dich drauf«, sagte Josef und sah noch immer nach Karl. »Jetzt kommt alles ins Lot, Kleiner«, sagte er, »mit uns dreien, mit Deutschland und mit der ganzen Welt.«

Thomas atmete tief, erlöst. Sie würden von hier wegmarschieren. Man würde die Tote nicht finden. Der Major würde nie erfahren, wo sie geblieben war. Vielleicht würde er auch fallen, ehe er noch fragen konnte; das war doch möglich, das wäre vielleicht das beste. Thomas nahm schon nicht mehr wahr, daß er zu denken begann wie ein Mörder. Allerdings, er stand erst am Anfang; Karl war weiter. Karl dachte, während er packte: Man kann dem Geschick nachhelfen. Im Kampfe geschieht viel. Es wird nützlich sein, wenn der Major bei der ersten passenden Gelegenheit den Heldentod stirbt. Der Major, und Josef auch, ja, Josef auch.

Josef hatte seinen Tornister gepackt und ein Päckchen zurechtgemacht, das er seinem Vater mitgeben wollte. Jetzt ärgerte es ihn fast, seinen Vater alarmiert zu haben, jetzt, da sich die Dinge von selbst lösten. Vielleicht traf der Vater ihn nicht mehr. Je schneller es losging, um so besser! Josef zündete eine Kerze an, dann setzte er sich auf seinen Tornister, befestigte die Kerze auf einem Schemel und zog ein Buch heraus, dem anzusehen war, daß es oft benutzt wurde. Es war Nietzsches »Zarathustra«. Josef las, leis umbraust von den Geräuschen des Tornisterpackens, von Geknister des Papiers, dem Geknarr der Lederriemen, dumpfem Metallklang und den halblauten Stimmen, in die sich ein ununterbrochenes gedämpftes Schreien und Trappeln und Stampfen von den Appellplätzen her mengte. Einmal wieherte auch ein Pferd, wild und zornig, eine schreckliche Trompete. Josef hörte nichts; er las sich hinein in eine Welt, die kalt war, eisig und leer, bevölkert nur von dem Einen, das war er; und um diesen Einen war etwas, das wimmelte, ununterscheidbar, eine Masse, Gewese von Lebenden, tief unter ihm: Menschen.

Er las, von Zarathustra, von den letzten Menschen, diesen Kreaturen, die so erbärmlich waren, ihr Glück zu wollen, vom Seiltänzer und von dem Possenreißer, der den Seiltänzer übersprang, und er las, wie der Seiltänzer abstürzte, den schrecklichen Sturz in den Tod. Josef sah, wie er stürzte und zerschellte. Und Zarathustra sprach: *»Du hast aus der Gefahr deinen Beruf gemacht, daran ist nichts zu verachten. Nun gehst du an deinem Beruf zugrunde: dafür will ich dich mit meinen Händen begraben.«* Also sprach Zarathustra. Josef fand seine geheimsten Gedanken bestätigt. Er dachte: Zarathustra versteht den Mythus der Gefahr, den Mythus des Todes, Zarathustra versteht den deutschen Soldaten. Aus der Gefahr einen Beruf machen, nur um der Gefahr willen, das ist groß, das ist deutsch! Die Nibelungen zogen in ihren sicheren Untergang, und sie wußten es, aber sie zogen dennoch ins Hunnenland; sie gingen unter, und ihre Erfüllung war ihr Tod. Und sie haben auch ein unschuldiges Kind geköpft, und dennoch, nein, darum waren sie Helden. Es braucht auch eines Heldentums, unschuldige Kinder zu köpfen! Er erschauerte; er beugte sich tief über das Buch, und er ließ die Worte in sich rinnen: *»Zarathustra aber saß neben dem Toten auf der Erde und war in Gedanken versunken; so vergaß er die Zeit. Endlich aber wurde es Nacht, und ein kalter Wind blies über den Einsamen. Da erhob sich Zarathustra und sagte zu seinem Herzen:*

›Wahrlich, einen schönen Fischfang tat heute Zarathustra! Keinen Menschen fing er, wohl aber einen Leichnam.

Unheimlich ist das menschliche Dasein und immer noch ohne Sinn: ein Possenreißer kann ihm zum Verhängnis werden.

Ich will die Menschen den Sinn ihres Seins lehren: welcher ist der Übermensch, der Blitz aus der dunklen Wolke Mensch.

Aber noch bin ich ihnen ferne, und mein Sinn redete nicht zu ihren Sinnen. Eine Mitte bin ich noch den Menschen zwischen einem Narren und einem Leichnam.

Dunkel ist die Nacht, dunkel sind die Wege Zarathustras. Komm, du kalter und steifer Gefährte! Ich trage dich dorthin, wo ich dich mit meinen Händen begrabe.‹ Als Zarathustra das zu seinem Herzen gesagt hatte, lud er den Leichnam auf seinen Rücken und machte sich auf den Weg.«

Josef ließ das Buch sinken. Er trat ans Fenster und sah in die Nacht hinaus. Es war ein weites unentschiedenes dunkles Blau, das er sah, nur ein wenig fahl an den Rändern. Hinter ihm, die Kameraden, sie schliefen schon. Er war allein. Er hatte die Kerze gelöscht und starrte die Finsternis an. Ihm war fast feierlich zumute. Er dachte: Rußland, dieses unendliche Land, nun zwingen wir's unter unsern Fuß! Er stand, verzückt von der Weite, die zu erobern war. Die Tote hatte er vergessen. Er sagte vor sich hin: »Freund Zarathustra!« Da ging die Tür, er fuhr herum, ein Unteroffizier trat ein. »Gehen Sie in die Falle, Mensch!« sagte der Unteroffizier. »Jawoll«, sagte Josef gehorsam und legte sich nieder.

Das war gegen ein Uhr. Um fünf Uhr wurden sie wieder geweckt. Sie marschierten zu einer Geländeübung. Sie marschierten die Straße nach Libiaken hinunter. An der Stelle etwa, wo sie den Reiher geschossen hatten, bogen sie ab. Karl, Josef und Thomas sahen entsetzt, daß es eben der Weg war, den sie damals gegangen. Es wurde den Soldaten befohlen, sich zu tarnen. Sie behängten sich mit Gras und Weidengrün. Man nannte ihnen ein Ziel, das sie, ohne von einem imaginären Gegner erkannt zu werden, anschleichen sollten. Das Ziel lag jenseits des Dränagegrabens, den man gerade noch sah, als dünnen Strich, grauschwärzlich im taunassen Grün.

Während Karl kroch, arbeitete sein Hirn fieberhaft. Er mußte als erster, unbedingt als erster, an diesem Graben sein, an der Stelle, wo sie lag. Er wußte, daß er jetzt um sein Leben kroch. Was weiter werden würde, wußte er nicht. Er hatte keinen anderen Gedanken als den, erster am Graben zu sein. Doch da schoß ihm ein Gedanke durch den Kopf wie ein Orkan, der alles verwirrte: Lauf doch über zu den Russen!

Er entsann sich, ein Buch gelesen zu haben, von einem gewissen Albrecht, der ein hohes Tier, ein Kommissar, bei den Sowjets gewesen, dann einem gewissen Trotzki gefolgt war und der schließlich, nach Deutschland gekommen, erklärt hatte, der wahre Sozialismus sei nur bei der SS und der Gestapo zu finden. Dieser Albrecht hatte geschrieben, daß gerade Mörder alle Chancen hätten, bei den Sowjets voranzukommen. Karl dachte: Wie, wenn er nun hinging und sagte, er sei ein Mörder, er habe die Tochter des Majors erschossen, aus Lust am Mord, aus

Revolution, nur vortäuschend, auf den Strauch, auf den Reiher zu zielen? Sicher, sie würden ihn nehmen, warum denn nicht? Und er dachte, daß es doch eigentlich gar nicht so schrecklich sein konnte bei den Bolschewiken. Die Weiber waren Gemeineigentum; was war da eigentlich Schlechtes dran, für einen strammen Mann wie ihn? Die Peitsche sollte dort regieren, aber das war er ja gewohnt, und warum sollte er nicht auch dort zu denen gehören, die peitschen? Er brachte doch alle Eignung dafür mit! Er sah jetzt, daß der Gedanke, der so plötzlich durch sein Gehirn gefahren war und den er anfangs für eine Wahnidee gehalten hatte, ja gar nicht so irrsinnig war. Doch dann dachte er, wie er hinüberkommen sollte, und dann dachte er, daß da jetzt Krieg sein würde und daß man ihn, liefe er über, todsicher in Rußland finden würde, denn daß sie Rußland besiegen würden, das glaubte er fest. Er hatte den Krieg begrüßt, nun verfluchte er ihn fast. Wohin soll ich nur? dachte er.

Da war der Graben in Sicht. Karl war vor der Front; nicht weit, aber er war vor den Kameraden. Es waren noch zwei Meter bis zum Graben. Er schob sich genau an die Stelle, wo sie lag. Das ist ja unmenschlich, schrie er in Gedanken auf, das können sie doch nicht mit uns machen! Sollen sie uns einsperren, ja, sollen sie uns Spießruten laufen lassen, ja, das sollen sie, aber dann muß es auch ein Ende haben! Die Tote ist tot; was quält man die Lebendigen so, das ist unmenschlich! Nun war er am Graben. Er streckte den Kopf vor. Da unten war das Grab. Er dachte: Es gibt nur eins: Josef hat eher geschossen als ich, und Thomas muß das bestätigen. Ich muß mir den Jungen ...

Da dröhnte eine Stimme, es war die Stimme des Divisionskommandeurs: »Halt – alles liegenbleiben!«

Karl hob vorsichtig den Kopf. Er sah den Divisionskommandeur, begleitet von einem Mann in schwarzer, silberbestickter Uniform, einem großen, schlanken

Mann, den Karl nicht kannte. Der General schrie erregt den Major an: »Sind Sie wahnsinnig geworden, Herr, jetzt eine Übung in Richtung Grenze zu machen!« Er sah durch ein Fernglas zur Grenze hin. »Die Russen werden aufmerksam!« sagte er. »Es ist unmöglich«, sagte der Mann in der schwarzen, silberbestickten Uniform. »Jawohl, unmöglich«, tobte der General. Josef sah zu dem Mann in der schwarzen, silberbestickten Uniform hinüber. Es war sein Vater.

Gewonnen, dachte Josef.

Karl hörte den General schreien. Er begriff.

Gewonnen, dachte er. Er sah hinunter. Da lag der Stein mit den verwitterten Zeichen, den bemoosten, unverständlichen Siegeln. Der Stein lag, als gehöre er dahin, als liefe da eine Grenze, mitten durch den Graben. Das Wasser hatte das Grab geglättet. Wer nicht wußte, was da war, dem fiel nichts auf. Da war Sumpf, Gras, Schilf; Wasserläufer huschten über die gespannte Oberfläche des Tümpels, winzige Mücken tummelten sich, eine schwirrende Wolke lebendigen Staubes, Libellen, stahlblitzend, flogen ab von einem dreikantigen federnden Halm, und der blaue weite Himmel spiegelte sich im fauligen Wasser mit allen seinen Wolken und Triften. Es war eine kleine, stille, geordnete Welt, ein Kosmos, und mehr war da nicht, keine Störung. Gewonnen, dachte Karl noch einmal. Übermütig spuckte er auf den Stein. Doch, kaum getan, tat ihm das leid.

Dann kamen wieder Befehle. Sie mußten ein Stück zurückkriechen, getarnt. »Das nennen Sie Tarnung, Herr, das nennen Sie Ausbildung, Herr, das nennen Sie ein Bataillon, Herr? Scheiße ist das!« schrie der General. Als sie so weit weg waren, daß sie von der Grenze aus nicht mehr zu sehen waren, befahl der General, aufzustehen und in Marschkolonnen anzutreten. Als das Bataillon marschierte, befahl der Major ein Lied. Sie stimmten an: ›Es zittern die morschen Knochen . . .‹ Da drehte sich der

General, der mit dem Mann in der schwarzen, silberbestickten Uniform einige Schritte vor ihnen ging, um und schrie: »Aus! Ein anderes Lied!«

Sie stimmten an: ›Gen Ostland wollen wir reiten ...‹, und der General schrie wieder: »Aus!«

Da hoben sie an: ›Rosenstock, Holderblüh‹, und dies Lied ließ der General sie singen. Sie marschierten, schmutzig zwar und behangen mit Gras und Laub und Weidengezweig, aber wohlgeordnet, in Dreierreihen, in gleichem Schritt, exakt; Thomas, Karl, Josef nebeneinander, so gingen sie, und sie sangen, laut, daß es bis an die Grenze, die ferner und ferner im Horizont sich verlor, schallte:

»Rosenstock, Holderblüh,
wenn ich mein Dirnderl seh,
lacht mir vor lauter Freud
's Herzerl im Leib.
Holdrio.«

Nachdem sie in die Unterkunft zurückgekehrt waren, verging der Tag so, wie die Nacht vergangen war, mit einer Reihe von Appellen, mit Packen, Antreten und Wegtreten und mit dem stumpfen Warten auf den Befehl, der sie über die Grenze schleudern sollte.

Josef konnte seinen Vater sprechen. Er ging mit ihm auf dem Appellplatz auf und ab. Er erzählte, und der Vater hörte zu, aufmerksam, schweigend, nachdenklich. Als Josef geendet hatte, dachte der Vater einige Minuten nach. Dann sagte er: »Das ist eigentlich gut. Das ist nützlich. Das ist sogar sehr gut.«

Dann ging der Vater und gab den zwei SS-Männern, die ihn begleiteten, einige Befehle. Josef kehrte zu den Kameraden zurück. Die fragten ihn: »Was wird sein?«

»Ich weiß es nicht«, sagte Josef. »Ich weiß nur, daß alles in Ordnung kommt.«

Abends mußten sie wieder antreten, zu Gasübungen. Es hieß, der Russe sei zu allem fähig, er würde auch Gas anwenden. Gas! Davor erschraken sie doch. »Es wird Ernst, verdammt noch mal«, sagte Karl. Gellend tönte eine Eisenschiene, und der Ruf flog: »Gaas-Gaas-Gaaas ...« Sie stülpten sich die Gasmasken über, und Befehle dröhnten: »Im Laufschritt, marsch, marsch!«, und sie liefen im Kreis, eine Herde seltsamer, grauer, gehetzter Rüsseltiere. Der Schweiß schoß ihnen ins Gesicht; er lief ihnen zwischen die Lippen und in die Augen. Unablässig gellte das geschlagene Eisen, und durch dies Gegell und durch ihr Gekeuch vernahmen sie nur undeutlich den Ruf: »Lewisit – Lewisit – Leeewisiiit ...«

Mechanisch griffen sie nach der Gasplane, einem ölgetränkten Papier, mehrere Quadratmeter groß, das, kunstvoll in den kleinen Raum einer Tasche von Oktavformat hineingefaltet, neben der Gasmaskenbüchse hing. Dieses Papier sollte sie vor ätzenden Flüssigkeiten schützen. Sie rissen das Papier heraus, faßten an eine markierte Ecke, warfen es, sich in den Wind drehend, über den Kopf; es entfaltete sich, und sie hockten sich darunter. Nun war der Appellplatz bedeckt mit graugrünen Klötzen, krötenhaften Ungetümen, die schwankten und scharrten. Keiner war mehr kenntlich. Sie sahen nichts, nur, unter der grauen Decke undeutlich, schattenbeladen, das Stückchen Erde, darauf sie hockten. Lange hockten sie so. Der Eisenlärm war schon lange verstummt, doch noch immer hockten sie da. Endlich wurde gerufen: »Gasgefahr beendet!«, und wieder wurde die Eisenschiene geschlagen. Sie erhoben sich und warfen die Planen ab, und da sahen sie, daß mitten durch ihre Reihen zwei Sanitäter gingen, die eine Bahre trugen.

Auf der Bahre lag ein Mensch, zugedeckt mit weißen Tüchern, nur Haar war sichtbar, Frauenhaar. Die Sanitäter trugen die Bahre auf den Appellplatz, vor die Kommandantenbaracke. Dort stand der Major, dort stand der

Divisionsgeneral und der Mann mit der schwarzen, silberbestickten Uniform. Die Sanitäter stellten die Bahre nieder. Der Major trat heran. Die Sanitäter deckten die Bahre auf. Der Major schrie auf. Er schrie; er preßte die Faust in den Mund, das sahen sie alle, aber er schrie fort, durch das Fleisch der Hand hindurch. Der General faßte ihn um die Schulter. Er führte den Major weg; der Schrei blieb in allen Ohren. Die Soldaten standen starr. Da hörte man einen zweiten Schrei, leise, aus den Reihen der Soldaten. Thomas hatte aufgeschrien. Josef und Karl traten neben ihn. Der General kam wieder aus der Baracke. Er sprach mit dem SS-Führer. Offiziere kamen angelaufen. Um die Bahre stoben Wolken von Staub. Der General befahl anzutreten. Das Bataillon formierte sich im Karree. Die Soldaten standen Leib an Leib, die verschwitzten Gasmasken hingen dampfend auf ihrer Brust, und auch die Gesichter dampften. Der General trat vor sie hin. Kein Laut war zu hören. Der General sprach: »Kameraden! Eurem Major ist ein furchtbares Leid geschehen. Russische Untermenschen haben seine Tochter getötet und geschändet. Man fand sie, nahe der Grenze, verscharrt, fast ohne Gesicht. Man fand noch ein russisches Bajonett bei ihr. Aber die Stunde der Mörder hat geschlagen! Kameraden, ihr werdet euren Kommandeur rächen! Kameraden, zur Ehrung der Toten – Helm ab!« Sie rissen ihre Mützen herunter. Sie standen so, daß sie nach Osten sahen. »Im Gleichschritt – marsch!« kommandierte der General. Er ging an ihrer Spitze. Sie marschierten den Appellplatz hinunter. Als sie nahe der Bahre waren, deckte der SS-Offizier die Tote wieder auf. Der General hatte wahr gesprochen: Ihr Gesicht war zerschnitten und zerstochen, nicht mehr kenntlich, und neben diesem entsetzlichen Gesicht lag ein langes Bajonett, ein griffelförmiges, vierkantiges, unverkennbar ein russisches, von Blut dunkel gefleckt. Der SS-Führer hob den Arm zum Hitlergruß. Der General schrie: »Achtung!« Er und die

Soldaten, so wie sie die Bahre erreichten, begannen den Paradeschritt, und so zogen sie an der geschändeten Toten vorbei, dröhnend, die rüsselige Gasmaske auf der Brust, eingehüllt in Schweißdampf, das zerschnittene Gesicht der Toten anstarrend, an der Spitze ein General in Gold und Scharlach, und dröhnend stampften sie weiter, den Platz hinab, nach Osten, und die Sonne sank unter den Horizont, und Nacht hüllte alles ein.

Thomas konnte es kaum fassen, daß er an der Bahre vorübergegangen war, daß er die Kraft dazu gehabt hatte. Als er marschiert war, hatte er an das Gottesgericht gedacht; er hatte gedacht, die Tote würde bluten, wenn die Mörder vorüberzogen, ihre Wunden würden aufbrechen, und die Mörder, sie würden hinstürzen, gefällt. Doch nichts war geschehen, er war in der Reihe geblieben, neben Karl und Josef, in der Dreierreihe der Marschkolonne, getragen von einer magischen Kraft, die größer war als er. Er hatte sogar hingesehen, wie alle, in dieses Gesicht, und nichts war geschehen. Es war tot, es schwieg.

Nun ist es vorbei, nun ist alles vorüber, dachte er aufatmend. Nun ist alles vorbei. Nun kann nichts mehr passieren. Alles ist vergangen, erledigt, überstanden. Nun wird alles, alles gut!

Josef stieß ihn an und sagte: »Das hat mein Alter gemacht, toll, was, diese Lösung?«

»Dein Alter ist großartig«, sagte Karl.

»Es ist eine nationalsozialistische Lösung«, sagte Josef. »Darin ist er groß. Das versteht er. Er löst alles im Sinne des Nationalsozialismus; so wird aus Unsinn Sinn und aus Plage noch eine Wohltat. Das ist unsere Politik!«

»Von Politik verstehe ich nichts, ich bin unpolitisch«, sagte Karl. »Politik hat mich nie interessiert. Aber dein Alter versteht das. So eine Politik, die ist richtig, die ist menschlich!«

»Er hat ja auch so recht«, sagte Josef. »Er hat mir gesagt: ›Es ist nun mal geschehen, und ihr könnt nichts dafür. Ihr habt es nicht gewollt. Es ist undenkbar, daß ihr so etwas wolltet. Ein Deutscher ist kein Mörder. Aber bei den Bolschewiken ist das gar nicht undenkbar. Für die ist das Regel. Die hätten das getan, wenn sie nur gekonnt hätten. Wir lügen gar nicht, wenn wir sagen, daß sie es waren. Ein Deutscher lügt nicht. Aber er sucht die Partei, in deren Wesen ein gegebener Fall liegt. Und er findet sie.‹«.

»Dein Alter ist ein toller Kerl, wirklich!« sagte Karl bewundernd. »Ob der Major das wirklich glaubt oder ob er nur so tut?« fragte er dann.

»Das ist mir doch gleich«, sagte Josef. »Er muß es glauben. Es ist ein völkisch wichtiger Fall. Es ist uns nützlich so. Mein Vater hat gesagt, man muß alles so lösen, daß es auch nützlich für uns ist, das ist das Wesen der nationalsozialistischen Philosophie!«

»Ich versteh nichts von Philosophie, ich bin mehr fürs Praktische«, sagte Karl.

»Nun, das Praktische ist, daß die Sache nun erledigt ist, endgültig, für immer«, sagte Josef.

»Das ist gut, oh, das ist gut«, sagte Thomas.

Dann schliefen sie, in Uniform, das Gewehr neben sich.

In der Morgenhelle, zur vierten Stunde, schoß ein Flugzeug der Grenze zu, und wenige Minuten darauf donnerte ein weites Geviert rasenden Metalls den Himmel hinunter. Man sah, wie sich aus dem donnernden Metall kleine, pflaumenähnliche, dunkle metallene Körperchen lösten und herunterfielen, um die Lotmitte schwankend, wie Stehaufmännchen, die pendelnd fallen. Zugleich begann eine gewaltige Kanonade. Aus dem grauen Dunst, der über der Grenze lag, wurde ein steigender Vorhang aus Rauch, und nun war auch Feuer zu sehen. Dann hörten sie Panzer rollen, mit malmenden Motoren, und dann marschierten auch sie, vorbei am Busch, wo der schwarzrote Reiher lag, und über den Dränagegraben, wo der Grenzstein lag, und sie sprangen über das Grab im Sumpf, und sie brachen über die Grenze, da lagen die ersten Toten: Russen, uniformiert, und Bauern, vor rauchenden Hütten, und auch ein deutscher Soldat lag da, mit zerschossener Brust, und in der verkrampften Hand hielt er ein Büschel Gras.

Sie marschierten den ganzen Tag hindurch, fast ohne Widerstand. Abends stießen sie auf ein Dörfchen, dort sollten sie Rast halten. Das Dorf hatte sechs Häuser, gelbe, schiefgedrückte und schilfgedeckte, Flaum im Bogen der Dämmerung. Es war ein armes Dorf, schon im Frieden war es arm gewesen, und der erste Tag des Krieges hatte es vollends zerfetzt. Es hatte hier keine Gegenwehr gegeben, aber zwei Bauern lagen tot, und ein Haus brannte, und alle Keller waren ausgeraubt. An einem Haus aber, das noch stand, war ein Schild befestigt, und darauf stand geschrieben: »Deutsche Arbeiter und Bauern, schießt nicht auf eure sowjetischen Brüder!« Josef riß das Schild herunter und verbrannte es.

»Hier werden wir den Galgen bauen«, sagte der Major.

Er befahl, alle Einwohner aus den Häusern zu jagen und auf einen Platz zusammenzutreiben. Es waren acht Bauern, zwölf Bäuerinnen und acht Kinder. Der Major hieß zwei Mädchen aus dem Kreis treten. Er befahl, diese Mädchen zur Vergeltung für den Tod seiner Tochter zu erhängen.

Die Mädchen wurden abgeführt, sie mußten sich an eine Hauswand stellen, die Hände hoch überm Kopf. Sie sprachen kein Wort. Sie jammerten nicht. Sie standen, als hätten sie nichts anderes erwartet. Hinter ihnen standen Posten, mit gefälltem Gewehr, das Bajonett aufgesteckt, das lanzettförmige, breitflache, scharfgeschliffene deutsche Bajonett, blitzend rein; und der warme Feuerschein sprühte aus der breiten Rinne, die eingeschliffen war, daß das Blut besser abfließen könne. »So ist das richtig, man muß mit diesem Gesindel aufräumen«, sagte Josef.

»Das kann doch nicht sein«, flüsterte Thomas. Er war fahl. »Sie sind doch unschuldig«, flüsterte er.

»Bolschewiken sind immer schuldig«, sagte Josef. Sein Blick griff Thomas an. »Dir tun die wohl leid?« fragte er. Thomas schüttelte wortlos den Kopf. Er fühlte, wie sehr das eine Lüge war. »Mensch«, sagte Josef, »Mensch, dir tun diese Russen ja doch leid? Mensch, das ist Gesindel, Wanzen sind das, das zertritt man!« Er reckte sich. »Ich habe mich freiwillig gemeldet, die aufzuhängen«, sagte er, »Hängen ist eine Kunst. Karl versteht das, er wird uns das beibringen. Scharfrichter sein ist ein Ehrenamt, hat Göring gesagt. Man muß alles lernen. Ich werde sie aufhängen. Ja, ich werde sie aufhängen, ich, ja, ich!« schrie er. Er sah Thomas an. »Na . . .?« fragte er.

»Geh weg, du, geh weg!« sagte Thomas. Es fiel ihm ein Schleier, ein blauer, von den Augen. Josef lachte auf und ging. Das ist ein Mord, ja, ein Mord ist das, und nun bist du ein Mörder! sagte sich Thomas. Er sah, sie richteten schon den Galgen zu. Du bist der Mörder, sagte er sich wieder. Plötzlich sah er, daß den Soldaten um den Galgen Tierköpfe wuchsen und das Menschenangesicht überwucherten: Wölfe, Hyänen und Schweine. Er sah es ganz deutlich, wie das Fleisch weiß wurde und wulstig, wie es über das Gesicht quoll, wie der Mund sich vorstülpte zur schmatzenden Schnauze, zum Rüssel, und die Augen, wie sie im Fett sich verloren, klein und rot, und die Stirn, wie sie verschwand, flacher und flacher wurde und schon nicht mehr war, eine borstige Leere. Nur die beiden Mädchen, er sah es, hatten ihr menschliches Gesicht, bäuerisch schön und rein. Er erschauerte: Was trug er zwischen den Schultern? Er sah sich. Er war der Schlimmste. Die anderen wußten ja nichts. Er aber wußte.

Er rannte zum Major. »Was wollen Sie denn ausgerechnet jetzt, vor der Exekution?« fragte der Adjutant ärgerlich. »Der Herr Major ist jetzt nicht zu sprechen, erst nachher!«

»Es geht aber um einen Mord, ein Mord muß verhindert werden«, sagte Thomas. Seine Stimme flog.

»Was, ein Mord?« fragte der Adjutant.

»Jawohl, ein Mord«, sagte Thomas. Der Adjutant ließ ihn eintreten.

Um Thomas, da er in das Zimmer des Majors trat, wogte alles, alles war Nebel. Etwas Schwarzes stand da, das mußte wohl der Major sein.

»Oberschütze P. meldet: Die zwei Russinnen sind unschuldig! Ich habe Herrn Majors Tochter erschossen!« sagte Thomas.

»Was?« brüllte der Major, »was?« Er packte Thomas an der Schulter und schüttelte ihn und brüllte dabei: »Sind Sie wieder besoffen, Kerl, sind Sie wieder besoffen, Sie Schwein, sind Sie wahnsinnig, Sie Schwein!«

Thomas versuchte zu sehen, aber er sah noch nichts. Er stammelte: »Herr Major – ich sage die Wahrheit – ich –«

»Adjutant!« brüllte der Major. Eine Tür knallte, eine Stimme mehr war im Raum. »Der Kerl ist sinnlos besoffen! Lassen Sie ihn einsperren!« schrie der Major.

»Ich bin nicht betrunken!« sagte Thomas fest. »Ich bin nicht betrunken, ich schwöre ...«

Nun sah er wieder. Er sah alle Dinge überscharf. Vor ihm stand der Major, röchelnd, am ganzen Leibe bebend, ein Berg Wut, die Hände zu Fäusten geballt, und die Fäuste bereit, im rasenden Zorn das Gesicht dieses Oberschützen zu zerschlagen. Er glaubt mir nicht, dachte Thomas, was tue ich bloß!

»Schaffen Sie ihn weg!« befahl der Major.

»Zu Befehl!« sagte der Adjutant.

Es klopfte. Josef trat ein. »Melde Herrn Major: Alles bereit zur Exekution!«

»Gut, ich komme«, sagte der Major.

»Nein!« schrie Thomas. »Nein, man darf sie nicht morden!«

»Der ist wahnsinnig, Herr Major!« sagte Josef.

»Das ist doch Ihr Kamerad, ja?« fragte der Major.

»Herr Major müssen mich anhören«, flehte Thomas. Er

trat in den Türrahmen. »Herr Major müssen mich hören!« bat er wieder.

»Der arme Kerl ist wahnsinnig«, sagte Josef, »der muß in die Klapsmühle!«

»Schluß jetzt endlich«, sagte der Major, »schafft den Kerl weg!«

»Ich bitte Herrn Major, mich zu prüfen, ich bin nicht wahnsinnig, ich bin nicht betrunken, ich bin ganz bei Sinnen!« rief Thomas.

Da sagte Josef: »Ein Vorschlag, Herr Major. Er soll bei seiner Ehre schwören, daß er die Wahrheit sagt, daß er der Mörder war!«

»Was soll das?« fragte der Major; aber dann sagte er: »Meinetwegen. Können Sie beschwören, was Sie sagen, Oberschütze?«

»Das kann ich nicht«, stammelte Thomas. Der Adjutant lachte. »Aus«, schrie der Major, »jetzt aber Schluß!«

»Du warst es, du«, schrie Thomas, er zeigte mit dem Finger auf Josef. Der lachte auf. »Er ist verrückt, ich sage es ja, Herr Major! Er hat sich das Delirium angesoffen, und der Anblick der Ermordeten hat ihm vollends den Rest gegeben. Er ist verrückt!«

»Jetzt schafft ihn weg!« befahl der Major.

»Ich gehe nicht, ehe Sie mich nicht angehört haben!« sagte Thomas.

»Meuterei? Schlagen Sie den Kerl zusammen!« sagte der Major.

»Jawoll!« sagte Josef. Er schlug Thomas mit der vollen Faust auf die Schläfe, wie damals. Thomas schwankte, aber er stand noch. »Zusammenschlagen sollen Sie ihn!« schrie der Major. Josef schlug noch mal zu. Thomas sah das schöne Jünglingsgesicht Josefs; ach, die Schweineschnauze ... Dann schwanden ihm die Sinne, er brach zusammen.

»Gehen wir, gehen wir«, sagte der Major. »Man soll sie auch nicht so lange warten lassen in der letzten Stunde«, sagte er. »Wir sind ja keine Unmenschen«, sagte er. Er ging, und in der Tür drehte er sich noch einmal um: »Den Verrückten lassen Sie wegtragen!« Dann ging er weg. Der Adjutant trat ans Fenster.

Thomas fühlte, als er langsam wieder zu sich kam, ein gleichmäßiges Schaukeln. Er lag auf einer Bahre, zwei Soldaten trugen ihn.

Er fuhr hoch. Er sah den Galgen. Es war geschehen. Er schrie auf.

»Bleib liegen, verflucht, sonst kriegst du noch eine gelangt«, sagte der Soldat, der hinten ging. Sie trugen ihn in ein Zelt, dort legten sie ihn nieder. »Mach keine Dummheiten«, sagten sie.

Die Nacht deckte weit das Land. Thomas stahl sich fort. Er wurde bemerkt, und sie schossen hinter ihm her. Er hörte die Kugeln pfeifen, und dann fuhr ihm ein Feuer durch die Lunge. Er wurde ohnmächtig und blieb liegen, in einer Lache Blut. Litauische Bauern fanden ihn.

Das Gottesgericht

Die Besatzung der Relaisstation W., eine Nachrichtenkompanie, lag – es war im Mai 1943 – schon das dritte Jahr in ihrem Stützpunkt an der Südküste des Golfes von Korinth, ohne in dieser Zeit mit den Partisanen in Gefechtsberührung gekommen zu sein. Das Gebiet von der Südküste des Golfes von Korinth südabwärts war Partisanengebiet, und immer wieder wurden Kabel, die zur Station führten, zerstört oder Transportboote, die zur Station steuerten, beschossen, ohne daß es der Besatzung der Station je gelungen wäre, auch nur eines Partisanen habhaft zu werden. Endlich glaubte eines Tages der Kommandant der Station, ein Oberleutnant Goltz, sichere Anzeichen dafür zu haben, daß die Partisanen an einer nahen, jedoch außerhalb des Sichtbereiches der Station gelegenen Stelle am Strande einen Signalplatz hätten, und er befahl einem Kommando, zu dem Feldwebel D., Unteroffizier C., Obergefreiter B. und Funker A. gehörten, sich eine bestimmte Zeit in der Nähe dieses Platzes verborgen zu halten. Das Kommando lag, ohne daß sich in dieser Zeit das geringste ereignet hätte, zwei Tage und drei Nächte in einer Höhle, die von den Wurzeln eines Ölbaums in den Karstfels gesprengt war. Schließlich, am frühen Morgen des dritten Tages, als ihre Zeit abgelaufen war, gab Feldwebel D. das Zeichen zum Aufbruch, und die durchgefrorenen, klammen Soldaten wollten gerade aus der Höhle kriechen, da war, fern, etwas wie Knirschen von Schritten im Rollsand zu hören. Die Soldaten erstarrten sofort: reglose Klötze, aus denen Stahlrohre ragten. Einen Augenblick lang setzte das Knirschen aus, die Soldaten hielten den Atem an, dann aber wurde es kräftiger, Steine polterten leise, und dann trat aus einem Feigenwäldchen eine Gestalt heraus, und die ging langsam zum Meer hinunter, schwarz im frühen Sonnenlicht, mit dem Rücken zu den Soldaten.

Leise, scharf und leise, den Zeigefinger am Abzug der entsicherten Waffen, so spähten die Soldaten nach der Gestalt, die etwa fünfzig Meter von der Ölbaumhöhle entfernt am Strand stand und auf das Wasser hinaussah. Die Herzen der Soldaten schlugen schneller, und ihre Augen glänzten.

Endlich, dachte Funker A., jetzt haben wir einen, und wenn wir erst einen haben ...

»Der Herr Oberleutnant wird mit uns zufrieden sein!« flüsterte Unteroffizier C., »jetzt packen wir sie!«

»So hat sich die Mühe, Gott sei Dank, doch noch gelohnt!« flüsterte Obergefreiter B.

»Ruhe!« zischte Feldwebel D. und schraubte an seinem gewaltigen Fernglas. Sie spähten, Kopf an Kopf durch die Wurzeln gesteckt, zu der schwarzen Gestalt hinüber, die noch immer unbeweglich stand und aufs Meer sah. Dann, langsam, drehte sich die Gestalt herum, daß man ihr Profil sah, und sie zog sich den Rock aus, das Hemd, bückte sich, packte die Sachen zum Bündel, legte sie auf einen Stein am Strand und knotete sich die Schuhe auf.

»Der will wegschwimmen«, sagte Unteroffizier C.

»Aber da ist doch kein Boot zu sehen!« sagte Funker A.

»Aber das ist doch ...«, sagte Feldwebel D., und er stutzte, und er schaute wieder durchs Fernglas.

»Aber das ist doch Agamemnon!« sagte er.

»Jawoll, Herr Feldwebel, das ist wirklich Agamemnon!« sagte Funker A.

»Aber das Schwein wäscht sich ja nur«, sagte Unteroffizier C. und spuckte aus.

»So sind wir also doch beschissen«, sagte traurig der Obergefreite B.

In der Tat, es war Agamemnon, der da im Meer stand, die Hose hochgekrempelt, bis zu den Knien im Wasser, sich den Oberkörper waschend. Es war ihm zwar verboten, sich hier zu waschen, aber er wusch sich dennoch hier, weil er sich oben, auf der Station, nicht waschen konnte. Agamemnon war Koch auf der Station, und die Station hatte wenig Wasser; es reichte kaum für die fremden Soldaten, und schon zum Kochen bekam Agamemnon zuwenig Wasser. Aber Agamemnon brauchte Wasser nicht nur zum Kochen; der Stationskommandant, Oberleutnant Goltz, verlangte von ihm peinlichste Sauberkeit, und so war Agamemnon gezwungen, sich am Strand zu waschen, entgegen dem für alle griechischen Hilfskräfte der Station gültigen Verbot, einen gewissen Umkreis um die Station, der den Strand nicht einschloß, zu überschreiten. Agamemnon hatte diesen Umkreis schon oft, fast täglich, überschreiten müssen, und er hatte ihn anfangs mit Angst überschritten, aber es war ihm bisher nie etwas dabei geschehen. Was sollte mir auch geschehen? dachte er. Ich muß doch wirklich unverdächtig sein!

Er spähte mit halbem Auge nach dem Berg, hinter dem die Station lag, und er stellte befriedigt fest, daß auch diesmal nichts Ungewöhnliches zu sehen war, nur der rostrote Berg vor dem morgenblauen Himmel.

Was soll mir denn geschehen! dachte er nochmals. Ich bin Koch. Ich kann von mir sagen, daß ich ein guter Koch bin. Her Oberleutnant Goltz schätzt mich sehr, und alle Soldaten loben meine Kunst!

Dies dachte er, wie immer, wenn er den Sperrkreis überschritten hatte, und er seifte sich, während er dies dachte, den Nacken ein. Er rieb wohlig die Höhlung hinten am Hals zwischen den Muskelsträngen, dann warf er die Seife in den Sand, bückte sich tief, grätschte die Beine und tunkte den Kopf ins Wasser. Er hielt die Augen offen, er liebte diese Blicke unter das Wasser. Diesmal sah er im welligen, stumpfglänzenden Meersand drei Steine, rund und goldfarben, Eckpunkte eines gleichseitigen Dreiecks. Er sah sie, und er dachte daran, daß es morgen Löhnung geben würde und daß er sich eine Flasche Wein würde kaufen können, und er lachte unter Wasser befriedigt in sich hinein. Und plötzlich kam ihm der General in den Sinn, den er einmal in Korinth, wenige Tage nachdem die Deutschen eingezogen waren, gesehen hatte: ein Mann in Gold wie ein Gott und ein Hof von Silberträgern schwärmend um ihn. Agamemnon hatte, er erinnerte sich, damals kleine heiße Maiskuchen auf dem Markte verkauft, und der Gott war ihm gnädig gewesen, er hatte gelacht, und er hatte Agamemnon gewinkt, und Agamemnon war hingeeilt, dem Befehl des Generals nachzukommen, so schnell er konnte, aber da hatte ihn einer der Silberträger heftig vor die Brust gestoßen und ihm bedeutet, nicht zu nahe in die Nähe des großen Gottes zu kommen.

Die Deutschen sind doch ein seltsames Volk, dachte er, während er prustend hochkam. Einer befiehlt immer etwas, und ein zweiter befiehlt zur gleichen Zeit das Gegenteil; es ist schon verflucht schwer, es ihnen recht zu machen! Er seifte sich die Brust ein, und während er dabei stolz dachte: Aber ich verstehe es, ihnen alles recht zu machen!, spürte er plötzlich im Rücken ein seltsames Gefühl, wie wenn etwas über seine Nerven ränne, und ein Schauer überlief ihn. Er drehte sich schnell um, aber er sah, daß der Strand leer war. Er schaute nochmals den ganzen Strand entlang und sah ihn abermals leer, und dann sah er übers Land, und dort über den Bergen wehte etwas wie Rauch. Dreimal stieg eine Wolke auf und zerging im Himmel. Sie telegrafieren schon wieder, dachte er, aber sie telegrafieren doch alle Tage, was erregt mich denn heute so? Eine unangenehme Kälte durchdrang ihn, er sprang aus dem Wasser, schüttelte sich, hüpfte auf einem Bein und schlug mit den Armen um sich, um warm zu werden.

»Ich glaube, der Kerl gibt jemandem Zeichen«, sagte Unteroffizier C.

»Jawoll, Herr Unteroffizier«, sagte der Obergefreite B.

Aber dem ist doch nur kalt, dachte Funker A.

»Auf alle Fälle hat der Kerl hier nichts zu suchen!« sagte Feldwebel D., »das Betreten des Strandes ist allen Griechen, auch den Hilfskräften der Station, verboten!«

»Man sollte das Schwein einfach abknallen, Herr Feldwebel!« sagte Obergefreiter B.

Was, unsern Koch einfach abknallen? dachte der Funker, aber das geht doch nicht!

»Auf alle Fälle muß ich es Herrn Oberleutnant Goltz melden!« sagte der Feldwebel.

»Aber so springt doch kein normaler Mensch rum, wie der hier rumspringt, der will doch was, Herr Feldwebel!« sagte der Unteroffizier.

Der Feldwebel schwieg und dachte lange nach. Dann leuchteten plötzlich seine Augen auf, und er sagte: »Herrschaften, ich habe eine Idee!«

Alle sahen ihn erwartungsvoll an. Der Feldwebel entwickelte ihnen seinen Plan. Es sei nicht ausgeschlossen, so sagte er, daß der Koch zu den Partisanen gehöre; andererseits könne man es sich wirklich schwer vorstellen, daß er ein derartiger Bandit sei. Sie hätten daher einerseits das unbestrittene Recht, den Koch hier im Sperrgebiet einfach abzuknallen, aber andererseits wollten sie die Möglichkeit der Unschuld des Kochs nicht außer acht lassen. Er schlage deshalb eine Art Gottesgericht nach altem Brauche vor. Sie sollten aus der Höhle treten und schnell auf den Koch zugehen. Bliebe er, wie es sich gehörte, stehen, dann sollte er straflos, sogar ohne Meldung davonkommen; liefe er hingegen weg, so sollte er als partisanenverdächtiger Flüchtling abgeknallt werden. Mit diesem Plan wäre, so schloß der Feldwebel, der Pflicht, dem Recht und der Großherzigkeit Genüge getan.

Der Funker und der Obergefreite nickten beide zustimmend, aber der Unteroffizier erhob Einspruch. Es erstaunte weder die beiden Mannschaftsdienstgrade noch den Feldwebel, daß der Unteroffizier es wagte, gegen den

Plan eines Feldwebels Einspruch zu erheben, denn der Unteroffizier saß in der Schreibstube. Es war sonst nicht üblich, daß Unteroffiziere, die in der Schreibstube saßen, auf solche Kommandos geschickt wurden, aber Oberleutnant Goltz vertrat den Standpunkt, daß ein Schreibstubenunteroffizier auch von Zeit zu Zeit an die Front müsse, und so hatte Unteroffizier C. mit hinausgemußt. Er hatte sich allerdings mit dieser Kommandierung schnell abgefunden, denn er versprach sich von ihr ein willkommenes Abenteuer. So sagte er denn auch zum Feldwebel, er gehe davon aus, daß sie nach dem dreitägigen Stilliegen in Glut und Kälte einen Anspruch auf Entschädigung hätten, und eine wirkliche Entschädigung könne nur eine nasse Sache sein, bei der ein bißchen Blut flösse.

Schließlich, so meinte er, lägen sie ja schon das dritte Jahr auf dieser verdammten langweiligen Station, wo nichts geschehe, wo es nicht einmal Weiber gebe, so daß endlich einmal etwas geschehen müsse, damit sie nicht noch völlig verkämen. Der Plan des Herrn Feldwebels aber, so sagte Unteroffizier C., der gewiß im einzelnen vorzüglich sei, wäre gerade so abgefaßt, daß es unter gar keinen Umständen zu einer Knallerei kommen könne, und damit könne es sich auch um gar kein richtiges Gottesgericht handeln. Natürlich, so fuhr Unteroffizier C. fort, würde der Koch auf der Stelle stehenbleiben, so lange, bis sie ihm erlaubten wegzutreten. Daher sollte man die Bedingungen für das Gottesurteil umdrehen: Der Herr Feldwebel solle, so leise, daß der Koch es nicht hören könne, dem Koch den Befehl geben, zur Station zu gehen; bliebe der Koch stehen, so sollte man wegen Befehlsverweigerung auf ihn schießen, liefe er hingegen fort, so wäre offenbar wirklich ein Wunder geschehen, und man sollte ihn laufenlassen.

»Was denn«, fragte der Feldwebel, »und wenn er nun zu den Partisanen läuft?«

»Dann natürlich abschießen!« sagte der Unteroffizier.

»Und wenn er flieht?«

»Abschießen.«

»Aber dann schießen wir ihn ja auf jeden Fall ab!« sagte der Feldwebel, »das geht doch nicht, das ist doch nicht korrekt!«

»Gerechtigkeit muß sein, das ist klar!« sagte der Obergefreite.

»Es gäbe ja auch die Möglichkeit, daß er auf uns zuläuft!« sagte der Unteroffizier.

»Dann greift er uns doch an, das ist doch klar!« sagte der Obergefreite, »dann muß es doch erst recht knallen!«

»Aber«, so sagte, durch die freundschaftliche Diskussion zwischen den Dienstgraden ermutigt, der Funker, »wenn wir ihn erschießen, wer wird uns denn dann kochen?«

»Diesen Saufraß kann ja jeder Patzer brutzeln, wir brauchen sowieso endlich einen vernünftigen Koch!« sagte der Unteroffizier, und hier mußte der Feldwebel zugestehen: »Das ist wahr!« Mit dieser Bestätigung aber hatte er sich, so schien ihm, endgültig zuviel vergeben. Er hakte sich das Fernglas ans Koppel. Er flüsterte fast laut: »Was erlauben Sie sich, hier herumzuquatschen!« Er schrie, leise: »Das verbitte ich mir, verstanden!« Er sah dabei den Unteroffizier strafend an, und er sagte, die Lage sei völlig klar. Sie würden jetzt heraustreten und vorgehen. Wenn der Kerl stehenbliebe oder – in Teufels Namen – nach der Station zurückginge, so sollte er geschont werden; liefe er aber fort oder liefe er auf das Kommando zu, so solle sofort geschossen werden, da es sich dann um den Versuch einer Flucht oder um den eines Angriffs handelte.

Der Unteroffizier knurrte, aber der Feldwebel stoppte mit einer heftigen Handbewegung jede weitere Debatte und stand auf. »Er dreht sich schon herum«, sagte er, »auf, marsch, in Schützenreihe vorwärts!«

Agamemnon hatte wieder, jäh, das Überrinnen der Nerven gespürt. Es war ihm, als ob ihn Blicke hart in den Rücken träfen; er fuhr aus dem Hüpfen herum, seine Fersen malmten im Sand, und die Füße schräg voran, fiel er hin. Er sah, noch im Fallen, die vier aus der Höhle steigen, und sofort sprang er wieder hoch. Nun ist es soweit, dachte er, nun schnappen sie mich! Er hatte schon manchmal überlegt, was wohl geschehen würde, wenn sie ihn einmal schnappten, und er hatte immer gedacht, daß er dann ganz ruhig stehenbleiben würde und warten, was die anderen täten. Er hatte gedacht, daß die anderen ihm viererlei tun könnten: ihn heimschicken; ihn beschimpfen und heimschicken; ihn verprügeln und heimschicken oder – die Deutschen waren dazu fähig – ihm plötzlich auf die Schulter hauen und sagen: »Komm, Agamemnon, altes Schwein, jetzt gehen wir zu dir in die Kantine, einen trinken!« Etwas anderes hatte er sich nie vorstellen können, sooft er auch sich vorzustellen versucht hatte, was geschehen würde, wenn sie ihn schnappten. Nun hatten sie ihn also geschnappt. Er blieb reglos stehen. Sie werden schimpfen, dachte er, aber er verbesserte sich rasch und dachte: Sie werden mich verprügeln! Aber als die Soldaten, Gewehr an der Hüfte oder Pistole in der Faust und da wie dort Finger am Abzug, drohend heranrückten, weder Schimpf noch Scherz auf den Lippen, da wurde ihm doch angst, und plötzlich fühlte er alle seine Vorstellungen und Gedanken vergehen und fortwirbeln, wie wenn ein Sturm sein Gehirn zause, einen Baum im späten Herbst. Er sah die Soldaten heranstampfen, und er dachte verzweifelt: Du mußt doch etwas tun, du mußt es ihnen erklären, daß kein Wasser auf der Station ist! Aber er war wie gelähmt, die Zunge versagte ihm den Dienst, und er stand da wie ein Stein, und zehn Meter von ihm hielten die Soldaten, und sie standen wie Steine.

Da haben wir's! dachte der Unteroffizier. Es ist nun genauso gekommen, wie ich es mir vorgestellt hatte! Nun stehen wir wie dämlich einander gegenüber, und alle Mühe war vergebens! Er blickte mit einem Blick, der spöttisch nach dem Feldwebel schielte, den Obergefreiten an, und der Obergefreite wiederum erwiderte stramm den Blick des Unteroffiziers. Jetzt hätte ich eine Chance beim Unteroffizier, dachte der Obergefreite, jetzt hätte ich eine Chance, wenn ich etwas finden könnte, das diesen Hund bewegte wegzulaufen! Er dachte fieberhaft nach, aber es fiel ihm nichts ein. Einmal dachte er daran, langsam das Gewehr zu heben und auf Agamemnon zu zielen, aber dann dachte er, daß dies den Feldwebel verärgern würde, und das durfte natürlich auch nicht sein. Er war wütend auf den Feldwebel. Er dachte: Der mit seiner blödsinnigen Humanitätsduselei verpatzt uns wirklich alles! Er dachte daran, daß dieser Feldwebel einer von jenen dummen Intelligenzlern war und auf seiner Stube Bücher liegen hatte: ›Von deutscher Mystik‹, so hatte B. einmal einen Titel gelesen. Nun glaubt der Trottel tatsächlich, daß er das wunderbar hingekriegt hat, dachte er.

Der Feldwebel dachte das nicht. Er hatte, als er den Vorschlag des Gottesurteils gemacht hatte, einem seltsamen Drange nachgegeben. Der Feldwebel war im Zivilberuf Oberschullehrer, er lehrte Geschichte; sein Spezialfach war das frühe Mittelalter, ein Zeitabschnitt, dessen gesellschaftlichen Bau und dessen Brauchtum er als vorbildlich für ein erneuertes Deutschland ansah. Er, der sich schon oft überlegt hatte, wie die alten Bräuche zu neuem Leben zu erwecken wären, er hatte, als er den Griechen gesehen und als die Frage nach dessen Schuld oder Unschuld aufgeworfen war, jäh die Gelegenheit zu dem einzigartigen Experiment eines modernen Gottesgerichts erkannt, einem Experiment, das – so schien ihm – den Anstoß zu einer Umwälzung der deutschen Justiz hätte geben können. Gerade darum hatte er dieses Experiment unter den einfachsten Bedingungen ablaufen lassen wollen, in klassischer Beschränkung, in der Urform gewissermaßen, und er hatte es rein gewollt, völlig rein, unberührt von allen persönlichen Wünschen und Erwägungen oder gar von privaten Interessen. Es hätte eine große Sache für unser deutsches Rechtsleben werden können, dachte der Feldwebel wütend, aber nun hat dieser Unteroffizier alles verpatzt und mit seiner Abenteuersucht die Reinheit des Rituals gestört! Wie peinlich ist das nun, wie läppisch, wie blöde! Er dachte, täppisch in seiner Wut, wie man dieses Gottesgericht abbrechen könnte, ohne die Autorität der Soldaten vor dem Griechen aufs Spiel zu setzen; aber er dachte auch daran, daß der Unteroffizier sein Abenteuer wollte; und er dachte daran, daß der Unteroffizier im Schreibzimmer Dienst tat. Und er dachte daran, daß er dem Oberleutnant Goltz seinen Einfall, das Gottesgericht, melden wollte und daß er dies nicht tun könnte, wenn sich die Affäre ins Lächerliche zöge, und plötzlich hatte er Angst, daß Oberleutnant Goltz von dieser dummen Affäre erfahren könnte, und diese Angst machte ihn vollends ratlos.

So standen sie da, die drei, verdrossen, abwartend, wütend; der junge Funker hingegen ging ganz in seiner ihm anbefohlenen Aufgabe auf, und er empfand, je länger er vor dem Koch stand, desto betörender, ein eigenartiges Gefühl, ganz glückhaft, berauschend; ein Gefühl, wie er es in dieser Wucht noch nicht erfahren hatte. Er entsann sich, ein ähnliches Gefühl empfunden zu haben, als er zum ersten Mal ein richtiges Gewehr in der Hand gehalten und dessen stählerne Last in der Handfläche gefühlt und dessen Lauf in der Sonne blitzen gesehen hatte. Es war ein herrliches Gefühl gewesen, herrlich, herrisch, ein wahrhaftes Herrengefühl, und er hatte, wie unter einem Zwang, das Schloß aus dem Gewehr genommen und war ans Kasernenfenster getreten, und dann hatte er durch den gedrehten blinkenden Lauf auf die Straße hinabgesehen, und er hatte unter den vielen schlendernden Spaziergängern ein Mädchen gesehen, und das Mädchen hatte heraufgesehen, und A. hatte sein Gewehr abgesetzt, und sie hatte ihn gesehen, wie er das Gewehr hielt, und sie hatte gelächelt, da sie ihn angesehen, und er hatte gedacht, wie er von nun an in ihrer Phantasie fortleben würde: als Held, mit Waffen behangen, ein Krieger, der in die großen Schlachten eilt! Da hatte er das Gefühl gehabt, erst in diesem Augenblick wahrhaft zum Manne geworden zu sein, und nun entsann er sich dieses Bildes wieder und dieses ihres Blickes, und er empfand dies Gefühl wie damals. Wenn sie mich jetzt hier sehen könnte, dachte er, wenn sie mich jetzt hier sehen könnte, wie ich hier stehe, mit meiner Waffe vor dem Besiegten! Und er faßte das Gewehr fester.

Agamemnon hatte wie betäubt gewartet, daß sie schießen würden, und er hatte im Fleisch der linken Brust ein Brennen gespürt, als ob die Kugel schon in ihrem Bette sich wälze. Während er diesen Schuß erwartete, hatte er in den Heranstampfenden nur eine marschierende graue Mauer gesehen, ohne Hände und ohne Gesichter, eine steinerne, stumme Mauer, und plötzlich drückte ihm die Angst die Luft ab, und da hatte er wieder das Gold unter Wasser gesehen, und es war ein goldener Kreis, wie ein Heiligenschein, um jede Waffenmündung geschlagen, ein Schein mit einem Glanz, der die Augen versehrte. So standen sie ganz in Gold, es war das frühe Sonnenlicht, das von den Gewehren schoß, und der Koch war geblendet. Er sah gar nichts mehr; in seinen Augen stach es; seine Brust brannte, und sein Herz setzte zögernd aus. Da dachte er, wie zum Abschied: Und wer soll ihnen Mittag kochen, wenn sie mich erschießen? Da er dies dachte, war er mit einem Male sicher, daß ihm gar nichts geschehen könnte und daß alles auf einen großen Spaß hinauslaufen würde. Da löste sich auch vor seinen Augen der tödliche Block in einzelne Gestalten auf, und er sah mit Freude, daß diese Gestalten gerade jene Soldaten waren, die er am meisten liebte und von denen er annahm, daß auch sie ihm besonders gewogen wären. Nun sah er das Gold der Sonne, das funkelnd an den betauten Käppis zersprang, und ein jeder von ihnen sah aus wie der große General.

Wahrlich, es sind Götter! dachte er, fast entzückt, und nach der Todesangst war sein wieder schlagendes Herz prall vor Freude, daß von diesen Hohen, die von den fernen Bergen, vom grauen nordischen Himmel heruntergekommen waren, hier nicht die Furchtbaren, die Zürnenden und Strafenden vor ihm standen, sondern die Wohlmeinenden, die Schutzgötter. Da war der Feldwebel D., der jedesmal, wenn Agamemnon ihn gegrüßt, zum Dank nicht nur wie üblich beiläufig mit dem Kopfe genickt oder an den Mützenschirm getippt, sondern höflich salutiert hatte; da war der Unteroffizier C., der zwar gern herumschrie und strafte, der aber dennoch immer dafür sorgte, daß für den Küchendienst genügend Hilfskräfte aus den Reihen der deutschen Soldaten zur Verfügung standen; da war der Obergefreite B., der so großzügig Bier ausgab und der sich nicht scheute, auch einmal zuzupacken, wenn etwa eine Kiste zu verladen war; und da war vor allem der Funker A., der Schöne, Lächelnde, Gelockte: er, den Agamemnon nicht ansehen konnte, ohne gerührt zu sein. Jetzt wieder: Wie stand er vor ihm! Die hohe Gestalt gelockert, sonnenvergoldet das Haar, und aus der grauen Uniform wuchs das gesunde gebräunte Fleisch wie strotzendes Leben aus dem tauben Felsen! Die Finger, die schmalen, wie schön sie um den metallenen Bügel lagen, über dem braunen Holz auf dem grauen Stoff! Dieser kühne, harte Mund unter diesen träumenden Augen!

Agamemnon dachte, daß alle diese deutschen Soldaten so seltsam waren, so hart und träumerisch zugleich: hart am Tag, wenn sie brüllten: »He, Mensch, Grieche, komm her!«, und träumerisch, wenn sie dasaßen, in den Nächten, wenn der Mond schien, und lauschten, wie das Meer schlug, und sangen. Ach, es war ein seltsamer dunkler Gesang, und Agamemnon liebte ihn, wie er diese kräftigen, gesunden, sauberen Jünglinge liebte. Er dachte, während er auf die Hand des Funkers sah, wie sie an die Hüfte gepreßt lag, daß er einmal, im Kantinengedränge, es gewagt hatte, mit seiner Hand diese Stelle an der Hüfte des blonden Gottes zu berühren. Er spürte in seiner Handhöhle wieder wie damals dies erregende Gefühl, als stieße eine stahlfedernde harte Halbkugel aus der Luft gegen seine Haut; in seine Knie kam eine Schwäche, und seine Hand zitterte. Er wollte jetzt, diesen Augenblick, das Auge des Jünglings sehen, und wenn er bisher aus eigenem Entschluß nie gewagt hatte, den Göttern ins Auge zu sehen, und immer sein Auge gesenkt hatte vor ihnen, so hob er jetzt den Kopf und sah dem Funker ins Auge und lächelte.

Wie dieser Kerl mich feige anfleht! dachte A. Wie der mich anstiert, der stinkt ja vor Angst! Er sah, wie der Grieche in den Knien schwankte und wie ihm die Hände zitterten, und er sah den Blick, wie er schnell aus seinen Augen huschte, und er hörte den Koch sagen, heiser, mit brüchiger Stimme: »Nu – Kameraden, guten Tag –«, und er hörte diese Stimme ratlos vor dem Schweigen verstummen, und plötzlich dachte er, daß er ja nur ein Glied seines Fingers zu rühren brauchte, und dieser Mensch läge da, ausgelöscht, vor ihm. Ich brauche es ja nur zu wollen! dachte er, ein Blitz meines Willens nur, und sein Leben ist hin! Er bewegte ein wenig, ein klein wenig nur, den Finger am Hahn, und er spürte den stählernen Widerstand des Hahnes, und er mußte plötzlich denken, daß sein Finger bewegt würde von gestreiften Muskeln, die unter dem Einfluß des Bewußtseins standen, im Unterschied zu den glatten Muskeln, die sich den Bemühungen des Bewußtseins entzogen, und er sann einen Augenblick nach dem lateinischen Namen dieser verschiedenen Muskeltypen, aber er kam nicht auf diese Namen. Während sein Gehirn schon mechanisch weitersuchte, dachte er: Es ist ja nicht nur einfach sein Leben, das in meiner Hand ist! Ich kann ihn ja nicht nur umlegen, ich kann alles aus ihm machen, ich brauche nur ein bißchen tiefer oder höher zu halten! Ich kann ihm das Geschlecht wegnehmen, ich kann ihn lahm machen oder blind oder taub oder zu einem Wrack, das sich in seinem Kot wälzt, oder ich kann ihn auch begnadigen, daß er mir diene. Ich könnte ihm das Leben lassen, und er müßte mir, sagen wir, täglich die Stiefel wichsen oder meine Wäsche waschen, oder wenn ich auf Wache stehe, so müßte er herumhüpfen auf einem Bein, wie eben, um mich zu unterhalten, und mit den Armen schlagen, und ich würde ihn hüpfen lassen, bis er umfiele!

Da stieg ihm aus der Registratur seines Gehirns ein lateinischer Name auf; aber es war nicht der Name des Muskelsystems, den er gesucht hatte, es war ein anderer, ein tönenderer: Deus, dei dröhnte es: Der Gott, die Götter! Der junge Soldat erschauerte. Was ist denn das überhaupt für ein Gottesgericht? dachte er. Welcher Gott soll denn da richten? Er hob und senkte das Gewehr ein wenig. Wir richten! dachte er. Wir sind die Götter! dachte er.

Wir! – Da sah er auf einmal das Meer, ganz grün, wie Stein, und er sah weit über das Meer hinaus, und hinten, wo der Horizont hell war, sah er Land heraufkommen; es eilte herauf, immer höher, schräg, eine riesige Fläche: dies Europa, auf dem sie standen, dies Europa mit seinen Bergen und Wäldern und Inseln und Küsten, und überall, so sah er, standen sie da, Menschen wie er, Söhne seines Volkes, und hatten das Gewehr angelegt auf die anderen Völker, die vor ihnen im Staub lagen, und überall waren sie die Herren über Leben und Tod. Der Führer hat uns zu Göttern gemacht! dachte er, und er dachte, wie sein Leben wohl verlaufen würde, wenn der Führer nicht da wäre. Er würde, so dachte er, jetzt studieren, Rechtswissenschaft, wie sein Vater, und er würde Richter werden oder Staatsanwalt und zu den Honoratioren seiner kleinen sächsischen Heimatstadt gehören, und er würde am Stammtisch sitzen und Bier trinken und fachsimpeln, nachdem er tagsüber hinter den Schranken des Gerichts seine Pflicht getan hätte, und wen würde er schon vor seinen Schranken gehabt haben: zänkische kleine Betrüger, Schwindler, Streithähne, Klatschbasen, Erbschleicher, Baumfrevler, Bettler und Hausierer, was für läppische Fälle! Einmal würde er dann nach dem Rhein fahren, zur Hochzeitsreise, und er würde eine Frau haben, brav, und Kinder, brave, von ihr, und vielleicht würden sie auch einmal nach Norwegen fahren oder nach Italien mit KdF, aber dann dachte er, daß, wenn es keinen Führer geben würde, es auch keine KdF geben und er doch nicht nach Norwegen oder Italien kommen würde. Aber es gab ja einen Führer, Gott sei Dank, und so stand er jetzt hier, er, der Neunzehnjährige, auf griechischem Boden, ein Waffenträger, ein Held in den Träumen der Mädchen, und er war noch nicht ein Jahr Soldat, und er hatte schon Ragusa gesehen und Split, das zauberhafte Split, und die Rosentäler Bulgariens hatte er gesehen und den Olymp, die Thermopylen und die Akropolis, und nun stand er in Pelops' Land, er, Euphorion, und vor seinem Gewehrlauf hatte er einen Menschen, über dessen Leben und Tod er die Würfel warf. Jetzt erst geht mir der Sinn dieses Krieges auf! dachte er, und sein Finger zuckte wieder am Abzug.

Agamemnon hatte auf eine Antwort nach seinen Begrüßungsworten gewartet, aber er sah als Antwort nur, daß unter den Schweigenden der Funker nach dem Abzug tastete, und jäh erkannte er, daß das kein Spaß war und daß die Wohlmeinenden offenbar gekommen waren, um zu strafen, und daß der Niedrigste von ihnen, der Funker, ihm diesen Willen andeuten sollte. Er ahnte, daß sie etwas von ihm wollten und daß sie auf das lauerten, was er tun würde, und daß davon sein Schicksal abhinge, und er mühte sich verzweifelt ab, den unerforschlichen Willen der Götter zu ergründen. Er fühlte, daß ihm da eine Art Probe gestellt wurde, aber welche nur war es, welche! Reden durfte er offenbar nicht, und auch näher treten durfte er nicht, er wußte, daß das die Götter nicht liebten, und weglaufen, das durfte er schon gar nicht! Was sollst du aber sonst nur tun? dachte er verzweifelt. Er sah wieder, mit halbem Auge, Rauch auf den Bergen, einen steigenden weißen Baum mit wallender Krone, und da dachte er, daß die Soldaten von den Partisanen wüßten und daß sie in ihm doch, so absurd es auch war, einen Partisanenhelfer vermuteten. Er wollte schnell erklären, daß er kein Partisan sei, aber im letzten Augenblick fuhr es ihm durch den Kopf, daß er sich dadurch erst recht verdächtig machen würde, und zugleich sah er, daß die Soldaten die Partisanen gar nicht sehen konnten, weil sie mit dem Rücken zum Berg standen. So blieb er stehen, stramm, mit schon halboffenem Munde. Da sah er, wie der Feldwebel die Lippen bewegte, um den Mund zu öffnen. Er dachte entsetzt, der Feldwebel wolle das Kommando zum Schießen geben, und er wußte, daß jetzt etwas geschehen mußte, das Verhängnis aufzuhalten, und plötzlich wußte er, was geschehen mußte: Ein Spaß mußte sein, ein großer Spaß für die großen Götter, ein Spaß, ein Spaß! Er schrie: »Ich baden, Kameraden, ich viel waschen, ganz sauber!« Und er sprang ins Meer und fiel längelang platschend hin, und da pfiff schon eine Kugel über seinen Kopf und klatschte dicht hinter ihm ins Wasser.

»Feuer einstellen!« brüllte der Feldwebel. Er hatte eben die verfahrene Situation beenden und den Rückmarsch zur Station mit Agamemnon befehlen wollen, da war der verrückte Koch ins Wasser gesprungen, und Obergefreiter B. hatte geschossen. A., der Funker, hatte nicht geschossen. A. ärgerte sich maßlos, daß er nicht geschossen hatte. Agamemnons Sprung ins Wasser hatte ihn verblüfft, denn eine Bewegung in dieser Richtung war im Kalkül ihres Gottesgerichts nicht vorgesehen gewesen. Dieser B. war wieder einmal eher auf Draht als ich! dachte er ein wenig neidisch, aber doch mehr böse auf sich selbst, und er dachte: Aber ich hätte sicher getroffen, todsicher!

Agamemnon lag im flachen Wasser. Sein Mund war auch im Wasser, er konnte gerade durch die Nase atmen, aber die Nase war verstopft; er bekam zuwenig Luft; sein Herz raste; aber er wagte nicht, den Kopf zu heben. Was soll ich denn tun? dachte er unaufhörlich. Was soll ich denn tun? Und dieser Satz klapperte in seinem Kopf wie eine Gebetsmühle, und diesen klappernden Refrain im Hirn, entschlußlos im Wasser, fast irr vor Todesangst, sah er sein Leben an seinem Auge vorüberjagen. Es war ihm, als hätte er immer unter Wasser gelebt, von unsichtbaren Lasten gedrückt, die ihm den Atem abwürgten und ihm Dunkel vor die Augen schoben, und die Tage wären über ihn hinweggefahren wie bittere Wellen. Er sah das Hafenviertel von Korinth, darin er aufgewachsen war in all dem Elend und der schwarzen Not, aus der er immer herausgewollt, aber nie herausgefunden, bis sie gekommen waren, diese Deutschen, mit ihrem großen goldenen General, der ihn herausgehoben aus der Masse am Markt und der seine Kuchen gekostet und befohlen, ihn, Agamemnon, als Koch und Bäcker einzustellen. O ihr Tage in der Nähe der Götter! Sie jagten an Agamemnon vorbei, diese Tage auf der Station, von dem Augenblick, da er das erste Mal die weiße Schürze des Kochs um den Leib hatte, bis zu dem Augenblick, da die Soldaten aus der Ölbaumhöhle getreten, und Agamemnon dachte einen Augenblick, es sei alles ein Traum und die Soldaten ständen weißgekleidet als Köche da, traumhaft, auf den goldenen Steinen; da sah er die Steine nicht mehr, da rann ihm Wasser ins Ohr, da würgte ihn bitteres Wasser im Mund, da trommelte ihm die schlechte Luft im Blut, und sein Kopf drohte zu platzen. Er mußte den Kopf ein wenig heben, er konnte nicht mehr, er hob den Kopf höher, ein Stückchen, und die Augen blinzelten im Licht, und sie sahen, ungeheuer und blendend, die schwarzen Schäfte der schweren Soldatenstiefel, viermal dies Paar, blendende Stiefel, unterschiedslos, und da dachte Agamemnon noch, wer von diesen Göttern auf ihn geschossen hatte und wer noch auf ihn schießen würde, aber er sah nur die gleichen Stiefel, und er wußte keine Antwort, und die Gebetsmühle klapperte weiter, verzweifelt und hohl: Was soll ich nur tun?

Was soll ich tun? hatte auch der Obergefreite B. gedacht, nachdem er geschossen hatte; und er hatte automatisch das Schloß des Gewehres herausgerissen, und er hatte die ausgeschossene Patronenhülse herausspringen und aufklappern hören; er hatte mechanisch neu geladen und ebenso mechanisch gedacht, ob er ein zweites Mal schießen solle. Da hatte er das »Feuer einstellen!« gehört. Er hatte da noch nicht gewußt, ob er den Koch getroffen hatte oder nicht, aber als der Feldwebel kommandiert hatte, da hatte der Gedanke ihn angefallen: Mein Gott, und was ist, wenn ich jetzt getroffen habe? Es war dies sein erster Schuß gewesen, den er auf einen Menschen abgefeuert hatte, und er erkannte plötzlich das, was er bislang nicht gewußt: daß er mit dem Krümmen seines Zeigefingers über Leben und Tod eines Menschen entschied. Da er dies begriff, tauchten, ihm noch nicht bewußt, frühe Bilder herauf, rote, von Menschen, blutenden, wie sie auf Bahren geschleppt wurden, und von Menschen, wie sie verblutend auf dem Straßenpflaster gelegen und wie sie vor der Wohnung seines Vaters, einem Keller im ärmsten Arbeiterviertel von Barmen, gelegen hatten; Tote, über die ihn der Vater hatte hinwegheben müssen, als Uniformierte ihn mit dem Kind aus dem Keller trieben, und er hatte, aus Vaters Armen herab, ein zerschmettertes Gesicht gesehen, und Vater hatte, gehetzt, Worte gesagt, die das Kind nicht verstand, und

Schüsse waren, unaufhörlich, die durch die Gassen knallten, und von denen hatte er verstanden, daß sie den Tod brachten und Gesichter zerschmetterten wie das, das er gesehen hatte. Dann hatten sie den Vater auf einen Lastwagen getrieben, und viele andere hatten sie auf Lastwagen getrieben, und die Lastwagen waren weggefahren, und der Junge war allein geblieben, in der kalten Gasse mit den Toten auf dem Straßenpflaster und den Schüssen, die gegen die Mauern klatschten, und dann waren Unbekannte gekommen und hatten das Kind mit sich genommen in ein Waisenhaus. Das alles wurde dem Obergefreiten nicht bewußt, aber es war da, tief in der Seele, eine Ahnung daran war lebendig, und sein Schuß hatte den Obergefreiten bis in die Tiefen der Seele aufgewühlt. Mein Gott, hoffentlich habe ich ihn nicht getroffen! dachte er zu seinem Erstaunen. Er wandte mit Angst, die rasend wuchs, die Augen dem Wasser zu, und als er den Koch liegen sah, lebendig, atmete er tief auf. Er wußte nicht, wie ihm geschah, aber er mußte unter einem unentrinnbaren Zwang daran denken, wie das aussähe, wenn der Koch vor seinen Füßen läge mit einem Loch in der Stirn, im roten Wasser, und graue Lider über den erloschenen Augen. Nein, das wäre kein ehrlicher Kampf gewesen, dachte er, von Ekel gepackt, mit sich selbst hadernd, ich hätte keine Ehre damit eingelegt! Er sah gerührt das sauber gefaltete Kleiderbündel und die Schuhe, wie sie korrekt danebenstanden, die Spitzen in einer geraden Linie, und er dachte, daß die Partisanen doch nie solche Zucht und Ordnung beweisen könnten, wie er sie vor Augen sah, und wie schade es gewesen wäre, wenn er einen Menschen, der schon soviel vom preußischen Geist gelernt, erschossen hätte. Nun war er froh, nicht getroffen zu haben, ja, er schämte sich insgeheim seines Schusses, aber er dachte doch zugleich, wenn auch nur flüchtig, daran, daß der Unteroffizier seinen Schuß als einen Beweis entschlossenen Handelns werten würde. Das stimmte ihn froh, denn er brauchte die Gunst des Unteroffiziers: Er wollte vorankommen in seiner militärischen Laufbahn, und der Unteroffizier, der in der Schreibstube saß, spielte eine nicht unbeträchtliche Rolle bei seinem Vorwärtskommen. Zugleich aber dachte er auch daran, daß der Unteroffizier gekränkt sein könnte darüber, daß ein Obergefreiter entschlossener als er, der Unteroffizier selbst, gehandelt hatte und daß, schrecklich zu denken, der Unteroffizier ihn bei Oberleutnant Goltz anschwärzen könnte. In der Tat war der Unteroffizier gekränkt, daß der Obergefreite sich als der Entschlossenste von den vieren erwiesen hatte, und er nahm sich vor, es ihn einmal bei Oberleutnant Goltz empfindlich entgelten zu lassen. Doch das Gekränktsein wurde überspielt von dem Vergnügen, nun mit dem Griechen da im Wasser einen großen Spaß zu machen, und der Unteroffizier bereitete sich auf diesen Spaß vor. Dieser Spaß hier war besonders schön, weil es ein Spaß war, den er sich in Deutschland nicht einmal mit den jüngsten Rekruten erlauben konnte.

Jetzt werden wir aber einmal ein richtiges Gottesgericht mit dir durchführen, mein Freundchen! dachte er entzückt, und er überlegte schon, welche Befehle er geben sollte, um den Griechen, wie er sich auszudrücken pflegte, fertigzumachen. Jetzt wirst du ein richtiges preußisches Gottesgericht kennenlernen, Freundchen! dachte er, und er kam zu dem Entschluß, Agamemnon eine Viertelstunde lang, nur ein Viertelstündchen, durchs Wasser robben zu lassen, ins Meer hinein und wieder heraus mit zwei Atempausen, und er dachte, daß er neben Agamemnon hergehen werde, solange der robbte, eine Viertelstunde lang, mit zwei Atempausen, und er dachte weiter, daß, falls Agamemnon diese Viertelstunde wirklich durchstünde, er dem Koch in Zukunft ein guter Freund sein würde. Wenn er das aushält, dann zahl ich dem alten Säufer so viel Wein, wie er schlucken kann, aber erst soll er mal Wasser schlucken, dachte er. Er lachte vergnügt; es war das erste Mal in den drei Jahren seines Stationsdienstes, daß er aus voller Seele vergnügt war; und wenn er, der vom flachen Land kam, das Meer bisher nicht geliebt hatte, so war er nun bereit, sich mit dem Meer auszusöhnen, wenn es derartige herrliche Späße gestattete.

»Kopf unters Wasser, Kerl!« schrie er, da er sah, daß Agamemnon den Kopf ein Stückchen hob, aber gleichzeitig befahl der Feldwebel dem Griechen: »Stehen Sie auf!« Der Grieche, dem beide Kommandos gleichzeitig in die Ohren knallten, blieb liegen. »Stehen Sie auf!« wiederholte der Feldwebel, und er befahl, schreiend, zum dritten Male: »Steh auf, Mensch!«, und er stampfte in höchster Ungeduld mit dem Stiefel.

Agamemnon stand auf. Er stand im Wasser. Seine Hosen troffen vor Wasser, und Wasser lief ihm aus den strähnigen Haaren über den nackten Rücken in die nassen Kleiderbäusche um den Bauch. Ihm war kalt. Er klapperte. Er atmete keuchend. Das Wasser im Ohr drückte, und in seinem Mund schmeckte er das bittere Wasser, das zum Brechen reizte. Die Soldaten standen wenige Schritte vor ihm, und sie schwiegen noch, und die Gewehrträger hielten ihr Gewehr hüfthoch, und die Pistolenträger hielten die Pistolen in ihren Fäusten. Das Gewehr des Obergefreiten rauchte. Also der hat geschossen, dachte etwas in Agamemnon. Er sah auf den Faden Rauch, der aus der Mündung stieg. Er sah nur diesen Faden Rauch.

»Was machen Sie hier?« fragte der Feldwebel.

»Ich habe gebadet«, sagte Agamemnon, und er sah den Faden Rauch aus dem Gewehr wachsen wie einen weißen Baum.

»Sie wissen, daß das Betreten des Strandes allen Griechen verboten ist?«

»Jawoll«, sagte Agamemnon, »aber auf Station kein Wasser.«

»Das ist ja scheißegal!!« brüllte der Unteroffizier. »Du Schwein bist Partisan, was?«

»Nein, nein, nein«, wimmerte Agamemnon. Die Landschaft vor seinen Augen war ein einziges Rot. Blutrot: die Berge, auf denen die Sonne brannte. Die Berge verbrannten, der Rauch trieb zum Himmel. Da sah er, was sie nicht sahen: die Partisanen kamen vom Gebirge herunter. Er hörte den Unteroffizier wieder brüllen: »Du Hund, gesteh, du bist mit den Partisanen, gesteh!«, und er dachte, der Unteroffizier würde jetzt schlagen, mit der Maschinenpistole, und er duckte sich. Für einen Augenblick durchzuckte ihn die Hoffnung, daß die Partisanen die Station überwältigen und vernichten und ihn retten würden, aber, kaum gedacht, war die Hoffnung schon verworfen: Wer sollte diese Götter schon besiegen? Etwa die schmutzigen Ziegenhirten und Zwiebelbauern, die nach dem verdorbenen Mais stanken, den sie fraßen; diese Elenden, aus deren Schar er aufgestiegen war bis in die Hüftnähe der Götter? Nein, er glaubte daran, da war keine Rettung, die Götter waren stärker, er glaubte an die Götter, er gehörte auf ihre Seite, und da begriff er, wie wahnsinnig er gewesen war, mit diesen Göttern spaßen zu wollen, und er begriff, was endlich, endlich seine Pflicht war, die Pflicht, die sie von ihm erwarteten und die einzig ihm das Leben retten würde! Vielleicht auch, so erkannte er, hatten die Götter alles nur inszeniert, um seine Treue zu prüfen, und sie gaben ihm jetzt eine letzte Frist; nach dem Warnschuß gaben sie ihm noch eine Frist als Chance, denn sicher war dies ein Warnschuß gewesen; undenkbar, daß die Götter nicht träfen, wenn sie nur wollten! Gott, warum habe ich ihnen denn nicht schon längst gesagt, was ich auf den Bergen sehe, dachte er, und er sah schon einen Wald von Rauch.

Er schrie: »Kameraden – die Partisanen –«, und er trat schnell vor sie hin, mit ausgestreckter Hand in die Berge weisend, und da sah er noch, wie ein Gewehr hochflog und auf ihn zu, und er hob die Hände vor die entsetzten Augen und sprang zurück und brüllte: »Nein!«, aber er hörte sich nicht mehr, er hörte nur mehr einen brüllenden Donner, wie der ihn mit Dunkel begrub.

A. setzte das Gewehr ab. Eine heiße Woge rollte durch sein Blut. Jetzt war ich der erste! dachte er und dachte immerzu: Ich war der erste, ich! Vor ihm, in den Schaumflocken am Strand, lag auf dem Bauch, zusammengekrümmt, blutüberströmt, der stöhnende Koch.

»Idiot!« hörte A. den Feldwebel schreien, »verfluchter Idiot, war das nötig?« Wieso, dachte A., ich habe doch nur seinen Befehl ausgeführt! »Verfluchter Idiot!« schrie der Feldwebel ein drittes Mal. Das ist ja ein glatter Mord! dachte er im Schreien, aber da hörte er eine Stimme in ihm ganz laut und ruhig sagen: Aber so war es ja befohlen, Funker A. hat pflichtgemäß gehandelt! Da trat dem Feldwebel Schweiß auf die Stirn, und seine Lippen zuckten. Es war die Stimme des Oberleutnants Goltz, die er gehört hatte, und er wußte, daß er den Funker niemals hätte anschreien dürfen, sondern ihn hätte belobigen müssen, ihn, den einzigen, der sich befehlsgemäß verhalten hatte. Verstört blickte der Feldwebel in das verkniffene Gesicht des Unteroffiziers, und er dachte hastig: Großer Gott, der meldet das doch alles dem Oberleutnant Goltz, und dann sitze ich in der Tinte. Oberleutnant Goltz spaßt nicht mit Vorgesetzten, die weich werden. Er schaute schnell auf den Obergefreiten; der hatte sich gebückt und mühte sich um den Koch. Auch er handelt richtig, und ich tue nichts, dachte der Feldwebel, und er verwünschte diese seine Idee des Gottesgerichts; er verwünschte sie und seinen Beruf und seine Neigungen, und er hätte alles hingegeben, um nicht den furchtbaren Gang, den Gang zum Oberleutnant Goltz, der ihm bevorstand, machen zu müssen. In dieser Kompanie bin ich erledigt! dachte er. Und was, so dachte er, wenn Oberleutnant Goltz ihn vor ein Militärgericht stellte wegen

Versagens vor dem Feind? Was soll ich tun? dachte der Feldwebel verzweifelt, und der Blick des Unteroffiziers wich nicht von seinem Gesicht, und da wußte der Feldwebel, daß der Unteroffizier als Sieger aus dieser Sache hervorgehen würde. Da plötzlich, zu dieser Angst, packte den Feldwebel das Grauen.

Der Koch hatte aufgehört zu röcheln, und es war, einen Pulsschlag lang, völlige Stille. Alle fuhren sie auf, und da hörten sie schon seltsame Geräusche in der Luft wie Platzen und Tacken, und sie lauschten, stumm, und da hörten sie in das Platzen und Tacken hinein nun auch ein gleichmäßiges Rattern, und sie sahen fern auf den Bergen Rauch und Bewegung, und da war das Rattern schon nah.

»Sofort zurück zur Station!« befahl der Feldwebel aufgeregt.

»Und der Koch?« fragte der Obergefreite B.

»Was ist mit ihm?« fragte der Feldwebel.

Der Obergefreite schwieg.

»Ist er tot?« fragte A.

»Ja«, sagte der Obergefreite, »er ist tot.«

»Die Station brennt!« brüllte der Unteroffizier.

Sie sahen Flammen und Rauch über den Berg wallen, hinter dessen Kuppe die Station lag. Sie sahen sich entsetzt um, und sie sahen nur den öden Strand und das Meer mit dem flockigen Schaum, darin der Tote lag.

»Zur Station zurück!« schrie der Feldwebel, »das ist die einzige Rettung!« Sie rannten den Berg hinauf, aber da schlug ihnen von der Kuppe herunter schon die Salve eines unsichtbaren Maschinengewehrs entgegen, und sie fielen, der Feldwebel D. zuerst, und über ihn stürzte der Obergefreite B., und dann fiel der Unteroffizier C. und dann der Funker A., der noch gesehen hatte, wie der Feldwebel hintenübergefallen war, und dem seitdem nur noch die Frage im Hirn sich brüllend gedreht hatte: Um Gottes willen, was ist denn das, was ist denn, was ist ...

Kapitulation

Sieben Stunden nach der bedingungslosen Kapitulation des OKW, am frühen Morgen des neunten Mai des Jahres neunzehnhundertfünfundvierzig, schickten sich, auf einem Hügel tief im böhmischen Wald, wenige Schritte abseits einer Straße, über die sich, wie über alle Straßen Böhmens zu dieser Stunde, der brüllende Knäuel der westwärts fliehenden Wehrmacht wälzte, zwei Männer der Feldgendarmerie, von einem SS-Leutnant kommandiert, an, einen verzweifelt sich wehrenden gefesselten jungen Soldaten, der ein kleines, eilig geschriebenes Schild auf der Brust trug: »Ich war zu feige, Deutschland vor den Barbaren zu schützen!«, am Ast einer Eiche zu henken. Der junge Soldat schrie unablässig den einen Satz: »Aber der Krieg ist doch aus, aber der Krieg ist doch aus ...«, und er schrie diesen Satz noch, da sich der Strick um seinen Hals unter dem wie zur Probe zupfenden Zug eines der Gendarmen schon straffte. Der SS-Leutnant hob ob des Geschreis des Soldaten mit ärgerlicher Miene die Hand, und der Feldgendarm begann daraufhin den Strick energisch anzuziehen; da plötzlich schrie der Leutnant auf; seine Hand fiel schwer herab; er riß sich herum und rannte, an der Eiche vorbei, den straßenabgewandten Hang des Hügels hinunter, und im Laufen schrie er: »Die Russen sind da!« Die Feldgendarmen ließen, vor Grauen stolpernd, ihr Opfer fahren und folgten dem Leutnant. Der junge Soldat plumpste zur Erde und fiel, in die Knie brechend, vornüber, und der Strick fuhr pfeifend über den knarrenden Eichenast und schlug heftig wie ein Peitschenschlag den Straßenhang hinunter. Blöde blickte der junge Soldat dem Strick nach, da sah er einen Trupp Sowjetsoldaten, die auf Panzerrädern, schreiend und ihre Maschinenpistolen schwingend, die

Straße heraufgefahren kamen, stoppten, absprangen und den nach allen Seiten hin auseinanderstiebenden Soldatenschaften zuriefen: »Krieg kaputt, Kamrad! Halten, Kamrad!«

Da der junge Soldat die Sowjetsoldaten sah, fuhr er entsetzt hoch und lief so schnell, daß der Strick, der hinten an ihm hing, zu flattern begann, den straßenabgewandten Hang des Hügels, den auch die Feldgendarmen gelaufen waren, hinunter. Während er lief, dachte er mechanisch nur, daß er jetzt nicht fallen dürfe; und er sah, überwach, den sonnenhellen Hang vor sich, der unter ihm wegsank, schräg und grün.

Ich darf nicht fallen! dachte der junge Soldat, und er legte sich im Laufen noch etwas zurück. Eigentlich lief er nicht, sondern tat, in raschester Folge, Sprung auf Sprung, immer zu Zielen, denen anzusehen war, daß sie dem Anprall des Fußes standhalten würden. Schnell war er so den Hang hinunter. Unten, in der Mulde, war es dunkler, und er lief etwas langsamer, Pfade zweigten seitwärts ab; der junge Soldat lief, ohne nachzudenken, geradeaus. Es war eine Schneise, die er entlanglief; links und rechts war junger, ihn armhoch überragender Fichtenwald, rundum so geschlossen, daß man noch keine drei Schritt weit in sein finsteres Grün schauen konnte. Schwarz und stumm, so stand der Wald, keine Vögel sangen. Der junge Soldat lief, erschrocken, wieder schneller; er suchte auf der schummrigen Schneise weiter mit schmerzhaft angespanntem Auge sichere Auffangstellen für seine Sprünge. Er merkte mehr und mehr, wie seine Füße, seine Knie, seine Schenkel von Sprung zu Sprung schwankender vorwärts schwangen und daß sein ganzer zermürbter, müder Körper zu versagen drohte.

Ich schaffe es nicht mehr lange! dachte er.

Er sprang weiter.

Nur nicht fallen! dachte er; da fielen plötzlich die Wälder rechts und links von ihm jäh in die Tiefe; steil schossen die Hänge hinab; die Schneise verengte sich, schon hoch über ihrem Fuß, zu einem schmalen, schluchtenflankierten, von rippigen Steinen durchstoßenen Pfad, der, steil steigend, auf ein Plateau führte, und dort stürzte vor dem Flüchtenden die Vorderwand lotrecht in Tausenden scharfen und schlitzenden Spitzen zwischen den senkrecht übereinanderstehenden Fichten in eine unermeßliche Tiefe hinab. Der junge Soldat hielt, taumelnd, ein; seine Beine knickten um, und er stürzte, ineinanderklappend, nieder und blieb liegen, den Kopf auf dem schlaffen Hals über den Abgrund gehängt. Minuten lag er so: nichts fühlend, nichts denkend, nur atmend. Endlich setzte sich der Schmerz in Hals und Schultern gegen die Todesmüdigkeit durch: Er mußte den Kopf heben, und er sah, unendlich unter den Augen, den Abgrund.

Den jungen Soldaten packte Schwindel. Die Tiefe sog ihn an. Ich will leben, ich muß leben! dachte er. Der Schwindel zog seinen Kopf schon hinunter; der junge Soldat fühlte, wie sein Kopf schwerer wurde und schwerer und wie der Körper langsam, langsam vorwärts rutschte.

Nein! dachte er. »Ich will leben«, sagte er laut.

Er schloß die Augen; die Tiefe blieb, unergründlich, innen im Blick, in schrecklicher Schwärze, und er schlug die Augen schnell wieder auf.

Er sah den Abgrund. Ich muß mich zurückschieben, sagte er sich, aber wie? Seine Arme waren auf dem Rükken gefesselt; er zerrte an den Fesseln und schob die Arme ein Stückchen den Rücken hoch, doch da rückte, schaukelnd, der Abgrund näher, und zugleich ertönte eine süße Stimme im Herzen des jungen Soldaten: »Lasse dich sinken, und alles ist vorbei; weißt du, was noch alles auf dich wartet?« sagte die süße Stimme.

»Nein«, schrie der junge Soldat.

Er schrie die süße Stimme nieder.

»Nein, ich will leben, ich werde leben!« sagte er fest.

Die süße Stimme war verstummt. Der junge Soldat hackte mit aller Kraft die Stiefelspitzen in den steinigen Boden und zog seinen Körper vom Abgrund weg. Sein Leib lag auf einem scharfen Stein; der jähe Schmerz, da er sich rückwärts zog, betäubte ihn fast, doch er hielt zähneknirschend aus. »Ich will leben!« stöhnte er, während der Schmerz sein Fleisch zerschnitt, und da hatte er schon das Kinn auf dem festen Boden, und er drückte sich auch mit dem Kinn zurück, und dann riß er sich, den Leib über den Stein hinwegschwingend, auf die Knie, ließ sich nach hinten fallen und wälzte sich vom Abgrund weg.

»Gerettet!« flüsterte er.

Er kroch auf den Knien zu dem scharfen Stein hin und wetzte die hänfenen Handfesseln durch, streifte die Schnüre von den Händen und ließ sich erschöpft auf den Rücken nieder.

Er lag ruhig; er atmete tief und sah, über das Plateau hinaus, in den Himmel, wie blau er war an diesem Maitag, und die Wolken, wie lockig sie zogen. Plötzlich aber war ihm, als sammelten sich alle die leichten Wolken in ihm und machten ihn schwer; der Himmel, verwaschen, verschwamm; die Wolken sanken ein. Er fühlte sein Fleisch prall zum Bersten; sein Körper schien ihm aufbrechen zu wollen. Dunkles drängte, alle Angst der letzten Stunden wie des Lebens, und plötzlich hob sich der ganze Körper, Ströme von Schweiß schossen aus allen Poren. Erlöst fühlte der junge Soldat diesen Ausbruch. Gerettet, dachte er glücklich: gerettet! Ein Lüftchen kam auf und wehte über den jungen Menschen hinweg und trocknete seinen Schweiß. Das glühende Gesicht kühlte aus, und der Leib, der schwere Leib, er wurde ihm leichter und leichter, und der Junge dachte, daß er durch die laue Luft flöge, hoch über dem Abgrund dahin mit den Schwärmen der Wolken. Er lächelte selig. Er dachte, daß er dies malen werde, und er werde es »Freiheit« nennen: er, einsam inmitten der Wolken, im blauen Himmel, schwebend, von kühlenden Lüften umspült, und unten die grauenvolle, unverständliche Welt mit all ihrem Blut, ihrem Eiter und ihren stinkenden Geschwüren. Er sah dies Bild vor seinen Augen schweben: eine Symphonie von Blau und elfenbeingelbem Weiß; und auch seinen Mund und alle seine Glieder: blau wie den Himmel würde er sie malen, und nur ein einziger Doppelpunkt aus tiefem Ebenholzschwarz würde zu sehen sein: seine maßlosen Augen, abgewandt von der Erde, an den Sternen entzündet.

Ja, das will ich malen, das werde ich malen, dachte er und stand auf. Seine Hände schmerzten; er rieb die Handgelenke aneinander, streckte die Hände und, Handrücken an Handrücken, die Finger, bis sie gespreizt ineinandergeklammert knackten, und dann reckte er sich, die Arme im Schultergelenk hochreißend, und dehnte sich aus dem Leib heraus, an allen Muskeln zerrend, als wollte er sich von unsichtbaren Schorfen häuten. Vorbei der doppelte Tod, vorbei der Krieg, vorbei die Generäle und Gerichte: Er lebte, und er war frei!

»Ich bin frei!« sagte er laut, »ich bin frei!«

Er klatschte fest die Hände zusammen.

Ich kann jetzt tun, was ich will! dachte er.

Er reckte sich wieder, und er reckte sich ein drittes Mal; er hüpfte; er bückte sich, grub Erde aus, zerrieb sie zwischen den Fingerkuppen, beroch sie und wischte sich die Finger an der Uniform ab; er nahm einen Quarz und schleuderte ihn in den Abgrund; er lachte; er pfiff; er trällerte; er tat in Sekundenschnelle die sinnlosesten Dinge, so wie sie ihm in den Sinn kamen und wie er sie wollte. Plötzlich aber, es war gerade, als er sich nochmals aus allen Kräften reckte, versagte sein überanstrengter Körper, und der junge Soldat blieb, halb auf den Zehenspitzen, atemringend, als ob er einen heftigen Boxstoß in die Magengrube erhalten hätte, stehen. Es würgte ihn, er schluckte; vor seinen Augen wankte der Wald. Er schluckte unablässig, aber das Würgen setzt sich durch. Er ließ sich auf die Knie nieder, streckte den Kopf vor und übergab sich. Er dachte, er müsse seinen Magen verlieren, aber es war nur ein wenig gallgelber Schleim, den er herausbrachte. Dann, beruhigter, blieb er, die flachen Hände stützend auf den Boden gepreßt, auf den Knien hocken. Er fühlte sich müde und krank. Er glühte, und es fror ihn zugleich. Eine Zigarette, dachte er, eine Zigarette würde mir guttun! Er tastete seine Uniform ab, aber er fand keine Zigarette, und da fiel ihm ein, daß die Zigaretten in seinem Brotbeutel gewesen waren, und den Brotbeutel hatten ihm die Feldgendarmen abgenommen, ehe sie ihn auf den Hügel geschleppt hatten. Er dachte plötzlich, daß er ja etwas tun müsse und daß er doch nicht ewig auf diesem Plateau unter den Wolken hocken könne. Wo bin ich denn überhaupt? fragte er sich. Er sah sich um. Vor ihm war der senkrecht abfallende Hang: undenkbar, ihn zu bewältigen. Hinter ihm zog sich das Plateau zurück in den steinigen, schmalen Pfad und weiter in den Schneisenweg: eine, wie er, den Kopf wendend, nun sah, unendliche Strecke. Linker Hand hatte er, am Rand des Abhangs, eine hohe silbergraue Buche, und unter ihren Wurzeln mußte der Abhang steil hinabfallen, denn der junge Soldat konnte ebendiesen Abhang von seinem nur ein paar Meter von der Buche entfernten Standort schon nicht mehr sehen. Hingegen konnte er vom Hang zur rechten Hand, obwohl er von diesem Hang viel weiter entfernt war als von dem zur linken, ein großes schräges Stück sehen: Es war von Lärchen bewachsen, einem jungen Bestand von gelbem Grün, und in diesem Gelbgrün stak eine dunklere, wahrscheinlich eine Höhlung überwachsende Fläche. Dort also muß ich hinunter! dachte der junge Soldat, und schwankenden Knies erhob er sich. Er schritt zum Lärchenhang hinüber und sah hinab nach dem Wald, der sich, jenseits der schmalen Sohle flach ansteigend, in die dämmerige Ferne dehnte.

Da riß, da er hinübersah, der jähe Schreck ihm die Beine nach hinten, und er lag, von den grünen Spitzen der Lärchen gedeckt, und vor seinen entsetzten Augen standen, am Waldrand, vier russische Soldaten. Sie standen groß da und breit, vom Licht beschienen. Sie lachten; einer schlug sich mit beiden Händen auf die stämmigen Schenkel, und er schlug mehrmals so und lachte, daß es ihn schüttelte. Der junge Soldat hörte dies Lachen nicht, er sah es nur, aber er glaubte es zu hören, und es schien ihm, als käme es aus den Tiefen der Hölle. Durch sein Hirn schoß wie ein Sturzbach all das Gräßliche, was er von seinen Eltern, von seinen Lehrern, vom Radio, von der Zeitung, von seinen Vorgesetzten und schließlich auch vom brüllenden General, der ihn zum Tode verurteilt, und von dem SS-Leutnant, der ihn zum Galgen geführt, über die russischen Soldaten gehört hatte: daß sie jeden, der ihnen in die Hände fiel, folterten, verbrannten, mit Panzern zermalmten, ja daß sie Menschenfleisch in Kesseln gar kochten und aßen. Nun sah er sie vor sich, und sie hatten Waffen, und sie konnten ihn fangen. Sind das denn Menschen? dachte er. Er sah: Sie sahen wie Menschen aus; aber er hätte sich nicht gewundert, wenn diese lachenden Soldaten sich auf alle viere niedergelassen und zu heulen begonnen hätten wie die Wölfe und mit gefletschtem Gebiß in den Wald getrabt wären. Ihn schauderte, und er begriff erst jetzt, daß der Krieg ja verloren war, daß es diese Soldaten waren, die ihn gewonnen hatten. Er brach schnell die Gedanken ab. Er sah die Russen in den Wald zurücktreten, und da war es ihm, als ob ferne im Walde ein niedriger Nebel sich zöge, eine gespenstische Kolonne, grau und mörderisch. Wer ist das, sind das Russen, sind das Wölfe, ist das ein Rauch? dachte er ratlos. Er strengte seine Augen an, diesen grauen Zug zu erkunden, doch je schärfer er spähte, desto mehr verschwamm alles Dickicht des Waldes, und auch die breiten Rücken der vier Soldaten, Stämme unter Stämmen, verschwammen, und alles ging auf in der grünen stillen Dunkelheit. Der Wald war frei. Der junge Soldat war allein.

Noch einmal gerettet! dachte der junge Soldat, nun aber fort! Er drehte sich auf dem Koppelschloß herum, rutschte zum linken Abhang, hinter die silbergraue Buche, und spähte, vorsichtig geworden, durch einen Spalt zwischen ihren Wurzeln und dem Gestein hinab. Sein Gesicht wurde starr. Drunten standen die drei Feldgendarmen und spähten, mit der flachen Hand die Augen vor der Sonne schirmend, zum Plateau hinauf. Der junge Soldat preßte sich fest an die schuppige Erde. Er spürte, seltsam, keine Angst mehr, und auch das Fieber war verflogen. Der Haß hielt ihn hart und straff. Er wollte das Angesicht seiner Mörder sehen, und er spannte alle Kraft an, ihre Gesichter auszumachen. Während sie ihn auf den Hügel gezerrt hatten, hatte er ihre Gesichter nicht wahrnehmen können. Jetzt wollte er sie sehen und sich ihre verfluchten Züge ins Gedächtnis brennen, um sie einmal malen zu können. Die drei Gesichter des dreiköpfigen Höllenhundes, des Wachhundes in der Hölle des Krieges, so wollte er sie malen, und er hatte das Bild auch schon in Gedanken fertig, bis auf die drei leeren Flecken: die unbekannten Gesichter seiner Mörder. Er strengte sich an, die Gesichter zu erfahren, aber er konnte nur die uniformbedeckten Körper sehen, ihre Gesichter sah er nicht, die lagen ganz im Schatten der geschwungenen Helme. Der junge Soldat schaute auf ihre Hände. Er sah, wie der Leutnant eine Landkarte aus der Tasche zog, sie entfaltete, raffte, einschlug und schließlich zu einem spielkartengroßen Stück zusammenkniff, und er sah, wie ihre Finger über das Kartenstück fuhren und wie die drei sich umsahen und dann wieder nach der Karte schauten, offenbar uneinig; denn sie flüsterten heftig, mit eckigen Gebärden. Er sah ihre Köpfe auseinanderfahren und wieder, nach der Musterung des Waldstückes vor ihnen, zusammenschwenken, und plötzlich, da er sie tuscheln sah, dachte er: Die werden doch sicher den Hang hinaufsteigen, um sich zu orientieren, und gleichzeitig dachte er: Nun ist es aber höchste Zeit, daß ich davonkomme! Er löste den Blick von den dreien und dachte: Schade! Nun werde ich nie mehr wissen, wie meine Mörder aussehen!

Er sandte den letzten Blick hinab. Es muß doch einmal einer heraufsehen! dachte er, nur einer, und nur für einen Augenblick! Da sah einer herauf, es war der Leutnant, doch die Entfernung war zu groß; das Gesicht erschien nur flach und weiß wie eine Scheibe, und keine Züge waren erkennbar. Der junge Soldat sah schnell weg. Jetzt aber fort! sagte er sich und kroch ein Stückchen zurück.

Aber wohin denn? dachte er.

Er blieb liegen.

Natürlich zurück, wohin sonst! dachte er, aber er blieb liegen.

So beeil dich doch! sagte er sich. Er blieb liegen. Unten bei den Feldgendarmen raschelte es und rührte es sich. Da schickte sich der junge Soldat erschreckt an aufzustehen, doch da wußte er schon, daß er ja nicht aufstehen durfte. So drehte er sich, Sausen im Ohr, auf dem Boden um einen rechten Winkel herum, da sah er: Der Weg zurück lag unendlich vor ihm da – ein schwieriger, steinstarrender, schmaler, steiler Pfad und dahinter die stetige Bahn, die, langsam von Fichten überstiegen, schräg hinabführte durch ferne und fernere Wälder, um schließlich im Horizont zu verfließen. Diese Strecke soll ich zurückkriechen? dachte der junge Soldat entsetzt. Sein Kopf schmerzte; und der junge Soldat fühlte mit einem Male seinen Körper wieder müde werden, todesmüde und schwer. Er sagte unwillkürlich: »Das schaffe ich doch nicht!« Er war, da er dies sagte, schon daran gewesen, den Weg, den unendlichen, hinunterzukriechen, aber da er seine eigenen Worte gehört hatte, hatten sie ihn vollends gelähmt, und er blieb liegen.

Vielleicht sind sie auch schon weggegangen, dachte er,

sich beruhigend. Sicher, sie sind schon weggegangen! stellte er fest. Er lauschte.

Alles war still.

Er drehte sich vorsichtig wieder herum und lugte durch den Wurzelspalt. Da sah er, was er gesucht hatte, dicht vor seinem Gesicht: eines der Gesichter seiner Mörder. Wäßrig-runde Augen, pausbäckig, breitnäsig und mit riesigem Kinn: so schob es sich, von den vorgreifenden haarigen Händen gezogen, den Hang hinauf, aus offenem Mund atmend und angestrengt mit den Augenlidern blinzelnd. Der junge Soldat stob zurück; er rutschte lautlos über das Plateau, instinktiv zur dunklen Stelle im Lärchenwald hin, am Hang, der zu den Russen sich zog, drängte sich durch die Bäume und zwängte sich in die enge, flachgemuldete Höhle, als die sich das Dunkel tatsächlich erwies, hinein. Zusammengeringelt, an die Erde gepreßt, hörte er auf dem Plateau schon Geräusche: ein schwerer Körper schob sich raschelnd hinauf. Das Rascheln brach ab; der Körper schnaufte und keuchte; er ruhte wohl, schnaufend und keuchend, ein wenig vom Klettern aus. Die Geräusche, langsam, verklangen; dann klickte durchs Verschnaufen leis ein Verschluß auf, offenbar der Verschluß eines Fernglasetuis, und dann war alles still, die Geräusche verstummt, und nur aus der Höhle am Hang dröhnte wie eine unablässige Pauke das rasend schlagende Herz des jungen Soldaten.

Der junge Soldat preßte sein Herz an die Erde, aber es verstummte nicht. Er legte die ganze Last seines Leibes auf das Herz; da setzte das Schlagen aus, und zugleich schwanden seine angstüberreizten Sinne in einen Traum. Er träumte, im Dämmern: Hier finden sie mich nicht! Er träumte, daß sie Räuber und Gendarm spielten, wie immer, wenn sie schulfrei hatten; und weil, wie immer, keiner den Gendarmen hatte machen wollen, hatte er den Gendarmen gemacht, und die Räuber hatten ihn, wie es Brauch war, gehetzt, um ihn zu fangen und aufzuhängen.

Er lachte: Sie würden ihn nicht fangen und nicht aufhängen! Er war in Sicherheit. Er lag, im Wäldchen hinter dem Vaterhaus, in einer Höhle, die von einer dichten sperrigen Brombeerhecke verschlossen war, und nur er wußte den einzigen Zweig, an dem man die Hecke hochheben konnte, um, ohne sich zu ritzen, in die Höhle zu schlüpfen. Sucht nur, sucht nur! dachte er; da drehte sich plötzlich die Höhle; die Brombeerranke wurde weggerissen, und herein sah ein Mann mit wehendem weißem Bart und rotviolettem Gesicht. Da krachte es, und es donnerte, und die Höhle versank donnernd im Berg. Er fuhr auf; er war zusammengekrümmt in der Höhle gelegen, und er war in einer schwindeligen Sekunde abgerutscht, und sein Kopf war auf den Boden geschlagen.

Unberührt vor der Höhlung standen die jungen, grasgrünen Föhren.

Der junge Soldat rappelte sich benommen auf. Er lauschte; nur sein Herz schlug laut durch die reglose Stille.

Er hat mich nicht gefunden, dachte er.

Plötzlich spürte er einen siedeheißen Strom über sein Gesicht die beiden Arme herabfahren und in den Händen brennen. Um Gottes willen, ich habe ja meine zerschnittenen Handfesseln oben liegenlassen! dachte er, und da, in das Hämmern seines Herzens und Tosen seines Blutes, hörte er plötzlich über sich Schritte gehen; es waren Schritte von groben Füßen, ein schlurfender Gang, und die Quarzsplitterchen, die sich unter dem Druck der Sohle aneinander rieben, knirschten und quietschten gläsern.

Solange der noch geht, hat er nichts gemerkt, redete sich der junge Soldat angstvoll ein. Der Feldgendarm oben zog während des Aufundabgehens die zerschnittene Handfesselschnur, die er soeben aufgehoben hatte, durch die hohle Hand und dachte: So ist der Junge doch noch davongekommen. Das ist tröstlich! Er wollte achtlos die

Fesselschnur in die Hosentasche schieben, denn die Schnur war sein Eigentum gewesen, und man konnte in diesen Tagen das Geringste brauchen, da dachte er, daß er sich besser nicht mit einem solchen Indiz belaste, und er blieb stehen und warf die Schnur wieder weg. Dann ließ er sich, erleichtert, auf ein Knie nieder, setzte das Fernglas vor die Augen und sah zum Waldstück jenseits der Lärchen hinüber.

Nun ist er stehengeblieben! dachte der junge Soldat, nun hat er die Fesselschnur entdeckt, und nun ist es aus mit mir! Er fühlte entsetzt, wie die Übelkeit ihn wieder zu würgen begann.

Oben blieb es still, kein Atem kam.

Was mach ich nur? dachte der junge Soldat verzweifelt, ich habe doch keine Waffe! Er meinte die Stimme des Generals, der ihn aufgefangen hatte, zu hören: »Warum hat Er sein Gewehr weggeworfen, Kerl! Bei mir wird nicht kapituliert! Bei mir wird gekämpft, und wer nicht kämpft, der hängt!«

Ich werde aber leben, ich muß leben! stöhnte der junge Soldat. Auf dem Plateau blieb es still. Der Feldgendarm hatte sein Fernglas gezückt und schaute, von den Spitzen der Lärchen gedeckt, nach dem Wald hinüber. Er sah, vage, fern im Hintergrund, einen grauen, langsamen Zug durch den Wald sich winden; er stellte das Fernglas genauer ein, und der Zug wurde deutlich. »Kriegsgefangene!« flüsterte der Feldgendarm entsetzt, und er ließ das Fernglas sinken, »Kriegsgefangene!«

So machen sie doch Gefangene, dachte er, und er führte zögernd, mißtrauisch, das Fernglas wieder an seine Augen. Da er wieder hinübersah, wähnte er, im Zug der Gefangenen den jungen Soldaten, den er hatte henken sollen und der ihm, zum Glück, entkommen war, zu sehen. Der hat's hinter sich, dachte der Feldgendarm; für den ist der Krieg aus, und er lebt. Er schloß einen Augenblick die Augen. Aber was mache ich? dachte er, mich werden sie ja umlegen. Mich bringen die um, wenn die diese verdammte Uniform sehen! Er sah, wie der junge Soldat, den er im Zug der Gefangenen zu sehen wähnte, im Wald verschwand, und er steckte das Fernglas weg. Der junge Soldat unten preßte die Faust vor den Mund: das Furchtbare war, daß sich oben nichts bewegte. Der plant was, dachte der junge Soldat, aber was? Gegen List bin ich wehrlos. Er soll herunterkommen, ich schreie, wenn er nicht herunterkommt! Er fühlte den Schrei die Kehle heraufkommen, und er würgte ihn, schluckend, hinunter. Er biß die Zähne zusammen. Ein zweites Mal fangt ihr mich nicht; ich würge euch mit meinen bloßen Händen! so schwor er sich. Seine Zähne knirschten.

Oben blieb es still.

Er biß in seine Hand. Blut quoll heraus.

Ein Ende! dachte der junge Soldat verzweifelt. Jetzt könnte ich ein Ende machen, dachte der Feldgendarm oben, ich schmeiße mein Brustschild weg, und ich laufe hinüber, da sind viele Kameraden, da werden mir die Russen nichts tun, und wenn ich erst einmal durch die erste Welle bin und weiter hinten, dann wird schon alles gut gehen; nur erst mal bei den Kameraden sein! Er sah wieder durchs Fernglas. Mit diesem wahnsinnigen General und der wahnsinnigen SS krepieren wir alle zusammen, dachte der Feldgendarm, es geht ja gar nicht anders, als hinüberzugehen! Er dachte, dankbar, wie glücklich es doch gefügt war, daß der junge Soldat drüben bei den Gefangenen war. Sicher wird der für mich gutsagen, dachte der Feldgendarm; der wird bestätigen, daß wir von der SS gezwungen waren, und ich habe den Jungen ja auch gar nicht angerührt, ich habe ihn nicht geschlagen und nicht getreten, und am Strick habe ich auch nicht gezogen, das hat alles der Kaumitz getan!

Nur schnell hinüber! dachte er, daß der Leutnant nichts merkt und daß ich den Jungen noch einhole! Er hob sein Brustschild ab und warf es weg; es klirrte durchdringend hell auf den quarzenen Kristallen. Den jungen Soldaten traf es wie ein Schwert. Nun hat er die Pistole gezogen und sie fallen lassen, dachte er, und nun hebt er sie wieder auf, und nun kommt er herunter und knallt mir den Bauch voller Kugeln! Er machte sich klein; ach, dieser fürchterlich große Leib, der die Höhle füllte! Er krümmte sich zusammen. So bin ich ja völlig wehrlos! dachte er, und es schrie in seinem Hirn: Nein! Nein! Nein!, und er stand auf, und er zwängte sich klappernd aus der Höhle heraus, da wollte von oben gerade der Feldgendarm herab. Der Feldgendarm hörte, wie sich unter ihm etwas gefährlich bewegte; er wollte schon rufen, wer da sei, aber er wagte nicht zu rufen: was, wenn es die Russen waren? Wenn es die Russen waren, dann war sein Plan umgeworfen, dann kam er ja nicht zu den Kameraden, dann würden sie ihn niederschießen wie einen Hund! So hastete er mit plumpem Schwung über das Plateau zurück, um sich den Hang zu den Kameraden hinunterzulassen. Der junge Soldat hatte das hastige Schlurfen gehört, das von ihm weggeeilt war, und er blieb zitternd stehen. Er läuft vor mir davon, dachte er, vor mir, einem Waffenlosen, läuft er davon! Er kletterte zum Plateau hinauf. Seine Hand blutete. Er sah sie bluten. Er erschrak vor dem Blut, und plötzlich dachte er, daß sich alles ja ganz anders verhalte: Der hat mich gesehen, so dachte der junge Soldat, der hat mich gesehen, und nun denkt er, daß ich mir eine Waffe besorgt habe, und traut sich allein nicht ran, und nun steigt er hinunter und holt die anderen. Er hörte, daß das Schlurfen aussetzte. Jetzt sitzt er am Rand! dachte er; und da hörte er ein breites, trockenes Scheuern und Kratzen von Stoff und Leder; und Steinchen, wie kleine Glasglöckchen tönend, polterten mit hellem Gepink. Er klettert hinunter! dachte der junge Soldat. Er schwang sich aufs Plateau, kroch zu der Buche und spähte hinab. Der Feldgendarm, so sah er, ließ sich, eine riesenhafte Spinne, den Hang hinunter. Was mach ich nur! dachte verzweifelt der junge Soldat; was mach ich nur! Da spürte seine Hand den Stein, auf den sie sich stützte. Sie drückte auf den Stein. Es knirschte schmirgelnd am Grunde; Verwittertes bröckelte. Der junge Soldat hörte das Bröckeln. Seine Hand drückte kräftiger. Der Stein gab nach.

Der junge Soldat begriff noch nicht voll, was er tat: Er stemmte sich auf den Stein, und der Stein drehte sich vornüber; die Hand gab ihm einen leitenden Stoß, und der Stein fiel. Er schlug auf eine Baumwurzel, prallte, zurückgefedert, wieder empor und stürzte, zwanzig Meter beschleunigt fallend, auf die Stirn des Feldgendarmen, der, sich zurückbiegend, hangauf gesehen hatte, als der gedämpfte Aufschlag hoch über seinem Kopf erschollen war. Der Stein fiel voll mitten auf die Stirn des Feldgendarmen. Er zerschmetterte die Stirn und drehte durch seine Wucht den ganzen gestreckten Körper vom Hang weg. Waagerecht lag der Feldgendarm in der Luft, dann drehte er sich, sich in sich zusammenrollend wie eine Spirale, weiter und kollerte, sich mehrfach überschlagend, hangabwärts, dem Steine nach, der polternd, in weiten, kräftig gekurvten Bogen voraussprang. Unten, der Feldgendarm und der Leutnant, sie sprangen auseinander; der Stein sauste durch die Lücke zwischen beiden; und der zerschmetterte Körper des Kameraden trudelte vor ihre Füße.

»Dieser Dussel!« sagte der Leutnant ärgerlich, »sich an diesem lächerlichen Hang das Genick zu brechen! Und oben auf dem Plateau ist er herumgelaufen wie ein Blöder!«

Der Feldgendarm sah den Leutnant böse an. Er dachte: Lägst du doch statt seiner da, du Grasaffe! Der Johann hat vier Kinder in der Welt, du bist erst ein halber Rotzjunge!

»Wie ein Blöder!« sagte der Leutnant.

Es ist doch jetzt alles vorbei; warum knalle ich dem

Kerl denn nicht eins vor die Fresse! dachte der Feldgendarm.

Er sagte: »Jawohl, Herr Leutnant!«

»Ein Dussel!« sagte der Leutnant, »ein Dussel!« Er beugte sich über den zerschmetterten Körper. »Da ist nichts mehr zu retten«, sagte er und richtete sich wieder auf.

»Schade. Am letzten Tage noch . . .«, sagte der Feldgendarm.

»Was heißt denn: am letzten Tage?« fragte der Leutnant scharf. Der Feldgendarm schwieg. Beide schwiegen. Der Leutnant räusperte sich mehrmals und fragte schließlich: »Wie ist denn das eigentlich passiert, haben Sie das gesehen?«

»Er hat sich an einen Stein geklammert«, sagte emporzeigend der Feldgendarm; »aber der Stein ist wohl locker gewesen, und so ist er rausgebrochen und ist dem Johann unglücklich auf den Schädel gefallen und hat ihn heruntergerissen; ich hab's genau gesehen, Herr Leutnant!«

»So«, sagte der Leutnant; und nach einer Weile des Schweigens fragte er: »Und wie hat er eigentlich geheißen?«

»Wachtmeister Johann Schlickhübel«, sagte der Feldgendarm.

»Gott mit dir, Kamerad Schlickhübel«, sagte der Leutnant, und er stand vor dem Toten still und grüßte mit gestrecktem Arm, und der Feldgendarm stand auch still und streckte den Arm. Dann ließ der Leutnant die Hand sinken und wandte sich ab, und der Feldgendarm ließ die Hand sinken und wandte sich dem Leutnant zu.

»Wie soll es bloß weitergehen, Herr Leutnant?« fragte der Feldgendarm.

»Erst rauchen wir mal eine Zigarette auf den Schreck«, sagte der Leutnant, »dann steigen wir beide auf die Höhe und sehen uns um und suchen Anschluß an die Truppe!«

»Jawohl, Herr Leutnant«, sagte der Feldgendarm.

»Eins ist klar: den Bolschewiken ergeben wir uns nie!« sagte der Leutnant.

»Jawohl, Herr Leutnant«, sagte der Feldgendarm.

»Gut«, sagte der Leutnant, »gut!« Er suchte nach Zigaretten. Da der Feldgendarm sah, wie der Leutnant Zigaretten suchte, zog er eine Schachtel aus der Tasche und bot sie dem Leutnant an. Es waren die Zigaretten aus dem Brotbeutel des jungen Soldaten. Wo mag denn der Kerl bloß gelandet sein? dachte dabei der Feldgendarm. Er dachte: Der ist sicher zu den Russen gelaufen, und die machen jetzt 'nen Helden aus dieser halben Portion! Er dachte neidisch: Der hat's hinter sich! Er dachte wütend: Wenn ich den jemals wiederseh, den mach ich kalt! Der Leutnant nahm eine Zigarette. Sie setzten sich, der Leutnant zuerst, ins Moos, und der Feldgendarm stand nochmals auf, um dem Leutnant Feuer zu geben, und dann setzte sich der Feldgendarm wieder hin, und sie rauchten. Das alles aber sah der junge Soldat schon nicht mehr.

Der junge Soldat hatte mit der äußersten Bestürzung gesehen, wie der Stein unter seiner Hand weggerollt war, und er war versucht gewesen, ein »Halt ein!« zu schreien, um den Stein im Rollen zu hemmen, oder ein »Achtung!«, um den Feldgendarmen zu warnen. Da war der Stein aber schon auf die Stirn des Feldgendarmen gekracht; da war der Feldgendarm schon waagerecht in die Luft gestreckt mit erzenem rotem Gesicht, das verrann, und da waren die beiden dort unten auseinandergesprungen, und da hatte der Leutnant sich über den Abgestürzten gebeugt, und da hatte der Abgestürzte dem Leutnant etwas zugeflüstert, und da hatte der andere Feldgendarm nach dem Plateau gezeigt, herauf, mit durchgestrecktem Arm genau in die Augen des jungen Soldaten weisend, und der Leutnant hatte auch heraufgesehen und hatte mit dem Kopf genickt. Da war sich der junge Soldat dessen sicher, daß die unten alles wußten. Fort, nur fort! befahl er sich. Er hastete, flach auf dem Boden, von der Buche weg zu den Lärchen, und er dachte, über den Hang gleitend, scheu, daß es vielleicht doch genüge, sich für ein paar Stunden in der Höhle zu verkriechen; aber: Narr, armer blutiger Narr, gerade in dieser Höhle hat dich ja der Feldgendarm ausgemacht! brüllte sein Hirn. Da, durch die äußerste Ratlosigkeit fuhr plötzlich wie ein Blitz der Gedanke: Geh doch hinüber! Geh hinüber zu den Russen, gibt dich gefangen, und alles hat ein Ende. Dorthin kommen die Feldgendarmen nie! Geh doch hinüber!

Der junge Soldat pfiff, überrascht, durch die Zähne. Die Wucht dieses Gedankens machte ihn schwankend, und er dachte plötzlich, daß es bei den Russen vielleicht ganz anders wäre, als man ihm erzählt hatte, und er fühlte die Verlockung einer unbekannten Welt. Zugleich fühlte er die ersten Widerstände, die aus seinem Bewußtsein drangen, Abwehr, Zweifel, Fragen, Gerüchte und Greuel, und er spürte, entsetzt, daß die Qual, sich nicht entscheiden zu können, ihn aufs neue zu befallen drohte. Ich will ein Ende. Ein Ende mit Schrecken, aber ein Ende! dachte er. Er wies brüsk alle aufsteigenden Fragen und Zweifel von sich, und mit aller Inbrunst einer plötzlichen Entscheidung ins Unbekannte sagte er: »Ja, ja, ich will. Ich will hinübergehen. Ich will sie kennenlernen, diese andere Welt. Es sind auch Menschen. Ich will freiwillig gehen; sie werden es anerkennen. Ich will hinüber!«

Er sah sich noch einmal um, wie um Abschied von der alten Welt zu nehmen. Unberührt in seinem dunklen Grün lag der Wald: ein Wall mit spitzen, zitternden Zinnen unter dem ebenmäßig blauen Himmel, darin sich die Wölkchen schneeig kräuselten. Lämmer, dachte er, liebliche, arglose Lämmer. Er seufzte. Fern klopfte ein Specht. Der junge Soldat stieg, mit dem Rücken zum Wald, den Hang durchs Lärchengrün hinunter. Da er an der Höhle vorbeistieg, dachte er, ob hinter ihm schon die Russen standen? Er wußte es nicht. Er sah sich nicht um. Er sah krampfhaft vor sich hin, auf die algengrauen Steine und die quellenden Moose, über die sanft sein Schatten glitt. Ich werde doch nicht sofort zu den Russen gehen, dachte er; ich werde mich erst einmal umsehen.

Er stieg zögernder hinab.

Am besten, ich steige schnell hinunter und mache mich aus dem Staube, dachte er, ich werde schon irgendwo durchkommen!

Feigling! schalt er sich, feiger Feigling!

Plötzlich war er sich dessen sicher, daß hinter ihm die Russen ständen. Nein, ich will nicht, ich gehe nicht hinüber, mir graut, dachte er. Da, mitten im Schritt, spürte er plötzlich einen scharfen würgenden Ruck am Halse; eine harte Masse drückte schneidend auf seinen Kehlkopf und lähmte seinen Atem. Er hing am Strick. Er merkte entsetzt, daß er den Galgenstrick die ganze Zeit um den Hals behalten hatte, und nun hatte sich das Ende des Strickes irgendwo zwischen den Steinen oder Stämmen verfangen und ihn so gestoppt. Dies alles dachte er nicht; er nahm es wahr mit dem gestauten Atem und dem unerträglichen Schmerz an der Kehle und der Welle von grellem Licht, die vor seinen Augen flutete. Kommt so der Tod? durchfuhr es den Soldaten; da kam, von der Welle des grellen Lichts getragen, ein Gesicht herauf: ein Greis mit blaurotem, angeschwollenem Gesicht, unter dessen verzerrtem Mund ein weißer, zerzauster Bart im Wind wehte. Zugleich mit diesem Gesicht trieben Dünste von würgendem Rauch und der Gestank verkohlten Gemäuers, Stoffes und Fleisches, und mit ihnen schwamm eine unendliche Ebene aus Korn heran, aus der ein Dorf ragte mit seinen Ziehbrunnen und Sonnenblumen und verwaschenen blauen Häusern und der zerschlagenen Skulptur singender Kinder vor der zerstörten Schule.

Konstantinowo, durchfuhr es den jungen Soldaten, Konstantinowo. Die Ukraine. Der Rückzug. Der Einäscherungsbefehl. Verbrannte Erde. Der Alte, der uns vor seiner Hütte entgegentrat und die Faust wider uns hob. Der Alte mit dem weißen Barte. Der Befehl, ihn aufzuhän – »Aah«, schrie der junge Soldat auf. Der Alte kam auf ihn zu und hob die Faust. Ich bin unschuldig, ich habe dich nicht angerührt, ich bin unschuldig! wollte der junge Soldat stammeln, aber er hörte seine Stimme nicht mehr. Ich bin unschuldig, ich bin unschuldig! schrie sein stummes Herz, aber er konnte seinem Herzen nicht mehr glauben. Erschaudernd sah er die Rächer durch die Lüfte nahen. Voran flog der gehenkte Alte, und ihm folgten, Alleen um Alleen, die unschuldigen Bäume mit der Last der Gehenkten, und die Leiber, sie schlugen aneinander wie Glocken, und dröhnend, ein unabsehbarer Wald, ein glockendröhnender grüner Wald, so rückte es an, und hinter dem Wald, mit furchtbarem Schnauben, der Atem vor Empörung rasselnd, mit Posaunenstößen, vor denen die Mauern der Städte zusammenkrachten, folgten die rächenden Armeen. Der Alte zeigte auf den jungen Soldaten, und die russischen Soldaten sprangen vor und griffen nach ihm und hielten ihn würgend an der Kehle, und sie drückten ihm die Kehle ins zerspringende Herz. Mit aller Kraft riß sich der junge Soldat von ihnen los; da hatten seine verzweifelten Finger das würgende Seil um ein winziges gelokkert. Er streckte sich auf den Zehenspitzen und drückte die Halswirbel zurück, daß die Gelenke knackten, und so, die Lücke zwischen Seil und Kehle erweiternd, konnte er schließlich mit der Linken allein das Seil bändigen und die Rechte befreien. Dann packte er mit der Rechten hinter seinem Kopf das Seil und riß mehrmals heftig daran. Die Fasern krachten, aber das Seil hielt fest. Da hielt sich der junge Soldat mit einer Hand am Seil und hangelte sich ein Stückchen den Hang zurück; da lockerte und löste sich das Seil, und es schlängelte sich, glatt durch die Gesträuche raschelnd, in lässigen Windungen herab. Der junge Soldat streifte rasch die

Schlinge um seinen Hals breiter und eilte schweißtriefend den Hang hinauf.

Er dachte, den Hang aufwärts eilend, wie wahnsinnig es gewesen wäre, sich in russische Gefangenschaft zu begeben: Sie konnten ja nicht verzeihen! Sie können ja nicht anders, so dachte der junge Soldat, da er den Hang hinaufkroch, sie können ja nichts anderes als Rache üben: einen Zahn um jeden Zahn, ein Auge um jedes Auge, ein Leben für jedes Leben, ein Dorf für jedes Dorf, eine Stadt für jede Stadt, unser Volk für ihr Volk und unser Land für ihr Land! Sie haben gesiegt; es wäre ja Wahnsinn, würden sie sich nicht rächen! O Deutschland! Deine Städte werden ausradiert werden, noch in diesem Mai, deine Mauern geschleift; deine Söhne und Töchter getötet; dein Name vertilgt und der Pflug über deine verkohlte Erde gezogen. Es kann ja nicht anders sein! Sieh dem Schicksal ins Auge, du Narr! Wir haben den Krieg verloren; das ist das Ende, und wir haben es nicht anders verdient. Wir Deutschen werden jetzt aus der Geschichte der Völker gestrichen. Die Rache ist da!

Der junge Soldat stemmte sich auf das Plateau. Er blutete im Gesicht und an den Händen. Seine Kleider waren zerfetzt. Er streckte sich auf dem Quarzboden aus und schob sich die Schlinge vom Hals.

»Geschehe, was will!« sagte er, »ich muß aber leben! Ich habe noch nicht gelebt! Ich habe ein Werk zu schaffen!« Sein Atem pfiff.

Ich muß zu den Kameraden hinunter, dachte er fiebernd. Er zwang sich auf die tauben Knie. Sein Denken jagte im Wahnsinn. Ich muß zu den Kameraden. Was immer auch sei: ich muß zu den Kameraden! Es gibt ja keinen anderen Weg. Wir sind doch alle Deutsche. Wir müssen jetzt zusammenhalten. Wir müssen weiterkämpfen. Wir müssen uns durchschlagen. Nicht grübeln. Kämpfen! Durchhalten! Kämpfen!

Während er dies dachte, schob er sich zentimeterweise

zur Buche hinüber. Sein Körper glühte. Er fühlte es an der Stirn, wie er brannte; er fühlte seine Hände, seine Füße maßlos schwellen. Ohne die Kameraden komme ich hier oben um, dachte er, und plötzlich durchzuckte ihn der Gedanke, daß es eigentlich nur gerecht gewesen war, wenn alle Versuche, aus der Front auszubrechen und zu kapitulieren, so rücksichtslos unterbunden wurden, und daß es richtig war, die zu henken, die ihre Kameraden verrieten und ihr Gewehr wegwarfen.

Er dachte: Aber nun will ich ja kämpfen! Er dachte: Aber sie brauchen doch jetzt jeden Mann! Er war in der Mitte des Plateaus angelangt, da sah er plötzlich das Brustschild des getöteten Feldgendarmen im Quarzsand liegen. Neben dem Brustschild lagen die zerschnittenen Handfesseln. Das Brustschild glänzte und funkelte in der Sonne. Dem jungen Soldaten blendete es die Augen.

Das hat er als Markierung hingelegt! dachte der junge Soldat. Ein kalter Frost packte ihn. Er klapperte. Die wollen mich ja gar nicht als Kameraden haben! dachte er klappernd, die wollen ja gar nicht mit mir kämpfen; sie kommen ja, um sich zu rächen!

Seine Hoffnung sackte wie mit einem zischenden Geräusch zusammen, und plötzlich wußte er: Sie mußten sich ja rächen! Er hörte, innen, schon ihre brüllenden Stimmen, ihre furchtbar brüllenden Stimmen: Wo ist der Mörder unseres Kameraden? Das Brustschild sprühte Feuer; es beleuchtete in grellen Flecken das bleiche Gesicht, in dem die Lippen zitterten und stammelten. Er wußte: Sie mußten sich rächen, das war ihr Gebot, und wenn sie selbst daran zugrunde gehen müßten!

Die Treue ist das Mark der Ehre, dachte er; der Leutnant ist SS, und das sind die Treuesten. Er wußte gewiß: Sie mußten jetzt kommen. Er schaute hinunter. Sie kamen herauf.

Vornweg stieg der Feldgendarm, hinter ihm der Leutnant. Grimm lag auf dem Gesicht des Gendarmen; eine

Grimasse aus Grimm und Greuel; was mochte auf dem Gesicht des Leutnants geschrieben stehen? Nein, die vergeben mir das nicht! dachte der junge Soldat, die nicht. Die sind auf Gedeih und Verderb zusammengebunden. Die werden sich rächen. Die werden mich töten. Die werden die Exekution vollstrecken, aber vorher werden sie mich foltern. Barmherziger Gott, du weißt doch, was die mit einem Menschen machen, an dem sie sich rächen! Gott, mein Gott, hör mich doch an: sie werden mich schlachten! Er sah hinab; das Wunder mußte doch geschehen, sie mußten doch innehalten, sie mußten doch umkehren und weggehen!

Sie stiegen höher.

Die Angst stach ihm mit glühenden Nadeln ins Fleisch. Dann noch lieber zu den Russen, so stach die Angst; zu spät, zu spät! so sagten seine Gedanken. Ich will aber nicht abgeschlachtet werden, ich will nicht aufgeschlitzt werden, ich will leben! brüllte sein Herz. Es schrie: Vorwärts! Steh auf! Such Steine! Zerschmettere sie. Wirf dich auf sie! Pack sie an der Gurgel! Erwürge sie! Die Hände des Fiebernden tasteten den Boden ab, aber sie fanden nur einen Block, der stak unverrückbar fest in der Erde. Es ist aus! stöhnte er verzweifelt. Sein Blick sank auf das Schild, das er noch immer um seine Brust trug. Du bist zu feige! schrie sein Herz, greif an! Ich bin müde, und ich will ein Ende, sagte sein Körper. Schon war das Greifen der feindlichen Hände nah. Da, in der äußersten Angst, ward der junge Soldat einen Herzschlag lang heiter, und er dachte: Das ist ja ein Traum. Das kann ja nur ein Traum sein. Jetzt, jetzt, ja jetzt, jetzt gibt es einen Knall, und ich wache auch, und alles war ein böser Traum!

Schlag die Augen auf! befahl er sich, der Traum ist vorbei!

Er schlug die Augen auf; sie waren sofort angefüllt von den Gesichtern der Mörder, die heraufkamen. Er sah das Weiße in ihren Augen, mehr sah er nicht. Der Traum war vorbei. Es war der nüchternste Augenblick seines Lebens. Dafür habe ich mein Leben hingegeben, dachte er; dafür! Für die Mörder. Für die furchtbaren Gesetze der Mörder. Für die Alleen von Galgen. Dafür, daß die Ermordeten nicht mehr von uns lassen. Dafür, daß ich in der ersten Stunde des Friedens geschlachtet werde, von den Mördern, im Wald, wie ein wildes Tier.

Er erhob sich. »Nein!« sagte er.

Er war ganz ruhig. Seine Glieder bewegten sich mit traumhafter Sicherheit. Die Mörder sahen zu ihm herauf. Einen Augenblick lang stand er aufrecht still und sah auf die Mörder hinab. Dann bückte er sich, griff nach dem Strick, streifte sich schnell die Schlinge über, eilte zum Steilhang, knotete das Seilende um eine waagerechte Wurzel und zerrte es fest. »Ach, ich kapituliere ja!« sagte er sich.

»Ja, das will ich!« sagte er und sprang. Im Augenblick des Abstoßens wollte er noch zurück, aber seine Füße sanken schon. Er fühlte noch, wie sich sein Mund mit Speichel füllte; sein Körper öffnete sich an allen Stellen, und es wollte ihm grauen vor sich, doch da fühlte er sich schon leicht und frei.

Er flog. Er schwamm mit den Wolken über den Wald, und nun sah er den Wald, wie er ihn noch nie gesehen hatte und wie ihn zu sehen er sich stets gesehnt. Es war ein stilles, grünes Wirken, das er sah; smaragden, durchsichtig, rein bis zum Grunde. Unten war ein tiefes Grün, spiegelnd tief, dort ruhten die Kristalle, die Wurzeln und die Gewässer. Darüber war, eine dünne Schicht, ein schweres und doch völlig durchsichtiges Schwarz gelegt: der Humus, die Nadelspreu, die abgefallenen Zapfen und die ruhig vermodernden Blätter der Bäume und Schädel der Tiere, und darüber, ein frisches, kräftiges Grün, zogen sich das Moos, die Farne und die Beerensträucher. Heller darüber war der Jungwald gelegt, heller die Wipfel der Fichten und Föhren und, in einer Helle, die Grün und

Blau vereinte: die Halle des Himmels, des Waldes luftigste Schicht. So lag, in waagerechten Schichten geordnet, die Welt des Waldes, aber durch diese Schichten kreisten, herauf, hinunter, farbige Ströme: die gelben und goldenen Säfte, wie die Wurzeln sie pumpten, die purpurnen, saftgrünen und prallblauen Düfte; der regenbogenfarbene Reigen der Vögel; das reine Weiß der Wässer, die ewig stiegen und fielen. In der Mitte all dieses Ruhens und Kreisens aber schwamm er, auf der fliegenden Wolke, die Mitte der Welt. Er trank die Bilder in seligster Trunkenheit, und das mußte ja wohl die Freiheit sein. Er malte; er malte besessen; er malte auf die Wolken und auf die Wände des Himmels; er hatte tausend Augen, zu schauen, und tausend Hände, zu malen. Plötzlich, da er das Rauschen des Waldes malte, fiel ihm ein seltsames Wort ein: »Birnamgrad.« Was ist das? dachte er, Birnamgrad, Birnamgrad? Da sah er, daß der Wald drohend rauschte und wuchs, und mit einem Male hatte er Angst vor dem Wald und vor dem Klang dieses seltsamen Wortes, und er spornte die Wolken an: weiter, nur weiter! Die Wolken gehorsam, sie rückten vor, sie brachen aus dem Kristall des Waldes heraus und flogen dahin, über Äcker und Felder und unendliche Reihen von Alleen, die, seltsam, zu wandern schienen. Er lachte: Die Wolken hielten schon über der kleinen Stadt, in der der junge Soldat geboren war, und sie schwebten über seinem Vaterhaus mit dem Apfelgärtchen und der Brücke über den Bach und der duftenden Schusterwerkstatt und der Spieluhr, die ihre Glöckchen klingen ließ, wie immer, wenn eine frohe Stunde ins Haus gekehrt war. Willkommen, willkommen! Die Wolken, sie senkten sich sanft, und der junge Soldat glitt hinab. Er spürte wohlig um den Leib eine weiche, behütende Wärme, und plötzlich spürte er zwei süße Lippen auf seinen Lippen und zwei feste, federnde Brüste an seiner Brust.

»Gut, daß du da bist«, sagte er, »ich habe so böse geträumt!«

Er lächelte. Die Umarmung erstickte ihn fast.

»Komm, so komm!« sagte er.

Der Kuß durchdrang all sein Mark.

»Komm!«

Er erwachte; es toste in seinen Ohren; er war wach, und er war zu Hause, und komisch, wie komisch: er rollte aus dem Bett. »Aber fall doch nicht aus dem Bett!« schalt er sich. Er rollte den Abhang hinunter, der Strick war im ersten Drittel durchgerissen. Nun hab ich mich noch geschlagen, war das aber ein böser Traum, dachte er. Er lag zwischen dem Bett und dem Stuhl, und er dachte, zwischen Bergen zu liegen, so riesig schienen sie ihm. Träum ich oder wach ich? dachte er; und er meinte, er wache wohl schon. Da kamen auch, krachend, schon Schritte heran, und die Türe, hoch wie der halbe Himmel, ging auf, und der Vater trat heran. Er blieb stehen. »Guten Morgen«, sagte der Junge, »guten Morgen. Sieh mal, ich bin aus dem Bett gefallen, so böse habe ich geträumt!« Der Vater, so sah er, schwieg.

Der Junge sah zu ihm empor. Seltsam sieht er doch aus! dachte er, wem sieht er denn nur ähnlich?

Er sah, daß der Vater sich über ihn beugte, und er dachte: Warum sieht er dem Feldgendarmen ähnlich, dieser wüsten Traumgestalt? Er blies, schelmisch, kindhaft, die Luft durch die gespitzten Lippen nach der breiten Nase des Vaters und wollte mit einem Satz aufstehen, doch seine Beine waren noch zu schwer vom Schlaf. Der Feldgendarm sah, über den Jungen gebeugt, wie dessen Lippen sich zu formen mühten, aber er hörte keinen Hauch. Er sah die Beine des Jungen, wie sie zuckten, flüchtiger als Sperlingsfüße. Er sah das Loch im Schädel des Jungen, er sah das Bächlein von Wasser und Blut, das aus dem Loch im Schädel rann. So hat es ihn doch erwischt! dachte er, uns kann eben keiner entkommen!

Der Junge sah, wie der Vater über ihn gebeugt verharrte. »Ich bin nämlich noch so müde, weißt du«, sagte er begütigend. Er versuchte, sich die Haare aus der Stirn zu blasen. Plötzlich, im Hauch seines Atems, zitterte er, ihn fror. Ich habe vielleicht etwas Fieber, dachte er, habe mich erkältet, gestern im Wald, in der Brombeerhöhle, auf der nackten Erde.

»Bring mir Tee«, bat er.

Der Feldgendarm ließ sich aufs Knie nieder.

Sicher hat er noch Sachen, die man brauchen kann; was sollen die hier verkommen! sagte er sich.

»Was siehst du mich so an, Vater?« sagte der junge Soldat.

»Warum hast du denn so große Augen, Vater!« fragte der junge Soldat. Er sah ein ungeheures Auge, das war aus Metall, und das funkelte auf des Vaters Brust. Plötzlich schrie er sehr aufgeregt: »Du, gib acht, der Russe ist da! Er steht hinter dir! Er hebt die Faust! Er wird dich erschlagen! O Gott ...«

Er sah den Bauern mit dem windgezausten Bart herantreten und einen riesigen Stein über des Vaters Haupt heben.

»Gib acht!« schrie er, »lauf fort, fort, fort!«

Der Feldgendarm sah den fliehenden Hauch vom Munde des Jungen, wie er den trägen Speichel zu Blasen blies.

»Rette dich!« schrie der Junge mit der letzten Kraft der Verzweiflung. Der Feldgendarm Jakob Kaumitz sah die speicheligen Blasen platzen. Das ist ja wirklich der Feldgendarm, sagte sich der Junge mit einem Mal. Mit ungeheurem Getös schoß die Wirklichkeit wieder in sein Bewußtsein. Er spürte sie wie einen scharfen Strahl in die bloße Substanz des Hirns. Er brüllte vor Schmerz, da er die Wirklichkeit wahrnahm. Er sah, brüllend, dicht über seinem Gesicht das Gesicht des Feldgendarmen; und unaufhaltsam sank das Gesicht; unaufhaltsam wie die Rache kam es näher: der junge Soldat sah das Weiße in den Augen, und er sah, wie diese Augen brachen, und er sah, brechenden Auges, den Feldgendarmen zusammenbrechen. Die Sonne stürzt ab, dachte der Junge, ach, das Auge rinnt aus! Er sah Blitzendes strahlen, herabfahren, platzen; dann traf es ihn mit aller Wucht, und schwer über seinem Leib lag die Leiche des Feldgendarmen, und das metallene Brustschild wurde umspült von Blut.

Der Leutnant warf den Stein, mit dem er den Schädel des Feldgendarmen zerschmettert hatte, beiseite. »Entschuldige, Kamerad«, murmelte er, »entschuldige, aber ich kann jetzt keinen Zeugen brauchen!« Er zog seine Uniformjacke aus, legte seine Schirmmütze und sein Offizierskoppel ab und wandte sich dem jungen Soldaten zu. Er wälzte die Leiche des Feldgendarmen beiseite, knöpfte dem jungen Soldaten die Uniformbluse auf, schob den schlaffen Oberkörper des Sterbenden hoch, drehte ihn aus der Bluse heraus und ließ ihn wieder fallen. Dann nahm er dem jungen Soldaten Koppel und Käppi ab, und er nahm ihm auch sein Schild ab: »Ich war zu feige, Deutschland vor den Barbaren zu schützen«, und er nahm den Strick, den zerrissenen, vom Hals des jungen Soldaten und legte ihn sich um den Hals. Damit werde ich gut bei den Russen ankommen! sagte der Leutnant zu sich. Er zog die Sachen des Jungen an. Sie paßten. Dann zog er seine Brieftasche aus der Offiziersjacke, nahm das Soldbuch heraus und zerriß es; und dann nahm er einen Pack Fotografien und zerriß auch sie, und dann scharrte er ein Loch in den lockeren Waldboden und verscharrte alles. Nachdem diese Arbeit geleistet war, zog er das Soldbuch des jungen Soldaten aus dem Uniformrock, den er nun trug, und las die Personalien. »Anton Schelz«, las er, memorierend; und der junge Soldat, der stumm hinüberstarb, er hörte plötzlich seinen Namen, und er schlug noch einmal die Augen auf, und er schrie: »Hier!« – »Beruf: Kunststudent!« las der Leutnant, und er murmelte: »Na, da hat es ja keinen Falschen getroffen. Um solche Trottel ist es wahrhaftig nicht schade!«

»Anton Schelz, ja, hier!« schrie, unhörbar, der Kunststudent. »Geboren am 18. Februar 1926 in Bermbach im Harz«, las der Leutnant weiter, und er memorierte, auf und ab gehend: »Anton Schelz, Kunststudent, geboren am 18. Februar 1926 in Bermbach, Harz –«, und er ging, memorierend, langsam weg, am Fuß des Steilhanges dahin, und er dachte: Ich gehe nach Argentinien – schlimmstenfalls in die Fremdenlegion, und er memorierte: »Kunststudent, Bermbach, Harz –«

So sah ihn der Sterbende hingehen, und da, mit einem Male, mit einer letzten ungeheuren Anstrengung aller Kräfte des Geistes und der Seele erfaßte der Sterbende alles. »O Gott, gib mir noch einmal eine Chance zu leben!« so schrie sein Herz, »gib mir noch einmal eine Chance zu leben, und ich wüßte, was ich tun müßte!« Er fühlte seine Kräfte versiegen; der Tod trat vor seine Augen.

»Ich will aber nicht!« hauchte er.

»Es schmerzt nicht«, sagte die süße Stimme des Todes.

»Ich will aber leben! Jetzt weiß ich, wofür ich lebe!« schrie sein Herz.

Der Tod hob seinen Bart, und der Schatten des baumkronenhaft wachsenden Bartes streifte die Augen des jungen Soldaten. Noch einmal rang der junge Soldat mit dem Tod. Er sah, beschatteten Auges, wie der Leutnant in den Wald hineinging, den Strick und das Schild um den Hals und die Maschinenpistole über der Schulter, und er sah, wie plötzlich Russen aus dem Wald traten und wie der Leutnant, Strick und Schild um den Hals, mit einem blinden, gedrillten Griff die Maschinenpistole von der Schulter riß und auf die Russen richtete, und er sah, wie der Leutnant umfiel, und dann hörte er den Donner der Schüsse, und er dachte dankbar: gut! Dann rauschte der Schatten voll über ihn, und aufseufzend ins Dunkel sich bettend, starb der junge Soldat, neunzehn Jahre alt, im böhmischen Wald, über den die Maisonne strahlend sich wölbte.

Traum 1958

Sanfte Stille war noch eben und Dunkel – jäh wird es grell, und da heulen auch schon die Geschosse, und Hans K. wirft sich hin ...

Hans K., ein fünfzehnjähriger Bäckerlehrling, aus Schlesien stammend und von einem der zahllosen Flüchtlingsströme nach Berlin getragen, hatte, an einem der letzten Apriltage des Jahres 1945 in eine Volkssturmgruppe eingereiht und sofort in die Kämpfe um den Rest der zerfetzten Reichshauptstadt geworfen, schon in der ersten Stunde seines Einsatzes mit einer Panzerfaust, das war eine Art kurzreichender Miniaturhandrakete, einen sowjetischen Panzer in Brand geschossen und war darob auf Befehl des Gauleiters und Verteidigungskommissars der Frontstadt Berlin, eines gewissen Dr. Joseph Goebbels, zum Leutnant ernannt und zur persönlichen Vorstellung und Dekorierung mit dem Eisernen Kreuz in den Führerbunker am Wilhelmplatz, den unter der Reichskanzlei in die Erde eingelassenen Befehlsstand Adolf Hitlers, des damaligen Führers, Reichskanzlers und Oberbefehlshabers der Wehrmacht, beordert worden ... Nun läuft er zum Wilhelmplatz und wundert sich, wie schnell er über die Trümmer eilt, ja manchmal scheint es ihm fast, als fliege er über die Straßenzüge dahin. Während er eilt, sieht er Geschosse blitzend die Luft durchschneiden; breite Streifen aus Rauch und zermalmtem Ziegelstein treiben mit Gerüchen von Brand und Verwesung im Wind; aus den Kellern schallt Geschrei, und an den Laternenpfählen schaukeln an Stricken seltsame Laternen: grau, und wie Menschen langgestreckt. Es kann noch keine Minute vergangen sein, da steht Hans schon im Führerbunker, und dort, unter der ersten Eisenbetondecke, sammeln sie sich: Kinder und Greise, alle Leutnants wie Hans. Ein Mann, ganz schwarz, mit silbernen Sternen auf den Schultern, kommt und führt sie durch schräge Gänge abwärts in den Bauch der Erde. Es ist warm und schummerig. Unten, am Ende eines geraden, etwas geräumigeren Ganges, in den viele Türen münden, stellt der Mann sie auf. Er sagt: »Gleich wird der Führer kommen!« Dann geht er weg. Sie stehen in der dunklen Wärme an die Wand gelehnt. Ein Backofen, denkt Hans, dann denkt er nichts mehr. Sie stehen lange. Unaufhörlich gleiten alte Männer, mit vielen goldenen Orden behangen und mit breiten Blutstreifen an den Hosen, an ihnen vorbei; sie gleiten seltsam lautlos und ohne Bewegung, so, als ständen sie auf Fließbändern, und sie halten etwas in ihren gewölbten Händen verborgen. »Es sind immer dieselben«, flüstert Hansens Nebenmann, ein untersetzter einarmiger Greis. »Wer?« fragt Hans flüsternd. »Die Generäle«, sagt der Einarmige flüsternd, »sie gehen im Kreis, es sind immer dieselben!« – »Ein Schwindel?« fragt Hans flüsternd, da hört er etwas schnurren, die Generäle bleiben stehen und machen Front, und plötzlich fliegt eine Tür auf, ein General schreit: »Achtung!«, und ein zweiter schreit: »Der Führer und Reichskanzler«, und ein hagerer Mann, mit einem Ledermantel bekleidet, betritt den Gang. Hans sieht ihn an. Der Führer, so sieht Hans, hat kein Gesicht mehr; nur rote Kreise flackern in einer grauen ovalen Scheibe. Die rechte Hand erhoben, die Augen flackernd, den Leib gekrümmt, so schreitet der Führer die Reihe der Leutnants ab, und hinter ihm geht hinkend ein kleines verwachsenes Männlein, das zieht aus einem Sack große Kreuze aus Eisen heraus und legt jedem der Leutnants eins auf die Schulter. Das Kreuz ist schwer, und Hans geht in die Knie. Der Hinkende sieht ihn sofort böse an und zischt, und alle Generäle springen auf Hans zu und heben, ebenfalls zischend, drohend die Fäuste.

Hans hat Angst. Hans will fortlaufen. Er kann nicht; das Kreuz drückt ihn fest an den Boden. Hans hört einen Schwall von prasselnden und klappernden Lauten; bald klingt es wie Steingepolter, bald wie Eisengekreisch und bald wie Maschinengewehrtacken, so daß Hans nur einige Wörter versteht wie: frrht, vrrdg, schkslhft, gtt, ndkmpf, rrch, sndg, blschwsms, tdlchgfrr, vrrshng, thtsch, und noch einmal gttdrllmächtge ... Da kommt plötzlich ein Offizier, dem der Mantel um die Schultern fliegt, auf den Hinkenden zugerannt und flüstert ihm ein paar Worte ins Ohr; sie hallen wie Donnerschläge: »Bis zum Brandenburger Tor durchgebrochen.« Hans wendet sich jäh nach dem Flüsterer, aber er sieht nur noch, wie blitzschnell ein Strick herunterfährt, sich um den Hals des Flüsterers legt und ihn emporzieht. Da stampft der Führer schrecklich mit dem Fuß auf und brüllt, und da treten die Generäle einen Schritt vor und heben, mit einem Ruck, als höben sie etwas Schweres, die geschlossenen Hände. »Jetzt sind wir verloren«, flüstert der Einarmige, und Hans fühlt ihn neben sich zittern. Hansens Herz klopft jäh vor rasender Angst, und hilfesuchend starrt er auf den Führer. Da tritt, mit einem Sprung, der Führer vor ihn hin, so dicht, daß Mantel und Atem Hans berühren, und Hans sieht nun nichts vor sich als die in leibhaftigem Feuer brennenden Augen, und der Führer zeigt auf die Hände der Generäle, und er öffnet noch einmal seinen Mund, und er spricht, und nun versteht Hans jedes Wort. »Haltet aus, Kameraden!« sagt der Führer, »haltet aus! Die furchtbarste Waffe, die menschlicher Geist je ersann, ist jetzt in unserer Hand! Sie wird uns die Entscheidung gegen den Bolschewismus bringen!« Hans denkt plötzlich, daß er diese Worte schon einmal gehört hat, und seine Angst ist verflogen. Er atmet auf, und plötzlich sind auch der Führer und der Hinkende und die Generäle verschwunden, so als hätten die Wände sie aufgesaugt, und der Zug der Leutnants marschiert, der SS-Offizier voran, dunkle gewundene Gänge nach oben; Eisenplatten schnappen auf; Sonne schießt in die Augen, und Schüsse knallen. Sie stehen wieder vor der Reichskanzlei, und der Himmel rings ist rot. »Wir haben die Wunderwaffe, jetzt gewinnen wir doch noch den Krieg!« schreit Hans, und seine Augen brennen. »Du hast fortlaufen wollen«, sagt der Einarmige, »das kann schlimm werden für dich!« – »Aber der Führer hat es mir selbst gesagt, daß wir die Wunderwaffen noch heute einsetzen«, schreit Hans. Da hören sie hinter sich einen dröhnenden Knall. Sie fahren herum und sehen den Mann im Ledermantel und den Hinkenden und die Generäle, wie sie mit aller Kraft die Tür zum Bunker hinter sich zuwerfen. Die Erde zittert; Häuser stürzen ein; der Himmel neigt sich schief. »Schnell fort!« flüstert der Einarmige. Er nimmt Hans bei der Hand, und sie fliegen, sich allerdings nur wenige Zentimeter über den Schutt erhebend, zurück und weichen dabei durch ständiges Drehen der Hüften den zwitschernden Geschossen, die ihren Weg kreuzen, aus. »Ich muß nach dem Schlesischen Bahnhof«, flüstert der Einarmige, »ich muß nach Charlottenburg«, flüstert Hans, und sofort trennen sie sich. Der Einarmige ist schon weit entfernt, da fällt es Hans ein, daß er noch eine wichtige Frage stellen wollte, aber er hat die Frage vergessen. Es waren Namen, denkt Hans. Da wendet sich der Einarmige um und flüstert Namen, aber der Wind weht sie durcheinander, und Hans versteht nur »Kessel« und »Mann« und »Ring« und »Teufel«. Da ist der Einarmige schon verschwunden, und Hans steht wieder in Charlottenburg. Er beginnt seine Einheit zu suchen, aber kann keinen Menschen finden; die Häuser stehen alle leer; die Türen klappern im Wind, und aus den Fenstern wehn weiße Fahnen. »Ich werde ein wenig schlafen«, sagt der müde Hans. Er kriecht in einen Keller, schiebt das Kreuz aus Eisen unter den Kopf und schläft ein. Während er schläft, hat er einen Traum.

Es träumt ihm, daß plötzlich Stille wäre. Die Stille erschreckt ihn. Es träumt ihm, er stünde in Charlottenburg, aber nun wimmelten Straßen und Plätze von Menschen. Die Menschen sahen müde aus, dürr, zerlumpt und grau, und sie sprachen, fast unhörbar leise, in vielen Sprachen miteinander; und sie schleppten dabei Geschütze und Geschosse zu großen Haufen zusammen. Dann hieben sie mit ihren blanken Fäusten auf das Eisen ein, bis es zerspellte, trugen die Trümmer zusammen und verbrannten sie. Dann wühlten sie mit den Händen den Boden auf und zogen Brot aus dem Lehm und den Steinen hervor: kleines, schwarzes, trockenes Brot, und dabei zeigten sie bald auf die verbrannten Geschütze und bald zum Himmel hinauf, der völlig leer war und in dem nichts über der Erde schwebte, kein Vogel, keine Wolke, nicht einmal eine Sonne. Da sieht sich Hans im Traume vortreten, und er hört sich sagen: Gebt mir auch von dem Brot! Da aber sieht er sich, in eine weiße Fahne gehüllt, auf einmal in einem grauen Haus stehen, das sich genau über dem Keller, in dem er schlafend diesen Traum träumt, erhebt und das er genau zu kennen glaubt, und nun träumt er, er wäre es, der das Brot verteilte: große, runde, duftende Laibe weißen und grauen und schwarzen Brotes; und plötzlich war nur mehr das Haus im Traum, und eine Sonne war wieder am Himmel, und Wolken waren und Wind war und Duft von Brot und frischem Kalk und Holz. Da flog plötzlich die Türe auf; Generäle sprangen herein, und einer schrie: »Achtung!«, und ein zweiter schrie: »Der Führer und Reichskanzler«, und dann trat, gebückt, mit brennenden Augen, der Mann im Ledermantel ein, und hinter ihm hinkte, den Klumpfuß in Kreisen schleifend, der Verwachsene, und hinter den beiden drängten sich die Generäle und füllten den Raum. »Da sind wir, wir halten Wort!« sagten die Generäle. Hans sah in ihre Gesichter; es waren dieselben Generäle, die er im Führerbunker gesehen hatte, jedoch ein Dutzend Jahre gealtert. Hans duckte sich; er hatte Angst und dachte, die Generäle wären gekommen, um ihn zu schlagen, aber sie nickten ihm freundlich zu und sagten: »Wir wollen dich schützen!« Hans sah erstaunt um sich, aber er sah nirgends einen Feind, und er wollte sagen, der Krieg sei aus, aber die Generäle, als ob sie seinen Gedanken errieten, begannen wieder zu zischen, und Hans schwieg erschreckt. Generäle um Generäle drängten herein; der Bäckerladen war zu klein; längst war auf dem Fußboden kein Platz, und die Nachrückenden kletterten den Anwesenden auf die Köpfe und Schultern. Hans spürte dieselbe Last, wie er sie vom Kreuz aus Eisen gespürt. Plötzlich schnurrte etwas. »Fertig?« fragte der Mann im Ledermantel. »Fertig!« antworteten die Generäle. Sie hoben die Hände, und jeder der Generäle hielt einen kleinen eisernen Stab, und die Eisenstäbe wuchsen im Nu in ihrer Hand. Decke und Wände zerbarsten vor dem wachsenden Eisen; Ziegel zerstäubten; Flammen züngelten auf; draußen schrien Verletzte. Hans hatte noch nicht den Mund zum Protest geöffnet, da hatten die Eindringlinge aus den Eisenteilen schon häuserhohe, durch die zerstörte Decke zum Himmel ragende Gerüste und stockwerkhohe, mit kurzen Stutzflügeln versehene Flugkörper errichtet. Auf jedem dieser Flugkörper war mit weißem Kalk ein unentzifferbarer Buchstabe geschrieben; die Farbe war noch frisch und tropfte klatschend zu Boden. Was sind denn das für Waffen? dachte Hans verwundert. Plötzlich wußte er, was das für Waffen waren, und er wollte schreien, aber er stak so festgekeilt, daß er keinen Laut herausbringen konnte. Der Hinkende sah die Waffen zärtlich an, dann klappte er seine Brust auf und zeigte Hans sein Herz, und Hans sah, daß das Herz des Hinkenden stehengeblieben war. »Stunde X?« fragte der Mann im Ledermantel ungeduldig. Ein General zog eine große Uhr. Der kleine Zeiger, so sah Hans, wies auf die oberste Ziffer des Blattes, und der große Zeiger stand um eine Ziffer rechts daneben. Der Mann im Ledermantel sah auf die Uhr und schrie entsetzt: »Verdammt, zu spät!«, und es schnurrte, und da verwandelte er sich in den großen Zeiger der Uhr, und der kleine Hinkende mit dem stehengebliebenen Herzen verwandelte sich in den kleinen Zeiger, und an Stelle der beiden standen zwei andere Gestalten in Hansens Laden da: ein sehr fleischiger, stiernackiger Vierzigjähriger und ein sehr hagerer, ständig lächelnder Achtzigjähriger. Der Hagere trug eine schwarze Rose in der Hand; der Fleischige einen Myrtenstrauß. Der Fleischige deutete auf die Uhr und sagte: »Höchste Zeit, Herr Kanzler!« – »Höchste Zeit, Herr Verteidigungsminister!« sagte der Achtzigjährige, und plötzlich wandte er sich an Hans und begann zu reden. Hans spürte, daß ihm der Kanzler begreiflich machen wollte, warum man ihm den Laden zerstört habe, und er lauschte angestrengt den Worten des Kanzlers, und es war ihm, als habe er diese Rede schon einmal gehört, nur klang sie diesmal plätschernd statt polternd und schmirgelnd statt schmetternd, und Hans verstand wiederum nur einzelne Wörter: »frht« zum Beispiel, und »abdld«, »gdt«, »klthr«, »schgsl«, »ndkmbf«; blschwsms«, »ssoffjtzne«, »bfrajng« und noch einmal »gdt drllmächtje«. Die Generäle standen schon mit fiebernden Händen. Da gab der Achtzigjährige dem Vierzigjährigen ein Zeichen; der Vierzigjährige brüllte: »Der Endkampf beginne!« Die Generäle drückten auf einen Knopf am Fuß des Stahlgerüstes, und die Flugkörper jagten, von feurigen Schweifen gepeitscht, in den leeren schwarzen Himmel. Hans dachte, daß doch jetzt etwas Furchtbares geschehen müsse, und da zeigte auch schon einer der Generäle auf ihn und zischte laut. Hans sah an sich herab, und er sah, daß er eine mehlige Bäckerschürze über den Leutnantsrock gebunden hatte. Jetzt bin ich verloren! dachte Hans, da hörte er den Vierzigjährigen sagen: »Jetza werden S' ausradiert!« – »Wer?« fragte Hans schnell. »Dös wissen

S' net?« fragte der Vierzigjährige drohend, und Hans, der sich an ein Wort erinnerte, sagte schnell: »Coventry.« Nun zischte auch der Vierzigjährige, aber der Achtzigjährige winkte Hans mit der schwarzen Rose. »Sehen Sie, Leutnant«, sagte er begütigend und wies zum Fenster. Hans sah vom schwarzen Himmel her ein wachsendes Licht. So ein Licht hatte er noch nie gesehen: eben war es noch ein Glimmen gewesen und soeben noch ein Leuchten, da war es schon sonnenhell, schon grell wie flüssiges Eisen, schon die Augen verzehrend, und nun drang es mit vernichtender Glut durch die schnell gesenkten Lider, ja durch die vor die Augen geschlagenen Hände. »Wat«, sagte der Hagere, »dat is schön!« – »Was ist das?« fragte Hans und hielt die Hände vor die unerträglich schmerzenden Augen gepreßt. »Dös is die Nike-Herkules, die Nike-Pallas, der Matador und der Atlas«, sagte der Fleischige; »es müßte auch die Nike-Zeus dabeisein, aber die hammer noch net!« Als Hans diese schönen Namen hörte, war er beruhigt; er nahm die Hände von den Augen, und der sengende Glanz schien jetzt erträglich. »San S' a Bäcker oder a Leitnant?« fragte der Fleischige. »Bäcker«, stammelte Hans. »Back Brot, Bäcker, wir haben Hunger!« schrien die Generäle. »Jawoll!« sagte Hans und begann eilends Brot zu backen. Plötzlich hörte er Namen, und es war ihm, als ob er auch den Namen seiner Vaterstadt höre. Der Fleischige hielt dem Hageren die Uhr ans Ohr, und jedesmal, wenn die Generäle eine Rakete von der Stahlbahn starteten, sagte die Uhr einen Namen. »Dresden«, hörte Hans, »Leipzig«, »Breslau«, »Warschau«, »Riga«. Die Uhr tickte die Namen, es klang wie Klopfen, wie wenn ein Geigenbogen gegen einen Geigenleib klopfte; tackend, in monotonem Rhythmus, die Sekunden abhackend, Stadt um Stadt. Hans sah nach der Uhr; sie tackte, aber die Zeiger standen unbeweglich und zeigten die Stunde. Da schrien beide Zeiger, einander übergellend: »Moskau!« – und da klatschten sich der Hagere und der Fleischige und die Generäle auf die Schenkel und boxten einander in den Bauch. Da flog plötzlich, in äußerster Eile, der Einarmige zum Fenster herein und packte Hans an der Hand. »Was ist?« hörte Hans sich schreien, »was ist?« – »Der Gegenschlag kommt!« schrie der Einarmige, mit seinen plumpen Beinen die Luft tretend, »schnell fort!« Er zerrte Hans zum Fenster hin, aber zwei Generäle hatten Hans schon an den Beinen gepackt und zerrten ebenfalls an ihm. Hans glaubte, er müsse zerreißen. Die Uhr tackte dröhnend. Plötzlich waren der Einarmige und die Generäle verschwunden. Hans stürzte zum Fenster, sich hinauszuschwingen. Da sah er vor sich die Stadt brennen. Er sprang zurück; doch hinter ihm brannte auch schon die Stadt, und die Flammen schlugen über ihm zusammen. Er fühlte keinen Schmerz, und er brannte auch nicht, obwohl alles rings um ihn lohte. Plötzlich erlosch das Feuer, und Hans begann mit ganz kleinen Schritten vorwärts zu gehen. Er ging über weißen, sanft knirschenden Staub, und er sah, soweit sein Auge reichte, nur weißen Staub und schwarzen Himmel. Mehl, dachte Hans und bückte sich nach dem Staub; da schrie er auf. Der Staub fraß sich wie heiße Asche in seine Hände. Hans wischte sich, brüllend, die Hände an seiner Bäckerschürze ab, da löste sich das Fleisch von den Händen und blieb an der Schürze kleben. Hans sah die blanken Knochen seiner Hände, und er spürte überall sein Fleisch sich lockern. Da blieb er stehen und wagte sich nicht zu rühren. Der Staub brannte in seiner Lunge, da atmete er nicht mehr, und dann schloß er die Augen. Jetzt habe ich es überstanden, dachte er, da drang der Staub durch die Schuhe. Hans wollte sich in die Luft schwingen, da brauste rings der Staub auf und überschüttete ihn, und da dachte Hans, schon erstickend, schnell, daß er ja nur träume, und plötzlich weiß er genau, daß er ja nur träumt und daß er im Keller liegt und daß ihn die Kameraden gleich wecken werden und daß da draußen ja nur Krieg ist mit Granaten und Minen und Panzern und Bomben; ein Krieg ohne diese entsetzlichen Waffen ...

Und da fühlt er sich auch schon an den Schultern gerüttelt, und er hört Donnerschläge über seinem Kopf. »Wie kannst du jetzt nur schlafen!« schreien seine Kameraden, denn die sind es, die ihn wachgerüttelt haben. »Wie kannst du nur schlafen, jetzt, da der Endkampf beginnt!« – »Was?« schreit Hans und fährt hoch: die Kameraden springen aus dem Keller. Hans stülpt sich den Stahlhelm über den Kopf und stürzt den Kameraden nach, und er sieht: Plätze und Straßen wimmeln von Soldaten, und sie werfen die Käppis und Stahlhelme in die Luft und schreien jubelnd: »Die Wunderwaffen sind da! Der Führer hat die Wunderwaffe. Jetzt gewinnen wir den Krieg!« Das kann doch nicht sein! denkt Hans entsetzt, da sieht er riesenhafte langhalsige Kanonen sich aus der Betondecke des Führerbunkers schieben und hoch über alle Häuser Berlins in den Himmel wachsen. »Wir sind gerettet, der Krieg ist gewonnen!« rufen die Soldaten und fallen einander um den Hals. Plötzlich steht der Hagere im Ledermantel hoch droben auf den Rohren und schreit: »Meine Soldaten, ich frage euch: Wollt ihr die Wunderwaffen?« – »Nein«, schreit Hans, so laut er kann, und er stürzt, mit dem Kreuz aus Eisen eine Gasse durch die Menschenmassen schlagend, zum Wilhelmplatz; schon ist er dort angelangt, und schon schwingt er sich auf den Bunker, und schon greift er nach dem schreienden Mann im Ledermantel, da hört er ein Schnurren aus dem Bunker, und die glänzenden, mit Kalkbuchstaben beschriebenen Geschosse fahren, von Feuersäulen gehoben und getragen, aus den Rohren. Feuer, Grelle, Eisenglut, Sonnenglanz, Höllenlicht, so rast es über die Welt, und Hans sieht durch die Betondecken des Bunkers wie durch Glas, und er sieht tief drinnen, über Karten und Knöpfe gebeugt, die Generäle, und er sieht, schon über der Höhe der Rohre schwebend, Stadt um Stadt und Land um Land zerstäuben und zerbersten in der letzten Stunde des Krieges, und er schreit: »Nein, nein, nein«, und dann sieht er noch, heller als die Hölle, das Feuer des Gegenschlages, wie es heranbraust über die öden, mit Todesasche bedeckten Länder, und er schreit sein »Nein!«, und da endlich war er erwacht, und sein Haar ist schweißverklebt...

Hans K., ein achtundzwanzigjähriger, aus Schlesien stammender, aber schon dreizehn Jahre im Berliner Westen lebender Bäcker, war aus seinem Traum von den letzten Kämpfen um Berlin, die er als Volkssturmmann mitgemacht hatte und während deren er im Führerbunker von Hitler zum Leutnant befördert und mit dem Eisernen Kreuz dekoriert worden war, erwacht; aus einem Traum, der ihn schon öfter, wenn auch noch nie in solch schrecklicher Form, überfallen hatte, nämlich dann immer, wenn am Abend zuvor von Krieg und Kriegsgefahr die Rede gewesen war, und Hans K. hatte nach jedem dieser Angstträume den Entschluß gefaßt, nicht mehr an derlei erregende Dinge zu denken; diesmal aber verwehrte er seinen Gedanken nicht, zu dem Abendgespräch mit einem seiner Kunden, einem greisen Invaliden, dem der Krieg Söhne und Enkel genommen hatte, zurückzuschweifen; einem Gespräch, das von der Nachricht über die Atombewaffnung der Bundeswehr ausgelöst worden war und in dem Hans K. die Meinung vertreten hatte, daß sich ein Bäckermeister ums Brotbacken und nicht um die Politik zu kümmern habe; nun aber, nach diesem Traum, trat Hans K. ans Fenster und sah auf die Häuser seiner Stadt hinaus, und er sah, daß sie grau waren, rußgeschwärzt und verwittert, aber er sah, daß sich in ihren Fenstern die Sonne brach mit einem hellen Glanz, und es war ihm, als sähe er dies zum ersten Male in seinem Leben: ein Haus, einen Himmel, eine Sonne, und ein bisher nicht gekanntes Gefühl der Verantwortung begann ihn zu erfüllen.

Felsen, fast senkrecht vom Bahndamm aufragend, von Fichten bewachsen und von Bächen durchstürzt, das war die Landschaft. Dr. L. betrachtete sie voll Spannung. Er war allein im Abteil, und der Zug, im Streifen zwischen der tschechoslowakischen und der deutschen Grenzstation, fuhr ganz langsam. Damals, vor zwölf Jahren, als L., zweiundzwanzigjährig, schon einmal aus Böhmen nach Deutschland gefahren war, war der Zug gerast, und der Zug hatte aus Viehwaggons bestanden; Viehwaggons, deren Fensterluken vernagelt gewesen waren. Nicht daran denken! dachte Dr. L. Er sah aus dem Fenster: Fast berührten die schwarzen, von Meißelschlägen roh geglätteten Wände den Zug. Es war finster, und Dr. L. kam wieder der Viehwaggon in den Sinn. Der Zug fuhr Schritt; Signalscheiben tauchten auf; Drähte ruckten über Rollen. Die Lokomotive pfiff und schnaubte Dampf. Die deutsche Grenzstation, dachte Dr. L. Plötzlich empfand er Unruhe, ja Angst. Unsinn! dachte er sich; allein die Angst blieb: das Drücken in der Magengrube, das Stechen zwischen den Augenwinkeln und Ahnung von Lauten im Ohr. Unsinn! sagte sich Dr. L. nochmals; und er dachte an all das, was er, Historiker und nicht gewohnt, Berichte wahllos hinzunehmen, über dieses andere Deutschland, diese schier sagenhafte Demokratische Republik aus den Zeitungen seines Landes und aus den Augenzeugenberichten von Bekannten wußte. Er dachte an sein Reiseziel Berlin; graue Häuser tauchten in seiner Erinnerung auf und riesenhaft wehende Fahnen von Rauch und die Baracken und die Fabrik, und da waren auch schon die marschierenden Kolonnen, die brüllten, daß ihnen morgen die Welt gehören würde. Ich weiß es, aber ich kann es mir nicht vorstellen, gestand sich Dr. L., ich kann es mir nicht vorstellen: ein Deutschland ohne diese Kolonnen und ohne dies Lied und ohne die feisten

Fratzen der Herren mit dem Gamsbarthut und ohne brüllende Aufseher ... Wieder tauchten vor seinen Augen die Baracken auf und die große soldatenumzogene Fabrik. Der Schlimmste von allen trug ein Bärtchen wie Hitler, dachte Dr. L., da hörte er plötzlich die Stimme: »Ich mach dir Beene, schechisches Aast!« Dr. L. schreckte auf; das Abteil war leer. Ich phantasiere ja! dachte er ärgerlich; aber während er dies dachte, schwebte für einen Augenblick das Schnurrbartgesicht jenes Aufsehers vorüber, und Dr. L.s Hände verkrampften sich. Räder stampften, schier wie in der Werkhalle; ein stetiges Vibrieren erschütterte den Körper; graue Wände ringsum; eine Dampfpfeife gellte; Rauch trieb vorbei; die Luft schmeckte nach Kohle und Ruß; Eisen kreischte auf Eisen; Glas klirrte hart; rote und grüne Signale blitzten; Räder ratterten; Funkengestieb; Stimmen, verworrene, brausten; Menschen drängten zwischen rußigen Tragepfeilern. »Ich schlag dich dod, schechisches Aast!« klang es Dr. L. wieder im Ohr; es klang mit jenem hektisch-schrillen Akzent, der immer darauf schließen ließ, daß der inspizierende Hauptmann in der Nähe war. Unwillkürlich wandte Dr. L. sich um, da flog eine Tür auf, und der Hauptmann kam herein. Dr. L. schwankte kreidebleich auf seinem Sitz. Er wollte aufspringen, doch seine Beine waren plötzlich schwach, und seine Stirne war plötzlich kalt, und alles um ihn drehte sich im Wirbel, nur diese Uniform stand groß da und grau und regungslos. Jetzt holt er dich ab, dachte Dr. L., da sahen seine Augen plötzlich das Abteil wieder, und er zog seinen Paß und antwortete, noch stockend, auf die üblichen Fragen der Zollabfertigung, und: Dieses Grau, so schoß es ihm dabei durch den Kopf, dieses Grau, dieses grüne Grau wie von Spinnen und diese Silberschnüre wie glatte Schlangen darauf und dieses Koppel wie Nilpferdkarbatschen und ... Er brach, verstört, ab. »Ist Ihnen schlecht, kann ich etwas für Sie tun?« fragte der Angestellte vom

Zolldienst. »Danke«, sagte Dr. L. mühsam, »es ist schon vorüber!« Sein Blick suchte den Hauptmann; er fand ihn nicht mehr. Der Zollangestellte ging weiter. Dr. L. wischte sich über die Stirn. Er sah durchs Fenster. Draußen stand der Hauptmann und sprach lebhaft mit einigen Reisenden. Um sie brauste das Leben der kleinen Grenzstation: Die Zeitungsfrau rollte und rief ihre Ware aus; Kellner boten Kekse und Zigaretten an; eine Gruppe Kinder in weißen Blusen und mit blauen Halstüchern eilte vorbei; zwei behäbige Männer stemmten ihre Rucksäcke in den Zug; eine Nonne blätterte in einem Fahrplan; ein Schaffner wechselte ein Schild aus; aus dem Restaurant klang ein Foxtrott; die Wimpel der deutschen und der tschechoslowakischen Republik flatterten, von roten Fähnchen umweht, unter dem Hallendach; Gepäckkarren töfften; Heizer tranken Bier; ein junges Mädchen, Papiere in der Hand, lief geschäftig über den Perron; ein junger Mann in Campingtracht sah dem jugen Mädchen nach; ein Kind zeigte auf die Lokomotive; auf einem Transparent war »Friede!« und auf einem zweiten war »Freundschaft mit allen Völkern!« zu lesen; ein Zollangestellter trat aus dem Zug und reckte sich; Soldaten grüßten, der Hauptmann dankte; ein Mann, seine riesenbauchige Aktentasche zwischen die Beine geklemmt, kaufte einen Kriminalroman; Spatzen schilpten; ein Feldwebel kaute eine Wurst und las dabei den Leitartikel einer Zeitung: »Goa gehört zu Indien!«; ein Baby heulte, und seine Mutter zupfte es an der Nase, ein schmächtiger Mann stieß in eiligem Lauf gegen einen Bahnpolizisten; eine alte Frau rückte ihren Rock zurecht; ein Halbwüchsiger zündete sich eine Zigarette an; eine hagere Frau redete aufgeregt auf einen Schaffner ein; ein Dampfer tutete von der Elbe her; die Lokomotive antwortete. Dr. L. überflog die Szenerie mit eifrigem Blick, so, als erforsche er ein noch nie gesehenes exotisches Land, und er musterte den ihm unbekannten Hauptmann, als könne er dessen Lebensgeschichte aus den Nackenfalten und der Bewegung der Hände lesen. Lange betrachtete Dr. L. den Hauptmann, und schließlich schien der die Augen, die ihn abtasteten, zu spüren, denn er wandte sich um, und sein Blick streifte Dr. L., und der, verlegen, als wolle er etwas abbitten, lächelte und bewegte ein wenig, fast wie zum Gruß, den Kopf, und der Hauptmann, nun den Fremden voll ansehend und nicht minder verlegen, lächelte auch . . .

Über den Waldsee

Was für eine langwierige Mühsal von Stunden wäre das gewesen, das schwere Motorboot mit dem einen Ruder zurückzupaddeln, hätte Agathe nicht das Auto im Wald und dahinter die fröhliche Picknickfamilie entdeckt! So hatte es nur einer kurzen freundlichen Verständigung, wie sie unter Motorsportlern üblich ist, bedurft, und alle Sorge war behoben: im eben noch leer gewordenen Tank gluckste wieder Benzin; der Motor knatterte auf; Agathe weinte nicht mehr; der Fahrtwind straffte das träge Fähnchen am Heck, und ferne, ein flirrender Hauch, hob sich schon der Strand aus dem Horizont. Der Mann im Boot zwängte das Steuerrad mit dem linken Ellenbogen fest und zündete sich eine Pfeife an. In zwanzig bequemen Minuten konnten sie am Strand sein, und dann war noch immer Zeit bis zum Mittagessen. Man aß um eins zu Mittag; jetzt war es zwölf. Der Mann im Boot stoppte den Motor ab, richtete das Steuer aus und ließ das Boot gleiten. Das Wasser rauschte still. Warmer Föhrenduft strömte über das Boot; wie Öl zerfloß der Glanz der Junisonne auf der kaum gekräuselten Haut des Sees. Schäfchenwolken zogen, der rote Milan stieg. Der Mann im Boot sah, voll das Glück genießend, nach einer angestrengten Woche nun sonntags guten Gewissens träge sein zu dürfen, Vogel und Wolken im zitternden Spiegel des Wassers. Da zerwellte das Bild: Agathe, vom Hecksitz aufgesprungen, kletterte durchs schwankende Boot rasch nach vorn und kuschelte sich an die Brust des Vaters. Jetzt kommen die Fragen, dachte der Mann, da traf auch schon die erste Frage sein Ohr: »Pappi, was waren denn das für Menschen, die uns Benzin gegeben haben?«

»Russen, mein Kind«, sagte der Mann bedächtig.

Agathe erschauerte, der Name traf sie wie ein Anhauch von Ferne und Fremde. »Oh«, sagte sie und erhob sich jäh. Ihre Augen schweiften den Wald ab, doch sosehr sie den Hals auch streckte und drehte: der Ort, wo die Picknickfamilie gelagert hatte, war nicht mehr zu sehen; eine schilfumsäumte Halbinsel hatte sich in die Sicht geschoben. »Waren wir denn schon bis nach Rußland gefahren?« flüsterte Agathe atemlos. Der Mann im Boot stützte sich auf, sog an seiner Pfeife und lachte. »Aber nein«, sagte er, »das alles ist noch Deutschland. Soweit du den Himmel siehst, ist noch Deutschland, und dann kommt erst das polnische Land, und das ist groß, und dann kommt erst das Russenland ...«

»Aber warum sind denn bei uns Russen, wie sind denn die hierhergekommen?« fragte Agathe.

»Das verstehst du noch nicht«, sagte der Mann im Boot.

»Doch, das versteh ich schon!« sagte Agathe; »erklär mir's!«

»Du weißt doch«, sagte der Mann im Boot, »daß bei uns die bösen Menschen einen Krieg gegen die guten Menschen gemacht hatten, und da sind die Russen unseren guten Menschen zu Hilfe gekommen und haben die bösen Menschen weggejagt. Jetzt helfen sie uns aufpassen, daß kein Krieg mehr kommt!«

»Sind die Russen gut?« fragte Agathe.

»Das hast du doch gesehen«, sagte der Mann.

Agathe nickte.

»Komm, wir dösen noch ein bißchen«, sagte der Mann im Boot. Das Kind kuschelte sich wieder an seine Seite. Das Boot trieb ganz nah am Schilf; Blasen quollen vom Grund herauf, Wasser quirlte, blitzend schoß der weiße Leib eines Fisches durch die Luft. Der Mann im Boot sah durch den Schleier der Wimpern, wie der Himmel einschlief. Der Milan war mit den Schafwölkchen entschwebt und der Wind im Walde verschollen; nun zog sich aus dem weiten Blau langsam ein weißes Gespinst zusammen und überdeckte das Sonnenauge. Schon blendete, schon flammte es nicht mehr, und jetzt stand die Sonne still, und auch die Wolke, die sie überdeckte, stand still, nur ein letzter Kranz zarter Helle verwehte noch von ihren Rändern. Ebenmäßig lag Licht auf Himmel, Wald und See und den Ruhenden im Boot. Tang dünstete, und Mücken summten; Schilf knirschte vorm Kiel. Der Himmel schlief. Der Mann im Boot fühlte die erste, noch graue Welle des Schlafes vor die Sinne steigen, da trieb, von fern, noch Agathes Frage an sein Ohr: »Pappi – wie Krieg war, warst du da auch Soldat?«

»Ja«, murmelte der Mann im Boot.

»Ein guter oder ein böser?«

»Was?« wollte der Mann, fast schon schlafend, noch fragen, da verschlug es ihm Atem und Schlaf. Er hatte die Frage verstanden. Er fuhr auf; die Wolke zersprang. Sonne stach sein gerötetes Gesicht. Der Mann im Boot starrte auf sein Kind. »Du warst ein guter Soldat, Pappi?« fragte das Kind. »Ja«, sagte der Mann tonlos. Er schluckte. Das Kind angelte mit dem Ruder nach Tang. Mußte ich lügen? dachte der Mann voll Bitterkeit. Er riß den Motor an: Die Schraube wirbelte das Wasser; knatternd straffte sich das Fähnchen; der Strand schwamm auf sie zu. »Hurra, wir fahren!« jauchzte Agathe und klatschte in die Hände. Ihre Zöpfe flogen. Wie lange noch schleifen die verfluchten Jahre ihre Schatten durch unser Leben?

dachte der Mann im Boot, wie lange denn noch? Agathe lachte hell und spritzte nach einer Libelle. Die Libelle stand, von unsichtbaren Flügelschlägen getragen, einen Augenblick lang regungslos in der Luft, dann glitt sie unter dem funkelnden Bogen der Tropfen seitabwärts; die Flügel blitzten, Fächer, wie Quarz; und ein blauer Strich, zum Himmel gehoben, so entschwand sie in dem helleren Blau. Der Strand schoß heran; Kinder winkten. »Bis zu den Russen sind wir gefahren!« schrie Agathe. Sie sprang aus dem Boot und breitete die Arme aus: »Kinder, so weit weg waren wir!« Die Kinder faßten sie an der Hand und rannten über die Wiese dem Restaurant zu. Der Mann im Boot, die Kette um den Landungssteg schlingend, sah die bunten, hüpfenden Rücken, wie sie zwischen Wiese und Himmel verschwanden; einen Augenblick noch sah er die Schöpfe wehen, dann hörte er nur mehr das Lachen, wie es ferne verklang. Der Mann zog die Kette fest und erhob sich. Möge mit unserer Generation die Lüge sterben! dachte er.

Die Schöpfung

> Und Gott sprach: Lasset uns Menschen machen, ein Bild, das uns gleich sei, die da herrschen über die Fische im Meer und über die Vögel unter dem Himmel und über das Vieh und über die ganze Erde und über alles Gewürm, das auf Erden kriecht.
>
> Und Gott schuf den Menschen ihm zum Bilde, zum Bilde Gottes schuf er ihn und schuf sie, einen Mann und ein Weib.
>
> Und Gott sah alles an, was er gemacht hatte, und siehe da, es war sehr gut. Da ward aus Abend und Morgen der sechste Tag.
>
> Das Erste Buch Mose

Ein junger Soldat, Ferdinand W., der unmittelbar nach seinem mit »gut« bestandenen, von den Fanfarenstößen der Siege in Griechenland und Jugoslawien überhallten Abitur zu den Waffen (die sich vorerst als Spaten erweisen sollten) gerufen worden war, hatte die harte Lehrzeit des Arbeitsdienstes beim Deichbau in den baltischen Sümpfen und der Rekrutenausbildung in einem Nachrichtenersatzbataillon bei Dresden glücklich hinter sich gebracht und fuhr nun, den Stahlhelmriemen fest angezogen und die Faust um den Karabiner gepreßt, seinem ersten Einsatz entgegen. Er war zwanzig Jahre, mittelgroß, grad gewachsen; sein volles braunes Haar war, wie in der Wehrmacht üblich, kurz geschoren und gescheitelt, was ihm jedoch nicht übel stand; die graublauen Augen blickten frisch, die Stirn war frei, die nach innen gewölbten Schläfen zum Jochbogen kantig geschnitten; das sanfte Kinn und die vollen Lippen jedoch gaben seinem Gesicht selbst unter dem Stahlhelm etwas Weiches und Träumerisches. W.s Vater war Arzt in einem mitteldeutschen Städtchen, und auch der Sohn wollte Arzt werden, allerdings nicht in der väterlichen Praxis, sondern in einer bedeutenden Chirurgie. Er war in Breslau, wo er den berühmten Professor L. wirken wußte, immatrikuliert und hoffte, nach einem Jahr Kriegsdienst zum Antritt des Studiums beurlaubt zu werden. Sein Wahlspruch lautete: Per aspera ad astra; sein Lieblingsheld war der Alte Fritz. Er schrieb sich außer mit seinen Eltern und einem Freund vom Reichsarbeitsdienst, den es nach Nordrußland verschlagen hatte, mit einer Schulkameradin, die Inge hieß, blonde Zöpfe trug und sich einmal, nach der Abiturfeier, von ihm hatte küssen lassen. Er trieb gern, wenn auch nicht ausschweifend, Sport; am liebsten schwamm oder ruderte er in freien Gewässern; kurz vor dem Abitur hatte er noch seine Prüfung als Rettungsschwimmer abgelegt. Er war geselliger Natur, freigebig, kein Spielverderber und wegen seines gutmütig-naiven, selbst ein grobes Wort nicht verargenden Humors beliebt; er hatte auch leidlich Klavier spielen gelernt und unterhielt, wenn man ihn darum bat, eine fröhliche Runde ohne Sträuben mit dem Spielen von Märschen und Stimmungsliedern. Neben Kriminalromanen und Abenteuergeschichten, die seine Hauptlektüre bildeten, las er Novellen von Binding und Romane von Hans Carossa und, wenn er sich unbeobachtet glaubte, auch ein Gedicht. Zum Theaterbesuch hatte er wenig Gelegenheit gehabt und meist Operetten gesehen; ins Kino ging er ganz gern, Hans Albers fand er prima, Heinz Rühmann zum Schießen, von Brigitte Horney schwärmte er. In der Hitlerjugend hatte er es wegen seines Mutes und seiner Einsatzbereitschaft bei Geländespielen bis zum Kameradschaftsführer gebracht, obwohl er zu anderem Dienst, der ihn langweilte, nur ungern und unregelmäßig erschienen war. Seine weltanschauliche Einstellung und politische Haltung waren in seiner Personalakte als einwandfrei und fanatisch bezeichnet worden, der Nachweis arischer Abstammung war väterlicherseits bis zum Ausgang des achtzehnten, mütterlicherseits gar bis zur Mitte des siebzehnten Jahrhunderts lükkenlos erbracht. Er war stolz darauf, Deutscher zu sein. Für den Führer, das Reich und die Rettung Europas vor dem Bolschewismus, den er sich als eine Art Zwangsherrschaft professioneller Verbrecher und arbeitsscheuer, blutgieriger Unmenschen vorstellte, war Ferdinand W. bereit, jederzeit freudig sein Leben hinzugeben, und nun fuhr er, nach dreizehn Jahren Schulbank, einem Jahr Deichbaus in den baltischen Sümpfen und einem halben Jahr Hetzens durch Sandwüsten und lange, stets blank gescheuerte, nach Schweiß, Kastanien und Stiefelwichse riechende Korridore und einer Reise über Prag, Wien, Belgrad, Thessaloniki und Athen, seinem ersten Einsatz zu.

Es war der Morgen eines milden Maitages, als sie – drei Züge einer Funkerkompanie – in einem Hafen südlich von Delphi und östlich von Theben auf die Schnellboote zu warten begannen, die sie über den Golf von Korinth nach H., einer kleinen, nur auf Generalstabskarten verzeichneten Fischersiedlung an der Küste des Peloponnes, tragen sollten, wo es eine von der taktischen Führung dringend benötigte Funkstation aufzubauen galt. Zwar gab es für diesen Zweck günstiger gelegene Orte, doch H. war schließlich eines festen, kastellartigen Gebäudes wegen gewählt worden, das sich beherrschend über Hafen und Dorf erhob und darum für einen Stützpunkt am Rand eines solch unkontrollierbaren Partisanengebietes wie des Peloponnes besonders geeignet erschien. Natürlich wußte W. ebensowenig wie seine Kameraden von Ort und Art ihres Auftrages; Soldaten dürfen ja nie mehr wissen, als zur Erfüllung ihrer unmittelbaren Aufgabe nötig ist, und ihre unmittelbare Aufgabe lautete, hier im Hafen zu warten, bis Boote kamen. Sie wußten nicht einmal, daß es Schnellboote waren, auf die sie hier warteten. Sie wußten nur, daß sie zu warten hatten, und so saßen sie, rauchend, dösend, skatspielend, ein Stück Brot kauend, auf ihren Tornistern und sahen schon nicht mehr auf die See hinaus. Es waren meist ältere Leute. Sie hatten in langen Dienstjahren warten gelernt, und also warteten sie. Manche schliefen im Sitzen, den Kopf in die Hände gestützt. Es war windstill und warm, und nur am Nordrand des Himmels zeigte sich der Saum einer Wolke, die langsam wuchs. Das Meer lag glatt, bis auf die winzigen Wellen, die unhörbar an den grauen Stein der Mole schaukelten und dort in einem silbernen Glitzern zerschellten.

Der Abend kam, eine Kaltverpflegung wurde ausgegeben und dazu gesüßter Tee. Das Hundegebell, das den Tag durchlärmt hatte, war verstummt; der Horizont, ein Fischernetz, triefend voll Finsternis, schon über das Molenende gezogen, und nur ein kleines unruhiges Feuer brannte fern am Strand, da endlich nahten die Schnellboote. W. war eingenickt; er hatte den langen Tag in fiebernder Erregung verbracht, wenngleich er es sich nicht hatte anmerken lassen und bestrebt gewesen war, gleichgültig und gelassen wie die Kameraden, die ja schon viele Länder gesehen und viele Fahrten erlebt und viele Einsätze durchgestanden hatten, auf seinem Tornister zu hocken, in einer Zeitschrift zu blättern oder bei einer Skatrunde zu kiebitzen und von Zeit zu Zeit einen Witz zu reißen. Er war erregt gewesen, es war ja sein erster Einsatz, seine erste Bewährungsprobe im größten Krieg, den die Menschheit je ausgefochten, im Schicksalskampf, der um Sein oder Nichtsein des Abendlandes ging! Er war erregt gewesen; er hatte auf seinem Tornister gehockt und eine zerfledderte Zeitschrift auf den Knien gehalten, und während er den Anschein, er lese darin, durch gelegentliches Umblättern zu wahren suchte, hatte er sich, die Zeilen mit unaufmerksamen Blicken durchgleitend, ausgemalt, wie sie übers Meer setzen und, mit federndem Absprung aus den Schiffen sich schnellend, an Land stürmen würden, hinein in den Feind, der da in den Schründen und Schluchten auf schrecklicher Lauer lag; er hatte an den Feind gedacht und schon den Fels gefühlt, an den er sich schmiegen würde, er hatte heißen Rauch und Staub geschmeckt und Kugeln schwirren und Signalpfeifen gellen hören; er hatte Gefahr und Tod gerochen wie den Dunst von Schierling und sich, wie einst bei den Geländespielen, von Deckung zu Deckung vorwärtsdringen gesehen, granatenumsaust und von Feuerstößen überflogen; er hatte auf dem Tornister gehockt und blicklos in seiner Zeitschrift geblättert und von Stürmen und Siegen geträumt, und als die Träume sich schließlich erschöpft hatten und schal geworden waren wie das Wasser in der Feldflasche und der junge Soldat gedacht hatte, der Mittag sei nah, da war kaum eine Stunde verstrichen und sein Schatten auf der Kaimauer noch immer lang.

So war denn der Tag qualvoll langsam vergangen, und zum Abend, da die Wolke den Himmel zur Gänze füllte, war der junge Soldat schließlich eingenickt, doch nun, da er im Schnellboot saß und das Klatschen der Bugwellen hörte und das vom Kiel zerschnittene Meer tiefgrün und silbern im Scheinwerferlicht aufwallen sah, als siede die Finsternis, preßte er den Stahlhelm tiefer in die Stirn und nahm das Gewehr, das die Kameraden lässig zwischen die Knie geklemmt hatten, mit festerem Griff. Die Männer neben ihm schliefen; der junge Soldat war hellwach. Um ihn war undurchdringliche Nacht; die Scheinwerfer waren abgeschaltet, und die Wolke verdeckte alle Sterne, so daß der Himmel ungeschieden vom dunklen Wasser lag und das Boot, in gleichmäßiger Schnelle die ungeheure Wüste der Schwärze durchschneidend, zu schweben schien. Das scharfe Brausen des Motors strich, ein gewaltiger Atem, über die Ödnis, und als der junge Soldat so dasaß, erschauernd in sausender Finsternis und träumend dem Einsatz entgegenfiebernd, kam ihm plötzlich ein lang nicht mehr vernommenes Wort ins Gedächtnis: Und die Erde war wüst und leer, und der Geist Gottes schwebte über dem Wasser ...

Nicht, daß der junge Soldat sonderlich fromm gewesen wäre ... Er glaubte an Gott so, wie es die jungen Menschen seines Alters und Herkommens, die am Koppelschloß das Wort »Gott mit uns« tragen, eben tun: problemlos und gewohnheitsmäßig, und es war kein religiöses Gefühl, das ihm diese Verse in den Sinn gebracht hatte: er entsann sich ihrer, da sie ihm einzig gemäß schienen, das Gefühl auszudrücken, das ihn ganz erfüllte und das sein Herz aufzusprengen drohte: das Gefühl, Herr dieser Erde, ja noch mehr: Erwecker, Erschaffer, Erlöser eines Urlands zu sein, das noch ganz unentmischt, ein Chaos aus Finsternis, Schlaf und trägem Dauern, vor ihnen lag und ihrer harrte, ihrer, ihres Anrufs und Blicks! Er trank die Meerluft wie Wein; ihr jodiges Salz brannte auf seinem Gaumen und in seinen Nüstern; er fühlte das Metall der Waffe in seiner Hand, als ob es ein Zepter der Allmacht wäre, und hörte es über den Wassern brausen, und überwältigt begriff er die Stunde, die ihn trug! Die Zeit, so wußte er jählings, schwang herum; der Lauf der Geschichte wandte sich wieder zum Ursprung; ein neues Jahrzehntausend dämmerte herauf, da ein Schöpfervolk, kühner als Wikinger und Argonauten, endlich seine Ketten gesprengt und, seiner Sendung wie einer Offenbarung inne, angetreten war, die alte Ordnung der Welt mit Waffengewalt zu zerstören und, über ihren Trümmern sein gewaltiges »Werde!« sprechend, das neue, lichte, herrliche Reich zu erbauen, das in die fernste Zukunft ragen sollte, das Reich des Führers, die Trutzburg Europas, die Kaiserkrone des Planeten, in der auch dies dumpfe Land, zu dem sie fuhren, einst als ein Edelstein funkeln sollte! Es war die Schöpfung, zu der sie aufgebrochen waren, die Schöpfung einer neuen Welt und eines neuen Äons, und dies war ihr erster Tag.

Es war die Schöpfung, und sie vollzog sich ganz wie im Heiligen Buch. Himmel und Wasser glitten voneinander, da es Licht ward; das feste Blau des Gewölbes schied Wolke und Meer, und als das letzte Nachtgrau verweht war, dämmerte, blaß zwischen Himmel und See, das Land herauf. Es war ungestaltet, das Land, das vom Wasser sich abhob, erst Hauch, dann gerinnende Feste und schließlich Stein. Ein steinernes Land, Urgestein, aus Stein Kai und Mole, und grober Stein auch der schräg ansteigende Markt; Stein die Gassen und Stein die Katen, Stein das Kastell auf dem Hügel und Stein der Karst. Es war nackt und wüst, dieses Land, das nun schnell emporwuchs; nicht Baum noch Strauch war zu sehen, kein Hund, keine streunende Katze, nicht einmal ein Geier. Licht, Himmel, Wasser, Stein und Schweigen: da ward aus Abend und Morgen der andere Tag ...

Die Soldaten sammelten sich vor dem Hafen, die Schnellboote brausten zurück, und die Soldaten marschierten über den Markt zum Kastell. Sie marschierten durch leere Straßen; kein Laut, kein Gruß, nicht Brot noch Salz, nicht einmal Haß empfing sie: Das Dorf lag verlassen, als hätte es nie einen Menschen beherbergt, und auch das Kastell, ein Würfel mit flachem Dach, gezinnter Hofmauer und schmalen Fensterschlitzen, war unbehaust. Das Tor stand flügellos mit leeren Angeln; die kahlen Räume ohne jedes Möbelstück; kein Nagel stak zwischen den Fugen, und durch die offenen Fensterscharten scholl das Klatschen des nahen, nun ein wenig vom Wind gestachelten Meeres. So schritten die Soldaten denn, gereiht, wie es sich gehörte, durch leere Gänge und blickten ins Leere kellerähnlicher Gemächer und Gewölbe und freuten sich, je weiter sie schritten, immer mehr dieses so trotzigen und sicher bald auch wohnlich anmutenden Quartiers, doch als sie den größten Raum, eine Art Kasematte im Zentrum des Baus, die zum Mannschaftsquartier vorbestimmt war, betreten wollten, schraken sie entsetzt zurück. Unflätiger Gestank schlug ihnen entgegen: offenbar waren sämtliche Dungfässer und Senkgruben des Dorfes von den geflohenen Fischern, die vom Nahen der Soldaten unterrichtet sein mußten, hier ausgeleert worden, um unmißverständlich zu bekunden, welcher Willkomm den Eindringlingen zugedacht war. Die flachen Mulden des Mergelbodens – denn der Boden der alten Festung war gefurcht und zermuldet –, sie schwappten vor Unrat, so daß ein kleines Kommando zunächst darangehen mußte, die Kasematte auszuspülen, just so, als solle sich der Schöpfungsbericht der Bibel exakt erfüllen, der in seinem anderen, älteren Quellen entstammenden Kapitel von einem unentbehrlichen Regen auf die nackte steinharte Erde spricht, ober besser noch: als sollten die Erbauer des Reiches mit eigener Hand wiederholen, was im Morgengrauen ohne ihr Zutun geschehen war: die Scheidung des Trocknen von dem Nassen, die Schöpfung bewohnbaren festen Landes. Es waren fünf Mann, die zu dieser Arbeit bestimmt wurden, und Ferdinand W. gehörte zu ihnen; er war als künftiger Student der Medizin, obwohl er von dieser Wissenschaft durchaus nicht mehr verstand als irgendeiner seiner Kameraden, zu einer Art Sanitätshelfer der Funkstation ernannt worden, und so begann denn der Einsatz, den er sich in so glühenden Farben als stürmendes Heldentum ausgemalt hatte, mit einer widrigen Arbeit, und das verdroß ihn. Wie die Tiere, dachte er angeekelt, wie die Tiere, nein, schlimmer als Vieh führt sich das auf! Auch kam er, da das Ausräumen der Kloake Stunden erforderte, nicht mehr dazu, mit den anderen, glücklicheren Kameraden das verlassene Dorf nach Einrichtungsgegenständen und Schlachtvieh zu durchstreifen und sich dabei wenigstens eine Trophäe als Andenken an den ersten Einsatz in die Tasche zu stecken, und das steigerte seinen Verdruß dermaßen, daß er gar nicht wahrnahm, wie seine nächtliche Vision von der Schöpfung getreu nach der

Schrift sich verwirklichte. Das öde Kastell füllte sich mit dem Holz von Bänken, Stühlen, Tischen und Truhen; das Farngrün, Weinrot, Nußbraun und Moosgrau der Zeltplanen überwucherte wie Gras und Kraut und Frucht den kahlen Boden, und wilde Blumen auf Teppichen und Tüchern lohten von den Wänden, eine jegliche nach ihrer Art. Indes war auch ein Dynamo im Hof aufgestellt; Kabel zogen sich lianengleich die Mauern empor und verzweigten sich in alle Gemächer; Lichter wurden an die Decken gehängt und zwei Scheinwerfer, ein großer und ein kleiner, auf das flache Dach montiert; der Dynamo schnurrte zur Probe, und Sterne blitzten von den Gewölben, und die Scheinwerferscheiben sandten, blendend die große und in mildem Silber die kleine, ihre Lichter nach den Bergen, um Zeichen und Zeugnis zu geben vom Werden der neuen Welt. Der Wind erregte das Meer; vom Hafen herauf kam ein Korb voll schuppiger Leiber, in deren Gewimmel ein schwarzblauer Thun wie ein Walfisch groß lag; Hühner erschienen im Hof, gefiederte Wesen, und nun führte man auch Vieh herein, einen Hammel, Schafe, Lämmer, zwei Ziegen, und so ward zwischen Morgen und Abend der fünfte Tag!

Es war die Schöpfung: Das Trockene war von dem Nassen geschieden, die Lichter gesetzt, die Pflanzen erkeimt und die Tiere erschienen; der fünfte Tag war vollendet, und die Schöpfer sahen voll Stolz, daß es gut war. Da endlich war auch W. mit seiner hygienischen Aufgabe fertig geworden und bekam, nachdem er sich mit Seife und Sand den Kotgestank vom Leibe geschrubbt und sich so wieder menschlich gemacht hatte, den Befehl, sich einem Trupp einzureihn, der das Dorf, das sich beim ersten flüchtigen Streif- und Raubzug als gänzlich entvölkert erwiesen hatte, noch einmal Haus um Haus durchzukämmen und ausnahmslos jede dort aufgefundene Person als partisanenverdächtig ins Kastell zu führen hatte, denn wer, so sagte der Kommandant, ein gutes Gewissen habe, brauche sich nicht zu verstecken, und gar vor seinem Beschützer und Freund! Das hätte uns auch eher einfallen sollen, dann hätten diese Kerle mit eigenen Händen ihren Mist ausräumen können! dachte W. und trat auf die Straße, nach Menschen zu suchen. Er blinzelte; es war Mittag geworden, und das Sonnenlicht, vom Glimmer und Granit der Straßen und Häuser vieltausendfach gespiegelt und gebrochen, lag lastend und flirrend zugleich auf dem Land, ein ungeheurer Glasberg aus greller, blitzender Hitze, deren Anhauch und Glanz so stechend war, daß er selbst durchs geschlossene Augenlid drang. W. blinzelte und beschattete die Augen mit der flach gestreckten Linken; der Truppführer, ein Unteroffizier, wies ihm ein einzeln stehendes, ein wenig abseits gelegenes Haus zu; W. nahm sein Gewehr von der Schulter, kniff die nunmehr schutzlosen Augen zu einem schmalen Spalt zusammen, lud, sicherte, wollte das Gewehr wieder um die Schulter hängen, behielt es aber, da seine Augen das Licht zu ertragen begannen, im Griff der Rechten, rückte mit der Linken die Patronentaschen zurecht, verließ die Straße, stieß mit dem Knie die angelehnte, schloßlose, langsam hinter ihm wieder zurückschwingende Tür auf und betrat, alle Fibern vor Erwartung spannend, das Haus, das nicht größer als eine Stallung war. Er mußte sich bücken, die Tür war niedrig, und der Raum, in den sie führte, erlaubte ihm gerade, aufrecht zu stehen. Es war wohl der einzige Raum des Hauses; die Wand war roh behauener Felsstein; die lukenartige, rahmenlose Fensterhöhle mit einer Bocksblase abgedichtet; die Decke rauchgeschwärzt. Es war düster in diesem Verlies, und es dauerte eine Weile, bis W. erkennen konnte, daß sich im Hintergrund eine offene Feuerstelle und seitlich von ihr etwas Dunkles, Niedriges, wohl eine flache Nische befand. Sonst schien der Raum leer, am Boden verstreut lagen Hühnerfedern; es roch nach Zwiebeln, Ziegen und Rauch. Der junge Soldat schüttelte sich. Wie die Tiere!, so dachte er ein zweites Mal, wie können Menschen denn bloß so hausen! Er mußte an die hellen, sauberen Häuser in Deutschland denken; er sah sein Vaterhaus, Parkett und Teppich, den Blüthnerflügel, die Klubsessel und alle Fensterscheiben blinkend und blitzend hinter Gardinen und Stores; er dachte an die anheimelnden, von roten Rosen umsäumten und mit Schnitzereien an Giebel und First verzierten Fischerhäuser an Deutschlands Küste, die er gesehen hatte, als er zum Arbeitsdienst an die Memel gefahren war; er dachte daran, wie schmuck und wohnlich sie sogar ihre Baracken dort eingerichtet hatten, ein Flecken deutschen Gemüts in Heide und Sumpf wie hier bald das Kastell im roten Karst; er dachte an das strahlende Reich, das sie schufen, und stand in dem Steingemach, das zugleich ein Stall war, und starrte die schwarzgerußte Decke und die Hühnerfedern und die Bocksblase an und schüttelte in verständnisloser Verachtung den Kopf und wollte gerade den Boden mit dem Gewehrkolben abklopfen, um ein mögliches Kellerversteck zu erkunden, da hörte er von der Feuerstelle her einen dumpfen, trockenen Laut. Er sprang an die Tür zurück, riß das Gewehr an die Hüfte und schlug den Sicherungshebel herum, da sah er, daß neben der Herdstelle, dort, wo er eine Nische vermutet hatte, eine schwarze Gestalt am Boden lag. Der Laut erscholl ein zweites Mal, es war ein kurzer, gepreßter, ein wenig ächzender Hustenstoß, und nun, da sich die Augen des jungen Soldaten wieder an das Dämmerlicht gewöhnt hatten, erkannten sie nahe dem Herd eine alte Frau. Sie lag, als ob sie friere, dergestalt in ein schwarzes Gewand oder Tuch gehüllt, daß nur die Mundpartie zu sehen war, und rührte sich nicht und hustete ein drittes Mal. Der junge Soldat drehte, beruhigt und enttäuscht zugleich, den Sicherungsflügel wieder nach rechts, ließ den Arm mit dem Gewehr ein wenig sinken, hielt aber den Finger am Abzug und ging auf die Liegende zu. »He, Alte, aufstehn, zum Kommandanten!«

rief er beinah freundlich, da sah er, daß sie mit Lippen und Kinn in einem Fladen des eigenen Auswurfs lag. Unwillkürlich fuhr er zurück und rief, die Mundwinkel verziehend und die Oberlippe schürzend: »Pfui Teufel!«, dann wiederholte er, etwas barscher, seine Aufforderung und wies mit einer heftigen Kopfbewegung nach der Tür. Die alte Frau rührte sich nicht; sie hustete auch nicht mehr. Der junge Soldat wurde ärgerlich; er hatte keine Lust, sich lang mit einem alten Weib aufzuhalten; er wollte weiter, und auch kam ihm der Gedanke von einer Falle, die man ihm da gestellt haben könnte; es war ihm nicht ganz geheuer in der Höhle, und so schrie er denn heftig: »He, Alte, auf!«, und er stampfte mit dem Stiefel auf den Stein. Die alte Frau drehte mühsam den Kopf hoch; sie stützte, da sie ihn hochdrehte, die rechte Wange mit den spitzen Fingern der Linken, und sie mußte wohl erraten haben, was der junge Soldat von ihr wollte, denn sie wies mit dem Kinn und dem Blick der wasserhellen Augen auf den Auswurffladen und sprach mit zitternden Lippen ein Wort, das unhörbar blieb, das aber der junge Soldat ohnehin nicht verstanden hätte, dann ließ sie den Kopf wieder sinken, versuchte, ihn – was der junge Soldat nicht wahrnahm – mit den Fingern der linken Hand ein wenig zur Seite zu drücken, vermochte es aber nicht und lag wie zuvor. Wie ein Tier! dachte der junge Soldat ein drittes Mal, und er hätte zu anderer Zeit und an anderem Ort wohl zuerst gedacht, daß die alte Frau krank sei und deshalb nicht aufstehen könne, doch da er ja endlich den Befehl des Kommandanten, der keine Ausnahme gelten ließ, vollstrecken mußte und ihm doch ein Anflug von Scham kam, dachte der junge Soldat mit wachsendem Grimm, daß die Alte ihr Leiden ausnütze und übertreibe, doch er sie durchschaue; er dachte, daß es seine soldatische Pflicht sei, ihren Ungehorsam zu brechen und ihr zu zeigen, wer hier der Herr war, und da er die Alte so widersetzlich fand und da ihr ein Speichelfaden über das Kinn lief und da der Ärger ob der stinkenden Arbeit, die er doch einzig den Bewohnern solcher Ställe verdankt hatte, noch nicht verwunden war und weil doch das Reich geschaffen werden mußte und weil ihm schließlich zu dem Gefühl, es sei hier nicht geheuer, auch noch eine Ahnung aufstieg, daß er, was immer er tue und was immer geschehe, sich mehr und mehr in eine seltsam klägliche und unrühmliche Lage verstricke, fuhr es ihm siedeheiß durchs Hirn, eine wilde Wut packte ihn, und während er donnernd mit seiner sich schnell überschlagenden, noch nicht zur völligen Mannesreife gediehenen Stimme »Raus!« brüllte und mit dem jäh ausgestreckten linken Arm zur Tür wies, trat er, eigentlich wider Willen, mit dem gestiefelten Fuß nach der alten Frau, doch die Scham, die nun riesengroß wuchs, und ein Ekel, der gleichzeitig sich mit ihr mischte, waren schneller als seine Wut und überwältigten sie derart rasch, daß er den Fuß, kaum daß das schwarze Gewand der Greisin berührt war, wieder zurückzog und mit der Stiefelspitze über die Steinfliesen wischte, als ob er sie säubern wollte. In diesem Augenblick tat ihm die alte Frau beinah leid. »Na mach schon!« sagte er gutmütig drängend, und er fügte, erklärend, ja beinah sich entschuldigend, hinzu: »Befehl vom Kommandanten, verstehen?«, und da ihm einfiel, in der Schule gelernt zu haben, daß Griechenland seit seiner Befreiung vom türkischen Joch unter starkem Einfluß Frankreichs gestanden habe, wiederholte er die Erklärung in seinem Schulfranzösisch: »Monsieur le capitaine a donné l'ordre, compris?« Er lächelte, da er »compris« sagte, und hob die Augenbrauen; er war stolz, daß er, obwohl er doch anderthalb Jahre kein Wort Französisch mehr gesprochen, den Satz so fehlerlos zustande gebracht hatte, und er lächelte, da er, noch während er das letzte Wort des Satzes geformt, hatte denken müssen, wie unendlich weit er doch der Schulbank entrückt war, und er sah lächelnd fern über Meer und Gebirge die messerzerkerbte, tintenbekleckste, schiefernde, von vieltausend Hosenböden abgewetzte, vieltausendmal verfluchte und nun fast wie eine Wiege anmutende braun-grüne Schulbank mit Pult und Sitz und rippenförmig geschwungener Lehne und sah die Gesichter der Professoren und hörte sie von verschollenen Kriegen schwärmen und hörte den flachbrüstigen Französischprofessor, der nie im Feld gestanden, mit seiner brüchigen Fistelstimme von den Stahlgewittern bei Douaumont reden, und Ferdinand W. dachte, daß nun *er* eine Uniform trug und die Pauker alle nur Zivilisten waren und also minder als er und eigentlich seine Untergebenen, und er lächelte wieder, und seine vollen Lippen waren weit auseinandergezogen, und seine graublauen Augen strahlten zufrieden hell. Die alte Frau hatte wieder den Kopf hochgedreht, und wieder stützte sie die rechte Wange mit den Fingern der Linken; die Bewegung löste das Tuch und ließ es von ihrem Scheitel gleiten, so daß ihr Haupt nun weiß vom Haar umwallt war und ihr edles, von härtester Arbeit wie eine Kupferplatte vom Griffel Rembrandts durchwirktes Antlitz sich hell und frei aus dem Dämmerlicht hob. Sie hielt den Kopf auf die Finger gestützt und sah den jungen Menschen, der über sie hinwegblickte, durchdringend an; sie sah den Fuß, der nach ihr getreten, und die Hand, in der lässig die Waffe pendelte, und den Mund, der ihr mit herrischer Stimme befohlen, und die Augen, die ihrer schon nicht mehr achteten; sie sah die Gestalt des Soldaten, der da in den Frieden des Dorfes und die heilige Ruh ihres Sterbens gedrungen war, als ob Land und Mensch und Leben und Tod sein Eigentum wären; sie sah den jungen Soldaten an und sah ihn lächeln, und sie dachte daran, daß eine Mutter auch diesen Sohn empfangen und geboren, und flüsterte einen Fluch, der einen unbekannten fernen Schoß verdorren lassen sollte, dann drückte sie mit der rechten Schulter und Hüfte ihren gekrümmten Leib zur Seite, so daß sie fast bäuchlings lag, und versuchte, von unaufhörlichem Husten gepeinigt, sich auf die Ellenbogen und Knie zu erheben, vermochte aber nicht das Kreuz hochzuziehen und schob schließlich mit einer letzten, fast knirschenden Anspannung ihrer Kräfte die Unterarme nach vorn, so daß sie, wenn auch nicht auf den Knien, so doch auf den Ellenbogen und also aufgerichtet lag. Einen Augenblick verharrte sie in dieser Stellung, dann schüttelte sie mit deutlicher Gebärde den Kopf, daß die Haare im Sonnenlicht, das durch den Türspalt fiel, golden leuchteten, und kroch, sich mit dem ganzen Leib vorwärts schiebend und einen schneidenden Schmerz, der ihr Inneres zerriß, mißachtend, stumm und ohne den Soldaten noch eines Blickes zu würdigen, der Tür zu, den Raum zu fliehen, in dem jener stand. Der junge Soldat hatte, als sie sich aufzurichten versuchte, befreit ein Na also! gedacht und aufgeatmet und zugleich mit einem Gefühl tiefer Befriedigung festgestellt, daß es wirklich rührend sei, wie die Alte sich mühe, seinen Befehlen nachzukommen, und da er sie so beflissen fand und da ihr weißes Haar in der Sonne leuchtete und da auch für einen flüchtigen Augenblick das Angesicht seiner Mutter an seinem Auge vorüberhuschte, bedauerte er, nach der alten Frau getreten zu haben, und wollte, von Mitleid und sogar von Reue ergriffen, ihr schon bedeuten, liegenzubleiben und neue Weisungen abzuwarten, die einzuholen er bei diesem besonderen Fall verantworten zu können glaubte, doch da er sich anzuschicken begann, ihr, die sein Wort ja doch nicht verstehen würde, ein entsprechendes Zeichen zu geben, und er also den linken Unterarm hob, um die flach und gespreizt ausgestreckte Hand mehrmals, als senke er sie in ein luftiges Kissen, zum Boden hin niederzudrücken, um solcherart ein Halten und Hinlegen anzudeuten –: da er also anheben wollte, kam ihm in den Sinn, daß der Kommandant ihm vorwerfen könne, einer lumpigen Eingeborenen wegen seinen Posten verlassen und damit sträflich gegen die erste Pflicht eines Soldaten im Einsatz verstoßen zu haben – und so, den Unterarm halb erhoben und zwischen dem Willen zu menschlichem Tun und der Unerbittlichkeit des nun einmal erteilten Befehls ganz unentschieden schwankend, hoffte der junge Soldat schließlich, die Alte werde zusammenbrechen, ehe sie die Tür erreicht habe, und ihn auf diese Art aus seinem Zwiespalt erlösen, und er glaubte auch schon, sie innehalten und ihren Kopf langsam niedersinken zu sehen, die alte Frau aber kroch nach einer winzigen Pause des Ausruhens weiter der Tür zu, und es schien, als beschleunige sie ihre Bewegung noch. Aber ich kann sie doch nicht so vor mir durch das Dorf treiben! dachte der junge Soldat bestürzt, und er sah schon die alte Frau über die Straße sich schleppen und sah sich mit angelegtem Gewehr hinter der Todkranken dreingehen, und wieder fuhr es ihm siedeheiß durchs Blut, doch diesmal aus einem Gefühl des Abscheus gegen sich selbst; er rief, ohne noch an den Kommandanten zu denken, der alten Frau beschwörend zu, doch liegenzubleiben, und stampfte, da sie nicht hörte, voll Ungeduld erneut mit dem Fuß auf, doch ehe er noch auf den Gedanken kam, sich vor ihr in den Weg zu stellen, hatte die Greisin die Tür erreicht und lag, zusammengekrümmt wie einst hinterm Herd, auf den Steinen vor der Schwelle ihres Hauses, und um ihr Haupt lohte, eine Cherubinenkrone, das reine weiße Mittagslicht. Der junge Soldat sah sie liegen und stand vollkommen gelähmt; es war ihm, als wache mit rasender Schnelle eine schwarze wirbelnde Leere in ihm und höhle ihn aus; einen Augenblick stand er so, ganz starr und ohne einen anderen Gedanken fassen zu können als den einer stumpfen Erwartung eines ungeheuren Schlages, der ihn im nächsten Moment zerschmettern würde, dann fühlte er von der Magengrube her ein Würgen in die Kehle steigen; zwei Fäuste, riesig und unwiderstehlich wie Eisenbahnpuffer, preßten seine Schläfen zusammen und hielten den Kopf zur alten Frau niedergerichtet, die Muskeln seiner Augenlider, Lippen und Wangen verkrampften sich entsetzt, Kinn und Hals begannen zu zittern, und der junge Mensch fühlte, so dumpf und fern, wie mancher dann hämmernde und schließlich allgewaltige Schmerz beginnt, das langsam sich nahende Wissen, einen anderen gezwungen zu haben, kriechend zu sterben, und er dachte mit der letzten, äußersten Abwehr, daß alles nur ein Traum sei, da war es ihm, als höre er seinen Namen, und zugleich hörte er, und er hörte es wie im Traum, die Stimmen der sich nähernden Kameraden. Er lauschte, er hörte sie durcheinanderschreien und einem offenbar gefangengenommenen Wesen, das sie »Schwein!«, »Bandit!« und »Dreckskerl!« nannten, bedeuten, schneller und ohne sich umzublicken, weiterzugehen; er lauschte und hörte die Stimmen der Kameraden und hörte Tumult und Geschrei und Getrampel von Schritten, und da war es ihm, als erwache er aus einer unbegreiflichen Betäubung. Er schrak zusammen und schüttelte sich und klappte mit den Augendekkeln und sah die alte Frau liegen und dachte, halb benommen und halb erstaunt: Da liegt sie, und eilte zur Tür und sah durch den Türspalt zur Straße hinüber und sah, daß die Kameraden einen hochgewachsenen schwarzbärtigen Mann vor sich her stießen, dessen Arme mit groben Stricken so fest an den Leib geschnürt waren, daß sich die Hände schon blau verfärbten, und über dessen von Haß und Schmerz gleichermaßen verzerrtes, wettergebräuntes, von Narben und Falten zerklüftetes Gesicht das Blut in großen, schon stockenden Tropfen rann. Der junge Soldat blickte voll unverhohlenem Schauder auf den Gefangenen, den ersten leibhaftigen Feind, den er zu Gesicht bekam; er schaute auf die Hände, die sich krümmten wie Krallen, und auf die großen Zähne, die er zwischen den aufgeworfenen Lippen bleckte, und auf den rotdurchwirkten schwarzen Bart, und als er sah, daß auch einem der Kameraden, wohl durch einen Schlag mit einem stumpfen Ding, die Stirn aufgeplatzt war, dachte er voll Neid, daß die Langgedienten wieder einmal die Glücklicheren gewesen und im Kampf gestanden und einen leibhaftigen Partisanen zur Strecke gebracht hatten, während er eine ster ... – doch er dachte dieses Wort und diesen Satz nicht zu Ende und wußte, da er diesen Gedanken so plötzlich mitten im Worte abbrach, daß sich in seinem Leben etwas ereignet hatte, an das er nicht mehr rühren durfte, daß fortan in seinem Hirn, zwischen den dünnen Wänden des Vergessenwollens, ein vampirhaftes Wesen, ein Bild, ein Alp hausen würde, der Nacht für Nacht ausbrechen und sich auf das Herz des wehrlosen Schläfers werfen konnte, und der junge Mensch wußte, nein, er empfand mit allen Zellen seines Leibes und Geistes, daß es furchtbar war, was er getan hatte. Da hörte er, und diesmal laut und deutlich, den Unteroffizier seinen Namen rufen. »Schütze Wildenberg!« rief der Unteroffizier, und der junge Mensch hörte den Ruf und hörte vor seinem Namen jenes zweisilbige magische Wort, das ihn einreihte in die auserwählte, hoch über alle anderen Wesen erhobene Schar, die im Kampf für Deutschlands Sein oder Nichtsein stand und die das Reich des Führers noch im fernsten Winkel der Welt errichtete: »Schütze Wildenberg!« hatte der Unteroffizier mit seiner harten, hallenden Stimme gerufen, und da plötzlich, so wie ein Taifun, der noch eben verheerend getobt hat, mit einem Pulsschlag verwirbelt sein kann, war die schwarze höhlende Leere, die sich in seiner Seele gedreht hatte, geschwunden, der Angsttraum zerstoben, der Alp zerronnen, das Herz wieder heil und der Geist wieder klar; der junge Soldat stand in Feindesland, im Haus, das durchzukämmen ihm zugewiesen worden war und das er auftragsgemäß durchgekämmt hatte, und er hielt das Gewehr, wie die Vorschrift es wollte, und wußte ganz genau und sicher, daß er gar keinen Grund habe, sich seiner Handlungen zu schämen, und daß er genauso wie die Kameraden seine Pflicht getan. Ich habe einen Befehl erhalten und habe ihn ausgeführt!, so dachte er, und er richtete sich auf und blickte, während er »Hier, Herr Unteroffizier!« rief, über die alte Frau hinweg zum hohen Himmel und dachte, daß es mitunter viel schwerer und härter und also auch ungleich soldatischer, ja ungleich heldischer sei, einen gegebenen Befehl in eiserner Strenge auch dann zu vollziehen, wenn man zugleich den Schweinehund in der eigenen Brust, der da von Mitleid und Milde und Menschlichkeit faselt, erbarmungslos niederringen und also sich selbst besiegen müsse, und er dachte voll Stolz, daß er den Schweinehund in der eigenen Brust niedergerungen und damit den schönsten aller Siege erfochten habe. Er hatte seine Pflicht getan und stand nun, nachdem er »Hier, Herr Unteroffizier!« gerufen und mit schnellem Griff Koppel und Stahlhelm zurechtgerückt hatte, ganz ruhig unter der Tür und hielt das Gewehr in der Hand, und die alte Frau lag leblos vor seinen Füßen, und da, in diesem Moment, da die alte Frau für ihn nichts weiter war als ein häßlicher schwarzer Fleck in der strahlenden Sonne, häßlich und schwarz wie der innere Schweinehund, den er soeben glänzend besiegt hatte, da wurde er wieder von dem Gefühl überwältigt, das sein Herz hatte sprengen wollen, da sie über die schwarze See gebraust waren, und das Bild der Schöpfung kam ihm wieder in den Sinn. Er stellte das Gewehr auf die Stiefelkappe und sah, die Augen geschützt vom Dunkel des Steinbaus, das erhabene Rund der Gebirge rostrot unterm Enzianblau des Himmels, in dem ein Geier schwamm, ohne die Flügel zu rühren, und der Geier kreiste zwischen den Gipfeln, und der junge Soldat sah das Kastell, über dem nun die Flagge des Reiches knatternd sich bauschte, und er hörte durchs Brausen des Meeres und des Windes Marschmusik schmettern und schmeckte mit der salzigen Seeluft den beizenden Rauch der Lagerfeuer, der vom Kastell her wehte, und er dachte an den nackten Stein, der das Land gewesen, da sie es betraten, und sah verzückt, wie es schon verwandelt war und wie weit ihre Schöpfung schon gediehen, und er sah auf die zusammengekrümmte, von ihrem eigenen Auswurf besudelte Frau vor der Schwelle und auf den schwarzbärtigen, wild die Augäpfel rollenden Mann, der es gewagt hatte, seine Hand wider die Schöpfer des Reichs zu erheben, und da dachte er, daß man sie ausrotten müsse. Man muß sie ausrotten! dachte er, diese –!, und da fand er das Wort nicht, das er suchte, und er nahm das Gewehr vom Fuß und dachte, daß in dem lichten, herrlichen, strahlenden, sauberen Reich, das sie bauten, einfach kein Platz sein konnte für solches Menschengeziefer, das Wohnungen mit Kot besudelte und nicht einmal Fensterglas kannte und mit Hühnern und Ziegen in einem rauchgeschwärzten Stall hauste und durch seinen eigenen Auswurf kroch, um sich auf der Straße zum Sterben zu strecken wie irgendein Vieh, und das denen, die kamen, es Gesittung zu lehren, aus dem Hinterhalt tückisch entgegenschoß. Man muß sie ausrotten, dachte er, so wie man einen Eiterherd ausräumt zum Wohl der gesunden, lebenstüchtigen Zellen; ausrotten müsse man sie, dachte er, so wie man Wanzen vertilgt und Läuse und Schaben, entlausen müßte man das neue Europa, bis in die entferntesten Winkel mit irgendeinem wohltätigen Gas überziehn, das all dies Geziefer schnell und schmerzlos verderbe, auf daß endlich Platz sei für den wahren Menschen, den Menschen des sechsten Schöpfungstages! Er hatte das Koppel zurechtgerückt, so daß sich, wie vorgeschrieben, das Schloß mit der Aufschrift »Gott mit uns« genau zwischen dem vierten und fünften Uniformknopf befand und sein linker Rand mit der Kante der von rechts nach links geknöpften Feldbluse abschloß, und schickte sich an, zur Meldung vor das Haus zu treten, und dachte noch einmal, daß man sie ausrotten müßte, und wußte zugleich, daß es ein Wunschtraum sei, all das Geziefer zu vertilgen, doch daß es, wenn auch ein unerfüllbarer, so doch ein kühner, ein gigantischer, ein prometheischer Traum sei, das reine Reich, die vollkommene Schöpfung, die Vernichtung des unwerten Lebens zu denken, ein Traum, so faustisch, daß ihn wohl nur das Herrenvolk der Erde träumen könne, und nun, da die Kameraden schon vor der Tür standen und der junge Soldat das verzerrte Gesicht des Partisanen über den zusammengekrümmten Leib des alten Weibes gebeugt sah, fiel ihm plötzlich das Wort ein, das er gesucht und nicht gefunden hatte. Untermenschen! dachte er, das war es, Untermenschen, das war das richtige Wort. Man muß sie ausrotten, diese Untermenschen! dachte er noch einmal, und eine Rede kam ihm in den Sinn, die ihnen der Kreisleiter zur letzten Johannisnacht vor dem lohenden Sonnwendfeuer gehalten und wo er von den Untermenschen gesprochen hatte, die sich wie Schimmel und Krätze in den gesunden Volkskörper nisten und die man gnadenlos vertilgen werde, und hatte sich Ferdinand W. bislang nichts Rechtes bei diesem Wort vorstellen können, so hatte er nun mit eigenen Augen gesehen, was der Untermensch war, und er war einverstanden mit dem Gedanken, ihn auszurotten, wenn er auch wußte, daß es utopisch war. Dann brach der junge Soldat diesen Gedanken ab, da es jetzt galt, dem Unteroffizier Meldung zu machen, und er war, die vorgeschriebenen sechs Fragewörter, die in jeder ordentlichen Meldung beantwortet werden mußten, nämlich: wer, wem, wann, wo, wie und warum, überdenkend und aus ihrer Beantwortung den vorgeschriebenen, exakten und ganzen Satz bauend und ihn memorierend, einen Augenblick versucht, den Arm der Alten mit der Stiefelspitze anzuheben (Ich kann sie doch nicht anfassen! dachte er), um zu überprüfen, ob sie schon tot sei und er den eingetretenen Tod in die Meldung aufnehmen könne, doch er zögerte, das zu tun, und so schrie er statt dessen, scharf, aber nicht grob und so, als wisse er, daß dieses Schreien nur eine Formalität war und keine Wirkung mehr zeitigen könne, noch einmal mit aller Kraft ein »Aufstehn!« und wandte sich, über die alte Frau hinwegtretend, achselzuckend dem Unteroffizier zu, doch da, aus dem Nichts, aus dem Ungewissen, aus Gott weiß welchem Nebel aufgestiegen, stand plötzlich ein Mensch vor ihm. Der junge Soldat war zu verblüfft, und, da er im vollen Licht des Mittags stand, auch zu geblendet, um mehr zu sehen, als daß da plötzlich ein Unbekannter vor ihm stand; es war die Schöpfung, und ihr sechster Tag war angebrochen, der Mensch war aus dem Nichts erschienen, und der junge Soldat, seine Waffe hochreißend, sah nur zwei brennende Augen und eine hochfahrende Hand, und in seinem Hirn war es wüst und leer und Finsternis, und er sah der Hand einen Blitz entfahren, ein ungeheures Licht zersprengte ihn und alle andern, und dann war nichts mehr als die große heilige Ruhe des siebenten Tages.

König Ödipus
Eine Idylle

Dem bundesdeutschen Kontingent für Vietnam kameradschaftlich gewidmet

I. Das Stück

1

Daß sie, Deutsche, deutsche Soldaten im Feindesland, im Feindesland zu einer Stunde, da nach den überwältigenden Triumphen der eigenen Waffen das Kriegsglück sich dem Gegner zuzuneigen schien und donnernde Fronten wider die Festung Europa rückten, indes in deren Vorwerken die Brände der Partisanenaufstände immer heftiger lohten und das Reich zur äußersten Konzentration auf eine totale Kriegführung und zum Verzicht auf jede Lockerung und Entspannung gezwungen war – daß sie, Soldaten einer Nachrichteneinheit vor Theben, unter solchen Umständen und ungeachtet ihres nunmehr bis an die Grenzen menschlicher Leistungsfähigkeit ausgedehnten Funk- und Wachdienstes ein Theaterstück einstudierten, den »König Ödipus« von Sophokles, und daß sie ihn mit griechischen Kameraden einstudierten, mit verbündeten, ihrem König und der ewig-uralten abendländischen Sendung ihres Landes treu gebliebenen Evzonen, und daß dieses Stück als ein Verbrüderungsfest der beiden Völker feierlich auf Thebens heiligem Boden vor einem Publikum aus Deutschen und Griechen in Szene gesetzt werden sollte, feierlich und nahe den eigenen Waffen, die griffbereit zum Schutz vor einem unerwarteten Überfall in den Kulissen lagen – diese traumhaft anmutende Tatsache wollte dem jungen Gefreiten P. lange als das tiefste Symbol des nun in sein schreckliches fünftes Jahr hinklirrenden Krieges erscheinen: Symbol der Vereinigung des Völkeradels Europas gegen einen barbarischen, die heiligsten Güter der Menschheit mit tödlicher Pest bedrohenden Feind ... Daß dieses Unternehmen dann nicht über das Stadium eines schönen und weitgezielten Planes hinaus gedieh, war nicht ihre Schuld. Der schnelle Stoß der russischen Armeen durch den Mittelbalkan, der Abfall Bulgariens und Rumäniens vom Reich und beider Übertritt auf die Seite der Rotbesternten, die durch solchen Zugwind wie rasend auflohenden Partisanengefechte und die Mobilisierung eines englischen Expeditionskorps im Nahen Osten drohten die deutschen Truppen des Südbalkans von ihrer europäischen Basis abzuschneiden, und so wurde ihnen denn befohlen, sich diesem Schicksal durch schnelles Absetzen nach dem Norden zu entziehen, was sich für jene Nachrichteneinheit bald als ein höchst müh- und qualvolles, von mannigfachen Schicksalsschlägen heimgesuchtes, wenn auch zum Schluß doch noch glücklich geendetes Unterfangen erweisen sollte. Verlief, im Strom eines vieltausendköpfigen, auf eine einzige noch passierbare Nordweststraße angewiesenen Heeres, die Marschfahrt – denn Fußmärsche und Lastwagenfahrten wechselten miteinander ab – über Lavadia, Grawia, Lamia und die Thermopylen auch, von einigen kleinen Fliegergeplänkeln, die mehr Belästigung als ernsthafte Störung waren, abgesehen, rasch und zügig, ja, bei freundlichster Witterung, beinah touristenhaft, so wurden sie, die Angehörigen jener Nachrichteneinheit, die man sich übrigens in der Stärke eines halben Bataillons vorstellen mag, beim Übergang über die firngekrönten Berge von zwei Partisanengruppen überfallen und verloren, indes sie sich den Weg zur rettenden Tiefebene gerade noch freikämpfen konnten, zur Gänze ihren Lastwagentroß, auf den sie, durch den bisher so glückhaften Verlauf des Rückzugs sorglos leichtsinnig geworden, vor dem steilen Anstieg nicht nur ihr gesamtes Gepäck, sondern auch noch Tornister und Koppelgehäng geladen hatten, so daß sie nichts mehr besaßen als das, was sie eben am Leib trugen. Der erste Angriff hatte sie dezimiert, der zweite ihr Hab und Gut vernichtet, ein dritter sprengte sie vom Gros der Truppe ab; eine englische Tieffliegerattacke trieb sie vollends vom Marschweg und zerbombte eine unersetzliche Brükke, und so, als hätten die abziehenden Stahlvögel, die der Gefreite P. im Geist mit den Stymphaliden, den furchtbaren, ihre eisernen Federn wie Pfeile vom Bogen schnellenden Sagengeiern des herakleischen Zeitalters, verglich, im Sog ihres Abflugs den nächsten Schrecken heraufgezogen, brach das Unwetter einer verfrühten und maßlos verstärkt einsetzenden Regenzeit über die Verirrten herein, die nun, hungernd, erschöpft, übermüdet, im gnadenlos fallenden Wasser frierend, in völlig zerweichter, breiartiger und dennoch das Fleisch wie ein Nessushemd ätzender Kleidung zehn Tage und Nächte lang mit aufgeschwollenen Füßen durch Distelwüsten und Steinfelder taumelten, ohne ein Dach, eine Baumkrone, ja auch nur eine Felsnase zu finden, die ihnen Schutz vor der salzlosen Meerflut geboten hätte – zehn Tage und zehn Nächte lang ohne den Trost einer Zigarette, geschweige denn eines Feuers, wobei nichts anderes geschah, als daß eben Regen fiel, Regen, nur Regen, kalter, stürzender, zu Tod, Verzweiflung und Wahnsinn peitschender Regen, dem nach der zehnten Nacht die Schwächsten wohl mutlos und sterbensmüde erlegen wären, hätten sie nicht wie durch ein Wunder in ein parkartig angelegtes Wäldchen gefunden, das ihnen nicht nur das heißersehnte Dach schützender Bäume und wärmespendendes Feuerholz bot, sondern die Toderschöpften in seinem laubigen Innern ein festes, wenn auch höchst absonderliches und unter anderen Umständen sicherlich verschmähtes Quartier entdecken ließ: die Stallungen, Käfige und Gehege eines bescheidenen zoologischen Gartens, wie er im Vorgelände von mittelgroßen Städten des öftern anzutreffen ist. Die Tiere, die dies abnorme und doch hochwillkommene Quartier beherbergt hatte, waren sämtlich, wohl Hungers wegen, umgestanden, und wenn auch die Regenflut von zehn Tagen noch nicht genügt hatte, den warmsüßen Aasgeruch der gedunsenen Kadaver aus der Luft zu waschen, so schafften trotz Übermüdung, Ekels und manchen heftigen Erbrechens die gierig nach Geborgenheit strebenden Männer es doch, die Aase aus den Käfigen zu räumen und zu verscharren, die Böden, Wände und Stäbe der endlich gefundenen Behausung mit Sand, Gezweig und allerlei duftenden Kräutern, so gut es eben gehen mochte, zu reinigen, die Dächer, wo es not tat, zu flicken, den Estrich mit Kies zu bestreuen und solcherart noch vor dem Einbruch der Nacht ein Quartier zu gewinnen, darin sie, was damals niemand ahnte, vier Wochen Aufenthalt nehmen sollten und das dank der hervorragenden Beschaffungsgabe des Wirtschaftsoffiziers und des Hauptfeldwebels schon nach wenigen Tagen dermaßen gemütlich eingerichtet worden war, daß man in seinem wohlschirmenden Bann über die schrecklichen Regentage nur noch lachte und, durch den Umstand begünstigt, daß außer Wachestehen und den unerläßlichen Lagerarbeiten kein Dienst zu tun war, in das Gespräch, wenn auch zunächst nicht über eine Aufführung, so doch über die Inhaltsprobleme der Ödipusdichtung, da wieder eintrat, wo man es beim Niederdonnern des Unheils hatte verlassen müssen.

2

Die Idee zu jener Aufführung, die, wenn sie zustande gekommen wäre, sicherlich weit über die Grenze des Befehlsbereichs Griechenland hinaus ein beträchtliches, wenn auch keineswegs einhellig auf Zustimmung drängendes Aufsehen erregt hätte, war dem Führer jener Nachrichteneinheit, einem Hauptmann der Reserve Dr. Johannes N., während eines dreiwöchigen Lehraufenthaltes an der Fronthochschule Ägäis gekommen, wohin er gemeinsam mit dem Obergefreiten S. und dem Gefreiten P. sowie drei anderen Mannschaftsdienstgraden, Hörern naturwissenschaftlich-technischer Disziplinen, abkommandiert worden war. Diese Fronthochschulen, anderwärts auch Korpsschulen genannt, wanderten, an keinen festen Standort gebunden und Dozenten und Hörer aus den nahe gelegenen Truppenteilen um einen kleinen Kern von Stammpersonal versammelnd, gleich Marketendereien des Geistes langsam durch die Etappen, um, wie ihr Athener Rektor, ein Oberstleutnant zur Wieden, in seiner Eröffnungsrede darlegte, den kriegsdienstleistenden Studenten und Professoren auch im Feindesland Gelegenheit zu geben, die altehrwürdige Luft einer Alma mater wieder, und sei es auch nur für ein paar Wochen, zu atmen, ihre geistigen Kräfte zu regen und übend zu stärken, ihre Kenntnisse anzureichern oder wenigstens vor dem Vergessen zu bewahren und sich also insgesamt auf die kommenden größeren Aufgaben nach dem Endsieg vorzubereiten und – immer noch nach den Darlegungen des Oberstleutnants – zugleich aller Welt aufs überzeugendste zu beweisen, daß die Musen in diesem Krieg nicht nur nicht schwiegen, sondern, nach einem Wort des hochverehrten Reichsministers Dr. Joseph Goebbels, stärker und flammender sängen als jemals zuvor. Auf eine solche Fronthochschule, die FHS Ägäis, die den Südbalkan, Kreta und die Inselwelt der Sporaden und Kykladen betreute und sich zu jener Zeit in Athen niedergelassen hatte, war also auch Hauptmann N., im Zivilstand Professor der klassischen Gräzistik, zu einem Vorlesungszyklus über die attische Tragödie befohlen oder besser: berufen worden, denn wenn die vorübergehende Lösung der Lehrer und Hörer aus dem Truppenteil und ihre

Überführung an die Fronthochschule auch in Form einer Kommandierung geschah, so vollzog sich doch der Umgang auf der Hochschule selbst ganz in den ehrwürdigalten Riten des Akademiebetriebs, und dies, wie Seine Magnifizenz zur Wieden in Ihrer Eröffnungsadresse ausführten, sogar bis dahin, daß der gegenseitigen Anrede nicht mehr der militärische, an Spiegel, Schulterklappen und Armzeichen der Uniform ja unmißverständlich ablesbare Dienstgrad, sondern einzig die Rangstellung auf der Universität zugrunde gelegt werde, so daß etwa ein Oberleutnant und ein simpler Schütze, wenn beide eine Hörbank teilten, einander als Herr Kommilitone anzureden hätten, während gar, was immerhin denkbar, wenn der Schütze Professor und der Oberleutnant nur Student sei, dieser dann jenem den gebührenden Titel des Professors nicht vorenthalten dürfe, während jener hingegen diesen einfach als »Herr Student« oder »Herr Müller« oder »Herr Maier« anzureden das Recht habe – all dies, wie der Redner ausführte, wohlüberliefertes und lang erprobtes akademisches Brauchtum und zugleich im Feld und Feindesland ein Beweis fugenlos dicht geschmiedeter Volksgemeinschaft und deutschen, also wahren Sozialismus, die beide, Volksgemeinschaft wie wahrer Sozialismus, unter den Völkern Europas ihresgleichen nicht fänden und worum die Völker Europas Deutschland beneideten. Soweit Seine Magnifizenz Professor Dr. Dr. h. c. zur Wieden, und derlei Einzelheiten mögen heute unerheblich scheinen, allein ohne sie wäre das, was nun erzählt werden soll, ungeschehen geblieben, denn gerade jene zivil-saloppen Umgangsformen hatten dem Gefreiten P., der es, obwohl von Haus aus Germanist, gleich seinem Freund, dem Studenten der Geschichtswissenschaften S., für selbstverständliche Anstandspflicht gehalten hatte, die Vorlesungen seines Hauptmanns zu belegen, am Lehrgangsende den Mut gegeben, sich diesem hohen Vorgesetzten ungerufen zu nahen, ihn anzureden und ihm zu guter Letzt gar unaufgefordert einen Vorschlag zu unterbreiten, nämlich eine der behandelten Tragödien mit verteilten Rollen vor den im Dienst gebliebenen Kommilitonen zu lesen und ihnen dergestalt eine kleine Entschädigung dafür zu bieten, daß sie den zur FHS beurlaubten glücklicheren Kameraden mit neidvoller Sehnsucht hatten nachschauen müssen. Solch ein Gedanke konnte nur in der zeit- und dienstentrückten und wie von Ätherdunst durchwehten Atmosphäre einer Fronthochschule entstehen, und ihrem tagträumerischen Klima allein war es auch zuzuschreiben, daß Professor Dr. N. diese Anregung nicht nur freudig aufnahm, sondern sie noch dahin erweiterte, eine richtige Aufführung vor großem, auch ausgewähltem griechischem Publikum vorzubereiten und so aller Welt vor Augen zu führen, wie hoch man selbst in diesen schicksalsträchtigen Tagen die Kultur des Hellasvolkes zu schätzen wisse und mit welcher Inbrunst das nationalsozialistische Deutschland um die Seele dieses edlen, leider zu einem nicht unerheblichen Teil verderbten und verhetzten Volkes zu ringen entschlossen sei! Kalos k' agathos! Des Professors graue, von dichten schlohweißen Brauen überbuschte Augen strahlten, als er, bei einer Tasse Kaffee in der marmorverkleideten Mensa sitzend, solcherart schwärmte; er nickte seinem jungen Hörer, den er auch als Soldaten und charakterfesten Menschen schätzte, väterlich zu und wiederholte, die Anregung sei glänzend, doch wenn, so fuhr er fort, Freund P. ein Drama heroischen Waffenganges, nämlich die »Perser« des Aischylos, zu inszenieren vorgeschlagen habe, so rate er, Professor N., statt dessen die Schicksalstragödie katexochen, das hochberühmte Sophokleische Stück von Schuld, Verstrickung und Sühne des Königs Ödipus, in Szene zu setzen, denn abgesehen davon, daß es unklug wäre, öffentlich einen Päan auf Griechenlands klassische Waffensiege – und davon handelten doch die »Perser« – anzustimmen, wäre es geradezu verblendet töricht, den glücklichen Umstand nicht zu nutzen, daß ihre Einheit vor jenen historischen Mauern lagere, die einst auf den Schauplatz dieser atemberaubenden Dramenhandlung, des ersten Kriminalstücks der Weltliteratur, wenn man so wolle, niedergesehen: den Mauern und Toren Thebens, des uralten Sitzes der Kadmos-Söhne, der Polis des Königs Ödipus! Das ließ sich nun aber wirklich hören; begeisterte Zustimmung blieb, wie billig, nicht aus, und hatte man sich solcherart auf das Stück geeinigt, war auch über die Rollenverteilung schnell eine erste Vorstellung gewonnen worden. Der Professor selbst wollte den Part des Teiresias, des blinden, vielwissenden, doch mit Vorbedacht schweigenden Sehers, übernehmen; seine beiden Hörer begehrten die Rollen des Ödipus und der Jokaste, ein verständliches Verlangen, das zu erfüllen sich aber als schwierig erwies. Wenn der einundzwanzigjährige, blonde, hochgewachsene, in seiner kraftvollen Geschmeidigkeit dem Speerträger des Polyklet wohl zu vergleichende P. hervorragend geeignet erschien, sowohl dem Ödipus, den man sich als noch recht jungen Mann zu denken hatte, als auch der zwar um vieles älteren, doch immer noch betörenden Jokaste Gestalt zu verleihen, so war die Frauenrolle dem schwarzen, spitznäsig magren, in seinem gesamten Äußern mausartig wirkenden S. ebensowenig gegeben wie eine Verkörperung des waffengeübten Heldenkönigs. Indes war das Verlangen auch des körperlich benachteiligten Obergefreiten, der sich als der weitaus Begabteste des Seminars bewährt hatte, durchaus gebührlich; die Besetzung der Hauptgestalten blieb also unentschieden; Klarheit hingegen herrschte von Anfang an über die Zuweisung der Rolle des Kreon an den Hauptfeldwebel der Einheit, einen langgedienten Unteroffizier namens Herbert Megerlein, der mit seiner robusten Statur und harthallenden Stimme genau den Vorstellungen entsprach, die man sich von dem thebanischen Tatmenschen und nachmaligen Tyrannen machen mochte. Die übrigen Personen, den Boten, den Hirten, den Chorführer und die Wächter, wollte man am Standort mit geeigneten Mannschaften besetzen, und schließlich wurde bei diesem planenden Plaudern Übereinkunft erzielt, die Hälfte des Chors aus verbündeten Griechen zu rekrutieren, ungeachtet des Umstandes, daß diese, der deutschen Sprache nur wenig mächtig, den Text nicht mitsprechen, sondern nur leise in den raunenden Rhythmen der Anapäste und Daktylen würden mitsummen können, ein Übel, dem man jedoch dadurch zu steuern gedachte, daß man die griechischen Chorsprecher in eine zweite Reihe hinter den deutschen aufzustellen erwog ... Doch nicht nur solche Detailfragen schienen nun, im neuen Quartier, endgültig erledigt: die Griechen waren ja in Theben zurückgeblieben, und an eine Aufführung während des Rückzuges auch nur zu denken wäre lachhaft gewesen, doch die Probleme der Ödipusdichtung hatten die beiden jungen Männer dermaßen fasziniert, daß sie sich selbst an den Tagen härtester Arbeit, die dem Ausbau des Quartiers gewidmet waren, zu Gesprächen über das Schicksal des mythischen Helden, der, einem Totschlag nachspürend, sich selber nicht nur als der gesuchte Mörder, sondern obendrein noch als Mörder seines Vaters und Schänder seiner Mutter erkennen und also bestrafen muß, zusammenfanden, und wenn sich ihr Mentor zu diesen Disputen nicht einstellte, dann einzig und allein deshalb, weil er sich längst vom Professor wieder zum Hauptmann zurückverwandelt hatte, zum treusorgenden Vater seiner Truppe, der unter der Last schier unlösbarer Versorgungs- und Führungsaufgaben, doch nicht nur darunter, beinah zusammenbrach.

3

Unsere beiden Freunde – denn als unsere Freunde dürfen wir die zwei jungen Denker-Soldaten wohl schon betrachten –, unsere beiden Freunde also pflegten diese Gespräche in einer kleinen, durch teppichbunt prangendes Weinlaub verhangenen Grotte einer Felswand zu führen, die den Nordteil des Parkwäldchens mit den Quartieren wie eine Festungsmauer umschloß. Sie hätten wohl lieber im Gehen miteinander gesprochen, in jenem bedächtigen, eigenbrötlerischen, auf keinen Gleichschritt und kein Marschtempo achtenden Hinschlendern, das beiden, Soldaten aus Pflichtgefühl und Zwang, aber nicht aus Leidenschaft, im Stiefelknall und Hackenschlag des Dienstbetriebs eine Art Oase des Zivilistentums und des freien akademischen Geistes bedeutete, allein der Regen prasselte noch immer so gnadenlos vom Himmel, daß an ein gemütliches Flanieren nicht zu denken war. In der Unterkunft mochten sie auch nicht bleiben, denn wenn auch die Kameraden, an die absonderlichen Gespräche der beiden Geistkämpfer längst gewöhnt, sie unbehelligt disputieren ließen, so mußten sie doch gewärtig sein, jeden Augenblick zu einer Dienstleistung, zum Wasserholen, Kartoffelschälen, Holzhacken oder dergleichen, herangezogen zu werden, und außerdem war es in der Unterkunft doch recht beengt, wenngleich man nicht mehr, wie in den ersten Nächten, wo sich ihrer hundert unter ein Dutzend schützender Dächer gedrängt hatten, in zwei Partien und Leib an Leib zur gleichen Seite geschichtet, schlafen mußte. Planen waren beschafft und Zelte errichtet worden, und wenn in den Mannschaftszelten jetzt auch nur dreißig und in den großen Käfigen neun bis sieben und in den kleinen zwei oder auch nur ein Mann untergebracht worden waren, so blieb, zumal der Regen unablässig drosch, der Raum doch derart kerkerkarg bemessen, daß die beiden jede Gelegenheit nutzten, ihm zu entfliehen, ohne indes umhinzukönnen, sich vor dem Betreten der Grotte noch einmal umzuwenden und mit immer neuem Staunen das verblüffende Bild zu betrachten, das sich da ihren Augen bot. Auf dem sattgrünen, ledergläanzenden, nach dem ausdorrenden Sommer mit beinah verzehrendem Ungestüm schwellenden Laub der Lorbeer- und Oleandergebüsche breitete sich, eine Vision von Bosch oder Breughel, das exakte, von den glänzend polierten Käfigstäben und Maschendrahtschlingen der Volieren so gut wie unverhüllte Innen eines adretten Soldatenquartiers aus: dreistöckige Pritschengestelle, Tisch, Hocker, Gewehrständer, Spinde, einfach gebaut, doch peinlich sauber gescheuert und, wenn auch nicht lackspiegelblank, so doch hellgelb schimmernd; die Strohsäcke zu gleicher Höhe geklopft und geschüttelt, die Decken in scharfe Kanten gelegt, die Fußböden mit weißem Sand bestreut wie Bauernstuben zu Pfingsten, in den Feldwebelgehegen gar Läufer und Wandbehang! Links dieses unverhüllten Interieurs standen, eine flatternde Pyramidenallee, die Doppelreihen der grün und grau und braun gesprenkelten Zelte; rechts, unter einem weitgespannten Freidach, ließen sich Werkstatt und Feldküche sehen, und in den niedrigen triefenden Himmel ragte der Mast mit der hängenden Fahne des Reiches, die manchmal, wenn Sturm in sie fuhr, mit gewaltig knatterndem Schlag wie ein Kondorflügel sich in die Lüfte ausbreitete und so den roten Grund mit seinem schwarzen Zeichen über Oliven und Pritschen hob. Dies war ein erstaunliches Bild, und beinah unglaubhaft, wenn man bedenkt, daß noch vor wenigen Tagen sich hier nichts als ein verkommenes, mit Aasen verdrecktes Käfiggelände befunden hatte, ein Luderplatz, den die Soldaten nicht nur – was allein schon eine Leistung gewesen wäre – zu irgendeinem Notquartier umgestaltet, nein, aus dem sie ein Stück Kultur gezaubert hatten, ein trotz seiner Enge behagliches Heim inmitten der öden thessalischen Landschaft, und wenn man es als befremdend empfinden mag, daß eines der wesentlichen Elemente der Wohnlichkeit fehlte: die Umfriedung des Raums, die trennend-schützenden Wände, die das intime Innen dem Blick Vorübergehender entziehen und so eine Wohnung erst eigentlich schaffen, so muß dem entgegengehalten werden, daß Soldaten ja daran gewöhnt sind, keine private Sphäre zu haben und in Unterkünften zu kampieren, die insofern uneingefriedet sind, als jederzeit, bei Nacht wie bei Tag, die Tür ohne Klopfzeichen mit einem Ruck sich öffnen und ein Stubenfremder (wenn auch natürlich kein Unbefugter) eindringen kann, ja daß man sie sogar dazu erzogen hat, ihre Notdurft auf einer Örtlichkeit ohne Vorderwände zu verrichten, so daß – eine peinliche Notwendigkeit, die aber der Dienst nun einmal mit sich bringt – die Hockenden jederzeit überschaubar und zählbar sind. So wurde denn das Fehlen fester Wände durchaus nicht als störend empfunden, und außerdem, und das ist wohl das wichtigste, hatten diese Soldaten ja auch nicht das mindeste zu verbergen; nichts Unrechtes geschah, man lag auf der Pritsche oder saß am Tisch oder aß oder trank oder rauchte oder spielte Skat oder Schach oder stopfte seinen Rock und seine Socken oder las in der Frontzeitung, die, nebst Briefpapier, Marketenderwaren, Toilettenartikeln und ähnlichem kleinem Komfort, der unermüdliche, durch aber hundert Beziehungen zu übergeordneten Stellen und so auch zu denen in der nächstgelegenen Stadt schier wundermächtig wirkende Wirtschaftsoffizier herangeschafft hatte. Kurzum, es war eine friedlich-bukolische, märchenhafte, an Grimm und Andersen oder besser noch an Tausendundeine Nacht erinnernde und darum, trotz der Regengüsse, auch zahlreiche staunende Zaungäste aus der Umgebung anlockende Idylle, die sich da ungeniert präsentierte, und auch das Tun der beiden Freunde in ihrer weinlaubverhangenen Felsennische hatte nichts an sich, was das Licht der Öffentlichkeit zu scheun gehabt hätte, und war, wenn man's recht bedenkt, in seiner Art nicht minder märchenhaft als der Anblick der Käfigquartiere: zwei junge Waffenträger diskutierten im schönen Mühn des Geistes und in lebhafter, zu immer geheimnisvolleren Tiefen drängender Wechselrede den Sophokleischen Ödipus.

4

Daß sich unsere beiden Soldaten so leidenschaftlich in jene ferne, kaum zu begreifende Zeit zurückversetzten, da man eine Pest noch aus dem Zorn der Götter und nicht aus Rattenbiß und Bazillengift erklärte, war, abgesehen von der Sprachgewalt und Gedankentiefe des Schicksalsdramas, die ihre Zauber und Schauder noch immer auf jeden jungen Menschen ausgeübt haben, vor allem dem Vortragsstil des Professors zu danken, einem glücklichen Gegenteil abstrakt-gelehrten Dozierens und einschläfernden Anhäufens trockner Kathederweisheit, die ihren Witz lediglich an lexikalisch-grammatischen Flohknackereien oder prosodischem Tüfteln entzünden kann. »Personen und Dinge anschaulich machen, als ob sie gegenwärtig seien«, war die Maxime seiner Vortragsweise, und es war des Professors feste Überzeugung, daß der Zugang selbst zu den schwierigsten geistigen Problemen am mühelosesten noch allemal durch das Tor sinnlicher Erkenntnis erfolge, durch Anschauung, körperhafte Vorstellung, das augenfällige Bild. Nicht irgendein Ödipus und irgendeine Jokaste als abgezogene Kategorien von Moral und Philosophie, als Schemen, von denen wir nicht wissen und von denen es auch gleichgültig wäre zu wissen, ob sie jemals auf dieser Erde weilten, und auch nicht Ödipus und Jokaste als ein Königspaar aus dem Märchen, von dem wir nur wissen, daß es einmal war, sollten den Hörern ins Bewußtsein gehoben werden, nein, vor ihren Augen sollten die beiden Gestalten leibhaftig als Kinder ihrer Zeit erscheinen, um mit selbsteigener Person das Publikum der Nachfahren in den Problemkreis von Schuld und Sühne, Fatum und Freiheit, Menschenohnmacht und Götterwirken einzuführen, der dieses Hohe Paar umschloß. Ein anschauliches Bild, das war für den Professor der Ausgangspunkt aller abstrakten Betrachtung, und so hatte er denn zu Beginn der Ödipus-Lektion seine Zuhörer gebeten, aus dem Fenster zur ewigen Burg hinaufzuschauen und dort, auf den Stufen, am Fuß der bernsteinblaß schimmernden Säulen, sich Jokaste, nein, eine Frau zu denken, eine Frau von etwa vierunddreißig Jahren, groß, hochgewachsen, stattlich, ohne üppig zu sein, Gebärerin von fünf Kindern, doch immer noch unverbraucht, von bittersten Leiden versehrt und dennoch und trotz mancher scharfen Falte im herben Gesicht mit jener Eleganz, ja Grazie begnadet, die gerade den Thebanerinnen nachgerühmt wurde; das volle blonde Haar mit purpurgefärbten Seidenfäden über dem Wirbel und nicht, wie in anderen hellenischen Städten üblich, im Nacken zum Lampadion zusammengebunden, dem, wie der Name besage, Fackelchen, das im Sonnenlicht die Stirn, die man sich im übrigen grade und frei, aber nicht allzu hoch vorstellen dürfe, wie eine rötlich gleißende Flammenzunge überlohte, natürliche Krönung einer edlen Gestalt, die von den strengen, im Gleichmaß fallenden Falten des Chitons umschlossen wurde, jenes mit dem Wort »Hemd« oder »Kleid« oder »Mantel« durchaus unrichtig bezeichneten Grundgewandes der hellenischen Frauen und Männer, eines breiten, nur durch eine goldene Spange an der rechten Schulter zusammengehaltenen, engmaschigen Woll- oder Leinentuches, das, zum Unterschied etwa zu den roten Geweben, wie sie die Frauen von Tanagra so liebten, oder gar zu den aufdringlich wirkenden buntgemusterten Stoffen kleinasiatischen Geschmacks, in Theben nur weiß, reinweiß und ohne jede Bestickung und Durchwirkung sein durfte, um so die Leuchtkraft des Fackelchens aufs sinnbetörendste und dennoch würdigste zu steigern, ein Effekt, der dadurch vollendet wurde, daß die Ledersandalen, die man bis zur halben Wadenhöhe schnürte, mit kräftigem, ja beinah grellem Krapp prunkten, während die Griechin andernorts den gelben Schuh über mattrotem Sohlenleder trug. So konkret, so leibhaftig also bat er seine Zuhörer sich die königliche Gestalt vorzustellen, mit der, wenn sie auch nicht am Anfang der Bühnenhandlung stehe, eine Erörterung der Ödipus-Tragödie füglich beginnen müsse, da ihrem Schoß jenes Knäblein entstammte, das die eigenen, von Apollos Orakel, ihr Kind werde seinen Vater töten und die eigene Mutter ehelich umarmen, erschütterten Eltern drei Tage nach seiner Geburt mit durchbohrten Knöcheln in die pfadlose Wildnis der Berge auszusetzen befohlen hatten; sie, Jokaste, Tochter des Menöpeus aus dem Stamm der Spartoi und Weib des Laios, Königs von Theben, die Leidüberschüttete, deren königlicher Gemahl an einem Dreiweg im Kithairos den Schwerttod findet, just da Thebens Volk von der mordgeilen Sphinx, der aus dem heißen Äthiopien ins Land gedrungnen Schwester des Höllenhundes und des leberabweidenden Geiers, der sichelkralligen Löwin mit dem Jungferngesicht, gepeinigt und ausgeblutet wird, bis jener herrliche fremde Jüngling aus dem fernen isthmischen Korinth erscheint, der das Untier vom Fels stürzt und als Erlöser Thebens auf den verwaisten Thron der Stadt und das Lager der Königin gehoben wird, worauf eine hadesfüllende Pest übers Land fährt, die alt und jung mit flammenden Pfeilen versehrt, den Schoß der Frauen austrocknet, die Herden würgt und noch den Keim im Boden verdirbt und der es, so kündet Apollo, so lange zu dauern bestimmt sei, bis endlich der Königsmord an Laios gesühnt und gerochen und der Täter des Landes verwiesen sei –: mit welcher Kunde die Tragödie denn auch anhebt. Solcherart also, eine Gestalt aus Fleisch und Blut, führte er dem atemlos lauschenden Auditorium die Sagenheldin über das Ohr vor die Augen, und es war den Soldaten, als stehe die Leidbeladne wirklich auf den Stufen der Burg am Fuße der bernsteinblaß schimmernden Säulen und blicke mit ihren trauergeweiteten Mandelaugen ihnen prüfend ins Angesicht. Es zeugte von der souveränen Meisterschaft des Professors, seinen Zuhörern alle Details, die für diese schwierige Imagination erforderlich waren, zu geben, ohne sie im Übermaß der Einzelheiten, die er mühelos hätte mitteilen können, zu ersticken. Freilich gelüstete es ihn manchmal ein wenig danach. Welchen Exkurs hätte er allein über die Spange auf der rechten Schulter Jokastes halten können, jene mondsichelschmale goldene Spange, mit der Ödipus, von der Wahrheit seines verfluchten Geschicks geblendet, seine Augen zu wüstem Gallert zerfleischte und die in ihrer Gestalt einer spiralförmig gerollten Schlange nichts anderes war als das zum Zierat verkümmerte, doch einst von Opferblut umrauchte Abbild der heiligen Schlange, der Muttergottheit, des chthonischen Idols jener dunklen, sumpfhaft gärenden und brodelnden Urtage des Matriarchats, der Hoch-Zeit Astartes, Hekates und Gäas, da alles Weibliche nichts als ein einziger Schoß war, der verschlang und gebar wie die unergründliche, aus Schlamm und Feuer entstandene, Schlamm und Feuer in sich bergende heilige Erde, die ihr Blühen und Grünen und Schwellen ewig aus sich heraustreibt und wieder in sich zurücknimmt und der die Schlange entschlüpft ist, der Drache, der Basilisk, das Krokodil und die Sphinx; Ur-Pfuhl, Ur-Mutter, Ur-Schoß, an dem alles Männliche, fernes wie nahes, und also auch Väter, Brüder und Söhne, unentschieden, gesichtslos, nur strotzendes Zeugungsglied, vorübertrieben, Spender eines Samenstromes von Millionen, aus denen nur einer, ein anonymer und gänzlich unbestimmbarer erwählt sein würde, die Frucht zu wecken, die reift und sich rundet und schließlich in die

Welt stößt als Sproß des Mutterleibes, der ihn geschaffen, getragen und geboren und dem er drum zugehört wie der Apfel dem Baum, der ihn aus seinen Säften hervorgetrieben, und nicht den namenlosen Insekten, die einst den Blütenkelch bestäubend umschwirrten und längst im Nichts des Vergessens und der Wesenlosigkeit versunken sind wie alle Männerwesen vor der Gebärerin, so daß kein Sohn und keine Tochter auf einen von ihnen hätte weisen können und sagen: Seht, dieser ist mein Vater, und ich bin Fleisch von seinem Fleisch und Blut von seinem Blut! Von dieser Muttergottheit und ihrer Ära, der Frühzeit aller Kulturen also, kündete, so wußte der Professor, das Schlangenabbild, das, seiner sakralen Bedeutung verlustig, in der Chitonspirale weitergetragen wurde, ja das noch, so glaubte der Professor zu wissen, selbst in der abstrakten Spirale jener Eisenklammer aufzufinden war, mit der man in Thebens Königspalast die Knöchel eines neugeborenen Knäbleins durchstoßen hatte, um es ins Hochgebirge zu schleifen – eine unbegreifliche, da völlig unsinnige Grausamkeit, die aus der Logik des Erzählstoffes einfach nicht erklärt werden konnte und die offensichtlich nur dazu bestimmt war, den Namen Oidipos, Schwellfuß, zu motivieren, in dem sich ein zweites Ur-Relikt aus jener Sumpfzeit, und diesmal das männliche Zeugungssymbol des Hufes, des Stier- und Bocksfußes, des ständig beischlafbereit sich erhebenden Phallus, verbarg. Dieses tellurische Symbol männlicher Kraft und Mächtigkeit mußte, auf den Menschen übertragen, sich über das Bocksbein des Satyrn zum angeschwollenen Fuß umbilden, einer mirakulösen Extremität, die heute noch im wundersamen, beim Gehen hochgeschnallten Schnellfuß des unbesiegbaren Läufers in den Märchen, im Siebenmeilenstiefel, im Nikolasschuh oder, umfunktioniert und im wahrsten Sinne des Wortes verteufelt, im Klumpfuß Junker Urians – und der Professor mußte da unwillkürlich an einen gewissen Reichsminister denken – überliefert ist. Des Knäbleins Knöchel hatten, wenn auch nur in der Sage, also bluten müssen, damit auch das chthonische Mannessymbol bezeuge, welcher Zeiten Kind der Schwellfuß war: Sproß der verruchten, verworfenen, unfaßbar, zum Greuel und Scheuel gewordenen Ära des Weibsregiments und der zuchtlos verbuhlten Muttergötter, der Gäa, Hekate und Astarte, die vom Thron zu stoßen und an ihrer Statt die höhere, die männlich-kriegerische Epoche des Patriarchats einzusetzen eine neue, von Apollo, dem blauhaarigen Jüngling, geführte Götterkohorte auf den Plan getreten war – eine historische Ablösung, die von den meisten Autoritäten und so auch von Professor N. psychologischen Motiven des zur Mannbarkeit gereiften sittlichen Empfindens der achäischen Stämme, vor allem der Dorer, zugeschrieben wurde. Soviel hätte der Professor einzig zur Spirale auf Jokastes Gewand seinen staunenden Hörern berichten können und hätte damit doch nur den ersten Schritt in ein Labyrinth der schwierigsten Fragen getan, und da er in den achtmal drei Stunden, die ihm zur Verfügung standen, auch nur deren wichtigste nicht hätte erörtern können, unterließ er, ein Feind aller Halbheiten, jegliche Erwähnung. Er hatte sich nicht zum Ziel gesetzt, vor seinem Auditorium mit einem Wissensüberfluß zu glänzen; er sah es vielmehr als seine oberste Aufgabe an, den jungen Menschen, die durch die Umstände der harten Zeit, aber, so dachte der Professor grimmig, auch dank einer unverantwortlichen Bildungs- oder besser wohl Unbildungspolitik kaum noch Fetzen von dem ewigen Besitz der großen Weltdichtung ihr eigen nannten, zumindest den Handlungsabriß und die Problemstellung der meisterlichen attischen Tragödien zu vermitteln, um daran anknüpfend mit ihnen wenigstens einen philosophischen Gang zu wagen, die Untersuchung nämlich, warum man am Tragischen, also an der Vernichtung menschlichen Lebens, ästhetisches Wohlgefallen und somit Freude empfinden könne. Mit diesem Problem hatten, wie man weiß, Deutschlands bedeutendste Dichter und Denker gerungen, und der Professor gedachte es an den Ideen Friedrich Nietzsches abzuhandeln – freilich nicht an denen Nietzsches allein. Denn wenn Professor N. es auch noch vor einem Jahr – was denn, noch vor drei Monaten – empört abgelehnt hätte, seine geistige Arbeit mit jener Pseudolösung aller Probleme der Menschheitsentwicklung zu verbinden, die der weltanschauliche Präzeptor des Reiches und Volkes, der Philosophenführer Alfred Rosenberg, gefunden und in seinem Standardwerk vom »Mythos des 20. Jahrhunderts« mitgeteilt hatte, mit jener ärgerlichen Afterlehre, laut der jede Geschichts- und Kulturerscheinung, und so auch die Ablösung des Matriarchats durch das Vaterrecht, gleichbleibend öd und blöd aus dem Kampf zweier entgegengesetzter Menschentypen, dem der lichten, allerschaffenden, hochrassigen arischen Nordmenschen und dem der höllenentstammten, zersetzungsträchtigen, spukhaft triebverseuchten Dunkelseelen semitisch-mongolisch-negroiden Bluterbes, abgeleitet werden mußte – wenn also der Professor solcherlei Talmiweisheit bislang mit schweigender Verachtung aus dem Wege gegangen war, so hatte er in seinen Athener Lektionen die Arbeit Rosenbergs nicht nur nicht unerwähnt gelassen, sondern sie als gültige Grunderkenntnis und als grandiose, nur mit dem Werk Platos, Kants und Fichtes vergleichbare geistige Leistung nachdrücklich gerühmt. Es war das erste Mal, daß er solches getan, und es war ihm, dies Rühmen, so schwer und widerwillig und also phrasenhaft, stockend und leiernd und von häufigen, manchmal peinlichen Versprechern (so einmal Rosenzwerg statt Rosenberg) begleitet über die Lippen gekommen, daß er oft in Sorge geschwebt hatte, seine so mühsam artikulierten und doch so abgenutzten Worte möchten verraten, daß da einer nicht glaube, was er sage, und Professor N. fürchtete nichts mehr als dies. Er stand nämlich, wenn auch nur ganz am Rande, ja wenn auch vielleicht nur mit geistiger Anteilnahme, in den Reihen der so verheißungsvoll begonnenen und dann so kläglich gescheiterten Verschwörerbewegung gegen die Führungsclique des Reiches, jene blutsäuferische Rotte pöbelhafter Condottieri, die der Professor, als Sproß einer altliberalen Gelehrtenfamilie, seit je mißbilligt und dann von Herzen gehaßt und verabscheut hatte, als ihm angesichts eines zufällig miterlebten Judenmassakers in Polen die letzten Zweifel an der unsäglichen, den Namen Deutschlands vor aller Welt schändenden Bestialität dieser mikrozephalen Henker und Schlächter geschwunden waren, eines Packs, das, auch militärisch völlig unfähig, Volk und Reich in die Katastrophe der totalen Vernichtung zu steuern drohte. So hatte sich denn der Professor mit den Zielen der Verschworenen von Herzen einverstanden erklärt, und wenn er sich nach dem Scheitern des Anschlags auch nichts anderes vorzuwerfen hatte, als Teilnehmer einiger lästernder, doch immer höchst vorsichtig formulierter und von allen praktischen Schlußfolgerungen weit entfernter Gespräche mit Gleichgesinnten gewesen zu sein, so hatte er doch während der Untersuchungen und Verhöre, die dem mißlungenen Attentat allerorts folgten, in ständiger Sorge um seine Person gelebt und alles zu tun versucht, sich als einen gläubigen und unbeirrbaren Gefolgsmann des Regimes herauszustreichen, zu welchem Charakterbild dann freilich auch das frenetische Rühmen und ausführliche Zitieren des Obersten Philosophen gehörte, ein rhetorisches Unterfangen, das, obwohl's dem Professor schwer von der Zunge gegangen, von seinen Hörern als Quintessenz seiner Vorlesungen begriffen worden war und also noch immer durch jene Gespräche geisterte, die unsere beiden jungen Männer über den Sophokleischen Ödipus führten, indes draußen der Regen mit langsam abnehmender Wucht auf das Lorbeerlaub schlug.

5

Der Angelpunkt des Gesprächs war die Frage der Schuld. War Ödipus schuld an seiner Tat, die er doch nicht mit Wissen und wider sein opfervolles bisheriges Handeln und Wollen vollbracht hatte, und wenn er, woran es keinen Zweifel gab, unschuldig war, weshalb bestrafte er sich dann selbst? Mit diesem quälenden Problem war das Gespräch begonnen worden, und sooft unsere beiden Grübler den Abgrund dieser Frage auch ausgelotet hatten, waren sie doch bislang außerstande gewesen, auf Grund zu stoßen, und auch des Professors Erklärung von der reinigenden, ja der erlösenden Wirkung des tragischen Prinzips hatte sie nie recht zu überzeugen vermocht. Daß man die miterlebte Katastrophe einer Bühnengestalt als Lust am Untergang eines Individuums empfinden könne, als Freude an dessen Hinübergehen in die höhere Gemeinschaft einer mythischen Ganzheit, der es, das Individuum, das Vereinzeltgewordene, einmal entstammte und zu der wieder zurückzufinden sein unbewußtes heiliges Sehnen war – diese Darstellung kam dem in Philosophemen ungeübten P. zu ausgeklügelt vor, und S., der sie prinzipiell zu akzeptieren bereit war, wandte in diesem Falle ein, daß sich solcherart bestenfalls die Befriedigung der Zuschauer, aber durchaus nicht die der handelnden Personen selbst erkläre. Es sei ja nicht eine Bühne, sondern der Königspalast zu Theben gewesen, wo sich der Fall Ödipus ursprünglich zugetragen, hatte S. bemerkt: die Gestalten des Mythos seien ja, wie alle Sagengestalten, einmal höchst reale Menschen von Fleisch und Blut und Atemhauch gewesen, und wenn man auch vielleicht nie werde ermitteln können, ob Ödipus, Jokaste, Laios und Teiresias leibhaftig über Thebens Marmormarkt gewandelt und also mehr als nur Figuren einer reichquellenden Phantasie gewesen seien, bekomme man doch die Geschichte als Geschichte von Erdenkindern erzählt, woraus zu folgern sei, daß man die Probleme ihrer Schuld- und Schicksalsverstrickung auch als Existenzprobleme von Menschen behandeln müsse und sie nicht durch ästhetische Kategorien aus der Welt irdischen Treibens in die der abgezogenen philosophischen Spekulationen überführen könne. Das stimme, hatte der Gefreite P. zugestanden und begierig das Wort Kategorie, das ihm noch unbekannt war, in Besitz genommen: Die Kategorien müßten zurücktreten, meinte er, das menschliche Problem sei das Entscheidende!

Und bei Herkules, das war es auch!

Da wird, so hatte es P. sich rekapitulierend immer wieder dargestellt, da wird also einem edlen, untadeligen Jüngling durch Delphis Götterorakel verkündet, er werde den eigenen Vater töten und der eigenen Mutter ehelich beiwohnen, und der junge Mann läuft nun eben dadurch, daß er diesem Verhängnis mit aller Macht zu entrinnen versucht, in die geradezu teufelslistig aufgebaute Falle: er verläßt das Haus zu Korinth, in dem er aufgewachsen, das aber, was er nicht weiß, nie sein Vaterhaus war, und beschließt seine Flucht in einem Haus im fernen Theben, das er für fremd halten muß, das aber just nichts anderes ist als das Haus seines ermordeten Vaters Laios und seiner Mutter Jokaste, solcherart seinen Fluch besiegelnd, dem zu entrinnen er gerade alles Menschenmögliche getan und dessen Vollzug er in eigner Fahndung Schritt um Schritt enthüllt, um schließlich sich selbst als Vatermörder und Mutterschänder zu erkennen und sich ob solcher Greuel mit eigener Hand die Augen auszuhauen und als der ärgste Frevler aus der Stadt zu stoßen – warum? Gegen welches Gesetz hatte er sich wissentlich vergangen? Was hatte er getan, um solcherart schuldig zu werden, und schuldig mußte er sich wohl fühlen, da er ja bitterste Sühne tat? Oder gab es eine Sühne ohne Schuld? Oder waren die Menschen nur Spielzeug in der Hand der Götter, die nach Belieben mit ihnen walteten und sie von

Zeit zu Zeit ihre rasende, selbstherrliche, launentolle Allmacht fühlen ließen? Aber wie konnte man sie dann in Herzensinnigkeit verehren, wie Ödipus es doch tat; wie konnte man dann, anstatt in ohnmächtigem Grauen vor ihrem Wüten zu erschauern, sie mit aufgeworfenen Armen anbeten wie die fromm-ehrwürdigen Greise des Chores? Oder war es einfach schon Schuld, ein Mensch, und das hieß eben ein Nicht-Gott, zu sein? Gab es eine Urschuld aller Irdischen, die immer wieder gerade an deren Besten und Fähigsten gerächt werden mußte? Aber warum löschten die Götter dann solch ein verdammtes Geschlecht nicht einfach durch ein Runzeln ihrer Braue aus und schufen ein neues, ihnen gemäßeres? Oder erwarteten sie etwas von diesem Stamm der Sterblichen, wollten sie ihn hochzüchten, steigern, vervollkommnen, zum Übermenschen mutieren – aber warum gaben sie ihm dann nicht heimlich hilfreiche Zeichen, welche Richtung einzuschlagen den Göttern gefällig und welche ihnen ein Abscheu war, weshalb merzten sie dann statt der Schlechtesten, statt unwerten Lebens, gerade die Besten und Nobelsten aus? Was war des Königs Ödipus Schuld? Es war unergründlich. Eine böse Tat war es nicht; er hatte einen edlen Akt an den andern gereiht, er hatte auf den Thron verzichtet, er war aus dem heimatlichen Korinth in die wolfsdurchstreiften Berge geflohen, er hatte das Land von der Sphinx befreit, diesem rätselsingenden Schrecken des Mondes und der Menschen; er war dem Volk Thebens allezeit ein treusorgender gerechter Herrscher gewesen, er wurde trotz seiner Jugend wie ein Vater verehrt, und keine Missetat befleckte den Schild seiner Ehre. Oder war die Schuld jene Tötung am Dreierweg, hatte er dort, wenn auch nicht willentlich einen Vatermord, so doch einen Mord begangen? Aber das war Notwehr gewesen, nichts anderes als Notwehr; die Gegner waren zu sechst gewesen, ein Wagenlenker und fünf Bewaffnete, und einer der Waffenträger hatte den arglosen

Wanderer vom Weg gestoßen und ihn mit schmähenden Worten verhöhnt, und die Hand des Wagenlenkers war zum Schwert gefahren – da hatte Ödipus sich seines Lebens erwehren müssen, und daß er die Übermacht nicht geflohen, sondern beherzt und löwenkühn angegangen und überwunden, war eine vor allem Volk zu preisende Tat. Oder hatte er sich gegen ein Gesetz vergangen, als er die Sphinx vom Felsen stieß? Aber dies Ungeheuer war ein Greuel gewesen, das zu vernichten den Göttern gefällig war, und außerdem hatte er nichts anderes getan als ihr unlösbares Rätsel erraten, worauf sie sich selbst in den Abgrund stürzte! Was aber sonst war seine Schuld? Eine Unterlassung? Alles Notwendige war doch getan worden! Oder hatte er sich schuldig gemacht, als er versuchte, seinem Verhängnis zu entrinnen? Hätte er in Korinth bleiben sollen, in Demut oder besser: in Feigheit abwartend, was ihm geschah? Aber solche Unmännlichkeit konnte Apollo doch nicht wollen, und das Schicksal des Schwellfußes hätte sich außerdem auch nicht geändert, wenn er geblieben, er war ja von den Göttern zu seinen Verbrechen vorbestimmt. Oder war es etwa ungebührlich, eine bedeutend ältere Frau zu ehelichen und mit ihr Kinder zu erzeugen? Aber solcherlei Verbindungen waren auch anderwärts nachgewiesen und niemals Anlaß eines göttlichen Strafgerichts gewesen, und wenn man den Altersunterschied, den zwischen einer vierunddreißigjährigen Frau und einem achtzehnjährigen Jüngling, schon in Betracht zog, war es dann nicht im Gegenteil ein Verdienst des jungen Mannes, sich ehelich an die soviel Ältere zu binden, um dem Fluch der Schändung seiner Mutter, die er ja fern hinter den Schründen des Kithairos wähnte, zu entgehen? War es nicht, genau besehen, ein Opfer, das er da brachte? Es war ein Opfer, von Schuld konnte keine Rede sein, immer eingedenk, daß unter Schuld ein wissentliches Verletzen bestehender Gesetze verstanden werde, und anders ist der Begriff der Schuld ja auch nicht faßbar. Also schuldlos? Kein anderes Urteil war möglich. Aber warum denn die Strafe und, was so vollkommen unverständlich war, ihr gnadenlos verschärfter Selbstvollzug? Nicht einmal Apollo hatte die Blendung verlangt; seinem Willen wäre Genüge getan gewesen, wenn Ödipus Theben sehenden Auges verlassen hätte! Weshalb zog er, auf die Schulter seiner ältesten Tochter gestützt, als heimatloser Bettler über die kiesligen Straßen Attikas hin, warum denn eilte er nicht nach Korinth zurück, auf dessen Thron zu regieren er eben durch einen Kurier so dringlich gerufen worden war? Daß Jokaste im Selbstekel sich henkte, war verständlich, und verständlich wäre es auch gewesen, wenn ihr Sohn-Gemahl sich im ersten schaudernden Begreifen das Schwert in die Brust gestoßen hätte, doch er entleibte sich ja nicht, er verurteilte sich geradezu zum Weiterleben im Elend – warum? Es blieb unergründlich; doch gerade dies unerklärlich Rätselhafte, sich allem Begreifen so hartnäkkig Verweigernde reizte unsere beiden Weisheitsbeflissenen, und so hatten sie, schon auf dem Weg zu ihrer Höhle, das Gespräch begonnen, mit dem Vorsatz, den Schuldbegriff einmal von der anderen Seite, von der Frage, ob zum Entstehen von Schuld notwendigerweise ein Gesetz vorhanden sein müsse, anzugehen; und sie hatten gerade den triefenden Weinblättervorhang ihrer Höhle zur Seite gedrückt, als das heftige und unablässige Gellen einer Eisenschiene, das Zeichen für Alarm, der Ruf zu den Waffen, ihr kaum begonnenes Gespräch jäh wieder abbrach und sie, zwar fluchend ob der Störung, doch im gebotenen Laufschritt, zu ihrem Quartier, dem großen Käfig, zurückeilen ließ.

II. Das Gespräch

1

»Die Gesetze«, sagte S., indes er, im Käfig, zum vierten Mal seinen widerspenstigen Mantel in die vorgeschriebene, in ihrer Länge und Breite genau dem gehöhlten Tornisterrand entsprechende Rollenform zu zwingen versuchte, »kann es ein Schuldig-Werden geben ohne die Existenz eines entsprechenden Gesetzes?« Er stopfte, da er dies sagte, ein herausragendes Kragenstück in die Mantelrolle und schaute verärgert auf den Wulst, der sich nun im glatten Stoff gebildet hatte; zugleich wiederholte er, leise und wie im Selbstgespräch, seine Frage: »Schuldig-Werden ohne Gesetz – könnte das sein?«, und er fragte ein drittes Mal: »Gesetz und Schuld – kann man das trennen?«

P. zuckte die Schultern. »Ich glaub es nicht«, sagte er, ohne lang nachzudenken.

S. hatte sich über den Mantel gekniet und versuchte, den Wulst durch Drücken und Pressen auszugleichen, doch verformte er, was er gar nicht zu merken schien, mit diesen Manipulationen die Rolle nur noch ärger, plötzlich aber hielt er, als hätte ihm eine unhörbare Stimme einen Befehl gegeben, in seinem Mühen inne, setzte sich, immer noch gebeugten Knies, aufs Mantelende und redete, nun aus seinem Selbstgespräch tretend und so in sein Problem vertieft, als wäre niemals Alarm geschlagen worden, den Gefreiten, der neben ihm den Tornister schnürte, an.

»Wir urteilen vorschnell, weil wir unter Gesetzen stillschweigend immer nur unsere eigenen Gesetze verstehen und dann sofort mit dem Spruch zur Hand sind: sine lege nullam poenam! Aber lassen wir einmal verschiedene Gesetzessysteme aufeinanderprallen! Da werde zum Beispiel ein Weißer zu einem Negerstamm verschlagen, der – na, sagen wir, die Beutelratte als Gott anbetet und der dazu die Tötung eines solchen Viehs für den allerschlimmsten Frevel hält. Unser Weißer hat von diesem Tabu keine Ahnung; er sieht die Ratte durchs Steppengras laufen, greift sich seine Flinte, drückt ab – und hat die fluchwürdigste Untat begangen, die sich bei jenen Eingeborenen nur denken läßt: die Tötung eines lebendigen Gottes! Ist er nun schuldig? Nein? Im Sinne des Stammes doch zweifellos!«

P. lachte hellauf und zurrte einen Riemen fest und rollte das überstehende Ende zu einer Spirale ein. »Die Beutelratte als Gott – du liebe Güte«, sagte er, noch immer lachend, doch schließlich stimmte er, an die heiligen Kühe der Inder oder die unverletzlichen Totemtiere mancher Indianerstämme erinnert, den Folgerungen seines Freundes zu. »Im Sinne des Stammes mag dies schon richtig sein«, räumte er ein, »aber –«

»Aber vor seinem Gewissen ist er nicht schuldig«, so fiel ihm S. ins Wort, »und das ist der springende Punkt!« Er rutschte, ohne daran zu denken, daß er die so mühsam gebildete Mantelrolle immer mehr aus der Form brachte, in eine bequemere Stellung, leckte sich die Lippen und führte, mit stoßartigen Bewegungen der rechten, zur baggerartigen Hohlkugel gespreizten Hand, die wichtigsten Worte seiner Überlegungen so markierend, als wollte er Quader um Quader zu einem Bauwerk des Geistes schichten, sein Paradigma fort.

»Stellen wir's uns anschaulich vor«, sagte er. »Der Weiße« (Handbewegung) »hat die Ratte getötet« (Handbewegung), »die Wilden« (Handbewegung) »fallen über ihn her« (Handbewegung), »fesseln ihn« (Handbewegung), »schleppen ihn zum Marterpfahl« (Handbewegung) »und bedeuten dem Gefangenen« (Handbewegung), »er habe einen entsetzlichen Frevel begangen« (Handbewegung, den ganzen Gedankenturm abwärts umfahrend, dann Öffnen des bisher gebeugten Armes und der Hand, als würde auf den Bauplatz eines neu zu schaffenden Ideengebildes hingewiesen) – »was würde der Weiße tun?«

»Sich wehren, solange es geht, um Hilfe rufen, zu entkommen versuchen«, erwiderte P.

»Er ist ja schon wehrlos«, sagte S., »da würde er doch – wir müssen bei diesem Gedankenexperiment natürlich voraussetzen, daß der Weiße sich mit dem Wilden verständigen kann –, da würde er doch vor allem fragen, was er denn so entsetzlich Böses getan habe, daß man ihn an den Marterpfahl binde; die Schwarzen würden ihm mit allen Zeichen des Schauderns und Entsetzens bedeuten, er habe eine Beutelratte getötet – da würde der Weiße doch sicher trotz seiner Fesseln schallend lachen und sagen: ›Na und?‹«

»Klar würde er das«, sagte der Gefreite P., und er sagte, noch einmal belustigt den Kopf schüttelnd: »Heilige Beutelratte, bitte für uns!«

»Oh, es ist das Totemtier, da lassen die Anbeter nicht mit sich spaßen«, sagte S., der einmal einen Vorlesungszyklus über Religion und Recht bei den Primitiven gehört hatte, »und sobald unser Weißer begreifen würde, daß es ihm wegen des Schusses ernstlich an die Kehle gehe, würde ihn wahrscheinlich ein ganzes Meer von Gefühlen durchtosen: Haß würde ihn ankommen, Abscheu, Verachtung, brüllende Wut, meinethalben auch Angst und Grauen, Entsetzen, Schrecken und Zähneklappern; er würde von den widerstreitendsten Gefühlen hin und her gerissen werden und würde Empfindungen spüren wie im Leben noch nie vordem – auf keinen Fall aber würde er mit plötzlichem Schauder erkennen, etwas Gräßliches begangen zu haben, und verlangen, man möge ihm die Fesseln abnehmen, damit er sich selbst bestrafen könne, und zwar auf eine noch qualvollere Weise, als ihm eigentlich zugedacht war! Alles Mögliche wäre möglich, Angst wäre möglich, Heldenmut, verzweifelte Rettungspläne, List, Beschwörungen, ja sogar Bitten um Gnade, nur dies eine nicht, und nicht einmal beim würdelosesten Feigling: Schuldbewußtsein! Und warum? Weil er als Weißer eben anderen inneren Werten unterworfen ist als der Wilde, der im Tier seinen Gott verehrt, weil er selbst eine Tierseele besitzt, und dem darum die Tötung einer Ratte als Verbrechen erscheint, während er gar nichts daran findet, Menschenfleisch herunterzuschlingen, was wieder dem weißen Mann ein Greuel ist.«

P. nickte lebhaft. »So ist es«, sagte er.

»Und warum ist es so?« fuhr S. fort. »Weil es so ist. Hier gibt es keine Erklärungen mehr, hier stehen wir vor dem Gesetz der Natur. Die Menschheit ist eben in Rassen aufgespalten, die durch unübersteigbare Barrieren voneinander getrennt sind; jede Rasse hat eigene Gesetze, die ihren seelischen Werten entsprechen, und diese wieder sind unveränderbar. Der Deutsche war auch vor hunderttausend Jahren derselbe edle, hochherzige, tapfre und schöpferische Kulturbringer wie heute, und der Wilde wird auch in hunderttausend Jahren dasselbe Vieh wie heute sein. Verschiedene Rassenseelen – verschiedene innere Werte – verschiedene Gesetze – das ist der Ausgangspunkt!«

S. nahm die Zigarette, die er während seiner Rede zwischen den Lippen gehalten hatte, aus dem Mund, klopfte achtlos die Asche auf den Mantel, der seine Walzenform zusehends verlor, und erquickte sich nach dem langen Sprechen mit einem tiefen Zug. Er war mit seiner Deduktion zufrieden; er freute sich, seinen geistigen Exkurs in Gedanken wiederholend, der exakten Logik seiner Folgerungen, wobei für ihn die Richtigkeit aller Voraussetzungen so unerschütterlich feststand, daß er jeden Zweifel daran als feindlichen Akt empfunden hätte. Im Grund waren es Monologe, die er da unablässig pflog, und wenn er sie auch mit P. führte und der Kamerad ihm dabei unentbehrlich war, dann nicht deshalb, weil er nach einem echten und also unerbittlichen, den Partner durch Widerspruch, Einwurf und Angriff zur äußersten geistigen Anstrengung zwingenden Gegner verlangte, sondern um ein bequemes Publikum zu haben, das ihm geistig gerade so weit unterlegen war, daß es immer zu folgen, ihm aber nie einen Witz vorwegzunehmen vermochte und ihn darum mit bewunderndem Staunen immer aufs neue bestätigte. Am Tisch knallten indes die Karten; alle Soldaten außer S. hatten ihre Tornister gepackt und vor ihre Pritschen gestellt und drängten sich nun zum Skatspiel, und auch P. hatte die letzten noch offenen Riemen gebunden und eingerollt und saß nun auf dem gepackten Tornister und schnalzte mit den Fingern und sprudelte voll Eifer, so wie ein Schuljunge, der sich schon eine Weile ungeduldig gemeldet hat und endlich vom Lehrer aufgerufen worden ist: »Mensch, Siegfried, ich glaube, das ist der Schlüssel! Ja, natürlich, jetzt haben wir ihn! Die Gesetze sind Ausdruck innerer Werte, und diese wieder entspringen der Rassenseele, das ist unbestreitbar. Der Wilde betet das Tier an und frißt Menschenfleisch, weil sich seine Blutmischung nicht über die Grenzen des Tierhaften, des Untermenschlichen eben, erheben kann. Also –«

»Was?« fragte S. mit lauernder Aufmerksamkeit.

»Schneider und Schwarz, Jungs, der Bart ist ab!« scholl es triumphierend vom Skattisch.

P. erhob bedauernd die Hände und ließ sie wieder auf die Knie sinken.

»Ich habe den Faden verloren«, gestand er seufzend, indes S. zufrieden schmunzelte. »Ich hatte schon geglaubt, ich hab's, aber dann ist's doch wieder nichts gewesen – schade!« Er stand auf, bückte sich nach dem Tornister, verharrte ein Weilchen in dieser Haltung, als erwarte er, daß, wenn er nur geduldig genug auf ihn lauere, der enteilte Gedanke doch noch zurückkäme; endlich schüttelte er abermals bedauernd den Kopf, packte den Tornister und schob ihn ans Fußende seiner Pritsche. Dann kehrte er zu dem Obergefreiten zurück, der sich eine neue Zigarette angesteckt hatte und schon ungeduldig auf seinen Freund wartete.

»Wir haben also verschiedene Rassenseelen und damit auch verschiedene Begriffe davon, was böse und gut ist«, dozierte S., kaum daß der Gefreite wieder neben ihm hockte. »Was folgt daraus? Daraus folgt, daß der Weiße sich einem Gesetz der Wilden gegenüber niemals schuldig fühlen kann, da er, der Weiße, auf jeden Fall das höhere Wertgesetz besitzt!« Ein echter Widerpart hätte nun zumindest eingewandt, daß sein Gegner das »andere Wertgesetz«, von dem er soeben gesprochen, unterderhand in ein »höheres« umgewandelt hatte, und er hätte spätestens hier die Frage gestellt, wer denn, wenn man die Möglichkeit solcher unbewiesenen und allen geschichtlichen Erfahrungen hohnsprechenden unveränderbaren Blutsgesetze schon einmal theoretisch annehmen wolle, was eigentlich unerlaubt sei und hier nur geduldet werde, um den Gegner ad absurdum zu führen, wer denn also den Rangmaßstab des Höher und Nieder eigentlich feststelle und mit welchem Recht er solches tue, doch S. merkte seinen unerlaubten Gedankensprung ebensowenig, wie er die Selbstzerstörung seiner Mantelrolle wahrgenommen hatte. »Der Weiße kann also nicht schuldig werden«, sagte er, und wieder ohne zu merken – und auch P. merkte es nicht –, daß er ein »Sich-schuldig-Fühlen« in ein »Schuldig-Werden« hinübergespielt hatte, »aber wie ist es umgekehrt? Der Wilde frißt Menschenfleisch, das entspricht seinen Gesetzen. Nun kommt der weiße Mann und kultiviert das Land. Er verbietet den Genuß von Menschenfleisch, weil das ein Greuel ist, und er hat auch die Macht, sein Verbot durchzusetzen. Dem Wilden ist dies Verbot so unverständlich, wie es dem Weißen das Verbot der Rattenvertilgung war, dennoch muß er sich fügen – aber er fügt sich nur der Gewalt, nicht der Einsicht in die höheren Seelenwerte, denn er wird der Ratte immer verwandter als dem Menschen sein. Man kann ihn zivilisieren, gewiß, man kann ja auch Tiger und Löwen und andere Bestien zähmen, und was ist dies schwarze und braune und gelbe Gesindel schon anders als zweibeiniges Getier, aber man kann seine Blutsäuferinstinkte nicht umpolen; man kann ihm deutlich machen, daß er furchtbar bestraft werden würde, wenn er in die Menschenfresserei zurückfiele, und das könnte ihn auch abschrecken, einen Weißen in die Pfanne zu hauen, aber er würde, wenn er es ungestraft könnte, sich jederzeit wieder über ein Missionarskotelett hermachen, und wenn er Professor an der Sorbonne wäre. Das aber bedeutet andrerseits, daß der Wilde, der um eine tote Ratte jammerte, sich niemals nach einer Mahlzeit die Augen ausstechen oder, was hier treffender wäre, sich selbst die Zähne aus dem Maul schlagen würde, wenn man ihm sagte: ›Höre – das, was du da eben aßest, war Menschenfleisch!‹«

»Also wäre er ebensowenig schuldig wie der Weiße, der die Ratte erlegt hat?« sagte P. verwundert.

»Eben nicht!« rief S. mit halb nachsichtigem, halb triumphierendem Lächeln, »eben nicht!« Er streifte die Zigarettenglut sorgfältig an einem Käfigstab ab und steckte die Kippe in den Tabaksbeutel, weidete sich einen Augenblick an P.s Verblüffung, rieb dann, listig aus seinen Mausäuglein auf den Gefreiten blickend, den Zeigefinger an seiner spitzen Nase und fuhr, seine Handzeichen setzend, mit schon penetranter Bedächtigkeit fort: »Der Schwarze *ist* schuldig, mein Lieber, denn es ist ja dank dem weißen Mann ein höheres Wertgesetz da, und dem ist auch, da der weiße Mann in sein Land kam, der Kannibale unterworfen, ob ihm das nun paßt oder nicht. Das höhere Wertgesetz herrscht, wie immer in der Geschichte, über die Niederen nur mit nackter Gewalt, es schreckt den Mohren ab, seinen wüsten Gelüsten zu frönen, ebenso wie es heute im deutschen Europa den Juden abschreckt, zu schänden und zu wuchern, oder den Bolschewisten, alle Zivilisation in Brand zu stecken, wiewohl dies doch des Juden oder des Bolschewisten Natur ist.

Wer Rassenschande oder Zersetzung oder Kannibalismus betreibt, ist schuldig, auch wenn er sich nicht schuldig fühlt. Übertritt der weiße Mann aber ein Negergesetz, ist er nie schuldig, auch wenn er nach Ansicht der Eingeborenen den ärgsten Frevel verübt, denn er handelt ja aus seinen höheren Seelenwerten heraus! Darum hat er auch das legitime Recht, ja die sittliche Pflicht, jede andere Untermenschengesinnung aufzuheben, und sei es bis dahin, daß er ihre Träger, wenn sie sich nicht fügen, mit Stumpf und Stiel vernichtet und vom Erdboden tilgt – genau wie die Ratten, denen sie ja zugehören und die immer schon die streunenden Verbreiter jeder Pest gewesen sind!«

P., glücklich darüber, von seiner eigenen Folgerung, die ihm schon beim Formulieren unheimlich erschienen war, mit derart überzeugenden Argumenten abgebracht worden zu sein, nickte lebhaft; die Logik leuchtete ihm ein und sagte ihm überdies auch zu. »Und wie ist das bei Ödipus?« fragte er hoffnungsfroh.

»Hosen runter, Jungs!« rief eine wohlgelaunte Stimme.

»Genau umgekehrt«, sagte S. ohne eine Spur von Resignation, »er ist objektiv unschuldig, aber subjektiv fühlt er sich schuldig. Genau umgekehrt!«

»Nun verstehe ich überhaupt nichts mehr!« stöhnte P., der die Lösung schon so nahe vor Augen gesehen hatte wie einst Odysseus, ehe ihn die Windsbraut wieder aufs offene Meer hinaustrieb, die Wachtfeuer Ithakas. Am Tisch war ein Streit über den eben gespielten Null ouvert entbrannt; Fäuste knallten statt der Karten, ein Stuhl wurde umgestoßen. Draußen eilten, Säcke über den Köpfen, ein paar Bauern vorüber; einer führte zwei Kinder an der Hand, und er wies auf das Quartier, und Bauern und Kinder blickten verstohlen auf die Streitenden, dann verschwanden sie hinter der Regenwand. P. drückte, noch immer grübelnd, den Daumennagel der Rechten tief in die Stirnhaut und ließ den Finger dann langsam kreisen, als kurble er eine kostbare Mechanik an; S. aber sah, aus dem abstrakten Reich der Prämissen und Konklusionen in die rauhe Wirklichkeit zurückgekehrt, entsetzt auf die zerknautschte Mantelrolle und rief »O Gott!« und kehrte die Asche von dem Mantel, breitete ihn auf dem Estrich aus und begann ihn zum fünften Mal und mit solch fahrigem Ungeschick einzurollen, daß P. sich erbarmte und seinem Freund zu Hilfe eilte.

»Du stellst dich aber auch an«, sagte der Gefreite, »siehst du denn nicht, wie die Falten laufen? Wenn's noch die Gasplane wäre – aber so ein simpler Mantel – du heilige Beutelratte!« Er strich den Stoff sorgfältig glatt, legte die offenen Rückennähte genau aneinander, drehte den Mantel herum, schob die Schulterteile behutsam zum Kragen, so daß die Ärmel mit den Seitenkanten abschlossen, maß mit einer Schnur die Tornisterrandlänge, schlug das Mantelende nach oben um, so daß die Länge des also verkürzten Mantels genau dem an der Schnur markierten Umfang der Tornisterumrandung entsprach, stülpte das Kragenstück vorsichtig so lange in die Höhlung über dem Revers, bis der Stoff ein exaktes Rechteck bildete, faßte dann den Mantel mit beiden Händen an den vor ihm liegenden Ecken, rollte ihn mit schneller und sichrer Bewegung und wohl darauf achtend, daß er am Unter- wie am Oberrand gleichmäßig zog und zugleich den Stoff fest niederdrückte, zusammen, hob die Rolle hoch wie ein Tierwärter eine Anakonda, legte sie in die gehöhlte Tornisterumrandung, zog die Riemen dergestalt an, daß ihre Schnalldorne auf dem Marsch nach dem Rücken ihres Trägers zeigen mußten, und drehte die überhängenden Riemenenden zu Spiralen zusammen. Dann stellte er den also fertiggepackten Tornister, an dessen Zustandekommen er mehr als mit dem Rollen des Mantels beteiligt gewesen war, neben den seinen und sagte: »Nebbich!«

»Dank dir, Horst, Guter!« sagte S., »das lerne ich nie!« Dies war dann Dankes genug, und schon führte er, denn das Fazit mußte noch gezogen werden, gegen die Stäbe gelehnt und sich aus den Kippenresten eine neue Zigarette drehend, seine Überlegungen dem Ende zu. »Also«, so sagte er, und er sagte es, etwas schneller sprechend, mit der heimlichen Genugtuung jedes Schöpfers, der sich anschickt, sein Werk zu vollenden, »fassen wir also zusammen, mein Bester! Wir haben drei Fälle konstatiert. Der Höherrassige kann vor dem Niedern weder schuldig werden noch sich schuldig fühlen; er könnte höchstens bedauern, rückständige Empfindungen verletzt zu haben. Der Niederrassige vor dem Höhern hingegen kann schuldig werden und wird es in der Regel auch, jedoch ohne sich schuldig zu fühlen. Ödipus aber fühlt sich schuldig, ohne es geworden zu sein. Was folgt daraus? Daraus folgt, daß es sich im Fall Ö. nicht um den Zusammenstoß zweier Rassenseelen handeln kann. Wir müssen das Problem also andersrum untersuchen!«

»Aber wie?« fragte P. ratlos, »wir haben doch alle Möglichkeiten wahrhaftig ausgeschöpft!«

»Ja, das haben wir«, erwiderte S., und dann wurden seine schmalen Nüstern weit; er schnobberte und leckte sich die Lippe statt des Zigarettenpapierblättchens in der Wickelmaschine, und wieder begann er leise, ein Lüftchen von Lauten, sein Selbstgespräch. »Alle Möglichkeiten erschöpft – ja, ja, das stimmt, das stimmt genau, die Möglichkeiten sind wir eine nach der andern durchgegangen, nur die Wirklichkeit noch nicht! Was aber ist die Wirklichkeit? Das lebendige Leben. Laßt uns den Fall Ö. einmal in die Gegenwart stellen und zusehen, wie er sich darin ausnimmt. Womit hebt die Handlung auf der Bühne an? Mit der Feststellung, daß die Pest über dem Land ist: Menschen werden dahingerafft wie die Fliegen, Kinder und Greise sterben, die Frucht verfault, das Vieh krepiert, Mütter trauern, Klagechöre schallen zum Himmel, das Land stöhnt unter Plagen ohnegleichen – gibt es heute dazu eine Parallele?«

In diesem Augenblick ertönte ein schriller Pfiff; ein Unteroffizier stand auf dem Appellplatz und rief: »Raustreten zum Munitionsempfang!«

2

P. hatte, als sie, von der Waffenkammer zurückgekehrt, nun tändelnd die beiden Eierhandgranaten wogen, die jedem Mann samt dreißig Schuß Leuchtspurmunition zugeteilt worden waren, sich voll unverzagten Eifers auf die neue, das fast erschöpfte Gespräch doch noch einmal stimulierende Frage geworfen, und in der Tat machte ein Situationsvergleich über die Jahrtausende hinweg geradezu verblüffende Analogien sichtbar: die vielen Unheilsjahre der menschenvertilgenden Pest dort und die vielen Unheilsjahre des menschenvertilgenden Krieges hier; da wie dort Schrecken und Greuel, da wie dort Jammerchöre und Züge Schutzflehender, da wie dort brennende Sehnsucht nach dem Ende der unerträglichen Plagen und da wie dort, so war es P. in einer jäh geschenkten Erkenntnis bewußt geworden, ein unerkannter oder besser unentlarvter Ursacher aller Leiden und Übel, der von seinem Thron gestoßen und dessen Macht gebrochen werden mußte, damit das Unheil endlich gebannt sei, und wer, so hatte P. ungestüm gefragt und, seinem geistigen Mentor auch darin folgend, die Frage sofort und monologhaft selbst beantwortet: wer anders könnte dieser wie eine Made im fauligen Apfel verborgene Schuldige denn sein als der leibhaftige Erbfeind, der ewige Widersacher, der schweifende Ahasver, der menschgewordene Satanas, der viel zu lang geduldete und in seiner höllenbösen Verderblichkeit noch längst nicht genügend durchschaute Todfeind der Völker, der mit seinem Raffen und Hetzen und Wühlen Übel auf die Menschheit gehäuft hatte und auf dessen Kerbholz nebst feilem Betrügen seit je alle erdenklichen Krisen, Geist- und Blutverseuchungen, Inflationen, Anarchien, Bruderkämpfe, Revolutionen, Bolschewismen und tausend andere Plagen und nun auch dieser aufgezwungene Krieg zu schreiben war, und der wie ein Füllen hitzig dahinstürmende junge Gefreite sah sich zum zweiten Mal und nun dermaßen nah vor seinem Ziele, daß er alle bisher schon gewonnenen Denkresultate völlig aus den Augen verlor und darum den ruhigen Einwand seines Freundes, er, P., wolle doch nicht im Ernst behaupten, der Weltfeind teile die edlen Züge des Thebaners und sei gleich diesem unwissend an der eigenen Blutschuld, zunächst nur spürte wie ein Dahinrasender den Stein, der ihn schon hatte straucheln lassen, um dann im nächsten Augenblick begriffen zu haben, daß er hoffnungslos zu Fall gebracht war, und halb betäubt nur noch zu stammeln, er müsse sich einfach verrannt haben, denn natürlich sei so ein Jude oder Bolschewist nicht mit dem edlen Ödipus gleichzusetzen, worauf etwas Unerwartetes geschah. Der Stabsgefreite A., ein langgedienter, massiger, durch Meiden aller körperlichen Übungen – ein Vorrecht, das ihm seine Vorgesetzten stillschweigend zubilligten – schwammig gedunsener Mann, der offensichtlich viel getrunken und vorher schon den Streit wegen des Null ouvert vom Zaun gebrochen hatte, wandte sich zu den Disputanten, deren einer, ein mickriges Männlein, in der Pose eines Siegers dastand, während der andere, ein Hüne, wie zu Boden geschmettert schien, stierte sie an, sprach dann, mit schwerer Zunge mühsam die Herausforderung formulierend: »Warum denn nicht, du Affe?« und stieß im selben Augenblick, als habe er schon eine verletzende Antwort auf seinen Einwurf erhalten, den Hocker wütend und so jäh, daß der Kies spritzte, nach hinten, klatschte sich, aufspringend, mit der flachen Hand mehrmals gegen die Stirn und schrie, das sei ja alles Blödsinn; dann torkelte er zu S. hinüber, pflanzte sich vor ihm auf und lallte, den letzten noch wachen Rest seines Denkvermögens in den einen Satz konzentrierend, die Juden stammten, das wisse er, zwar alle vom Teufel, aber der anständigste Mensch, den er je kennengelernt habe, sei doch ein Jude gewesen, daran halte er nun einmal ehern fest!

P. lachte belustigt, denn der betrunkene Stabsgefreite verlor, kaum daß er diesen Satz hervorgebracht hatte, das Gleichgewicht und konnte sich an den Käfigstäben, die aufklirrten, gerade noch fangen; S. indes hatte indigniert aufgeschaut und verharrte noch immer in dieser Pose. Im ersten Augenblick war er einfach fassungslos gewesen, von einem angetrunkenen Banausen in seinem geistigen Ritual gestört worden zu sein, und seine unwillige Ratlosigkeit hatte der eines Schachspielers geglichen, dessen letzter Zug etwa – ein Vorgang von so stuprierender Wirkung, daß man, da er sich vollzieht, noch nicht einmal ein Wort des Protestes dawider finden könnte – von einem herumlungernden Kiebitz zurückgenommen und durch eine andere Figurenbewegung ersetzt worden wäre; Dann, nach diesem Augenblick vollkommener, alles Denken und Urteilen schockartig lähmender Verblüffung, hatte der Obergefreite einen Herzschlag lang zwischen der Möglichkeit des Verärgerten, seinem Unmut deutlich Ausdruck zu geben und dem Störenfried zu bedeuten, bei seinen Karten und bei seinem Weinfaß zu bleiben, statt sich in Dinge zu mischen, die er nicht verstehe, oder aber der Möglichkeit des Klügeren, den so schwer Angetrunkenen nicht noch mehr zu reizen, sondern ihn mit einem jovialen Lachen und einer vagen, Ja und Nein zugleich andeutenden Kopfbewegung abzufertigen und danach das Gespräch fortzusetzen, als sei weiter nichts geschehen, geschwankt, und er hatte gerade zu begreifen begonnen, daß keine der beiden Reaktionen den Händelsucher, der es offensichtlich auf eine handfeste Prügelei angelegt hatte, würde beschwichtigen können, und da er nach einer anderen zu suchen sich gerade anschicken wollte, ging ihm erst und derart, als habe er sie just eben vernommen, der Sinn der Worte auf, die der Stabsgefreite da auftrumpfend von sich gegeben hatte, und diese Erkenntnis löste abermals einen Schock aus, denn was der Stabsgefreite da geredet hatte, war eine unglaubliche Blasphemie! Ein kalter, haßnaher, schneidender Zorn fuhr dem Obergefreiten durchs Gemüt; er schüttelte sich und spürte ein Ekelgefühl; die lästernden Worte des Stabsgefreiten brannten ihm in Hirn und Herz zugleich. S. war, zum Unterschied von P., diesem Sohn eines mittleren Beamten, der in Schule und Elternhaus die Ansichten des Nationalsozialismus als unabdingbares Element des Lebensmilieus, in das er nun einmal hineingeboren worden war, problemlos und mit solcher Selbstverständlichkeit aufgenommen hatte, daß er mit gutmütiger Toleranz, ja neugierig lauschender Liberalität auch durchaus andere Anschauungen zu ertragen vermochte, ein unduldsamer, streitbarer Geist, und er tat sich auf beides gleichermaßen etwas zugute: aufs kämpferische Wesen und auf seine Geistigkeit. Auf letztere vielleicht noch mehr. Er nannte sich, wenn auch nicht einen Intellektuellen (denn dieses ein krittelnd-vernünftelndes Zersetzungsdenken bezeichnende und darum allgemein verpönte Wort war auch ihm suspekt), so doch gern – und dies gegen allen Spott seiner Kameraden – einen Denker, und er hatte in der Tat nicht nur allein aus dem Bedürfnis, sich entschieden über die insgeheim verachteten und nie anders als ameisenhaft grau und stumpf angesehenen Massen der Handarbeiter zu erheben, nach einer Laufbahn gestrebt, die diesen Abstand mit den Prädikaten »akademisch« und »gehoben« sowohl charakterisierte als auch aktenkundig machte; es war eine durchaus echte und bisweilen tief empfundene Freude am reinen Gedankenspiel, an logischen Manövern und philosophischen Strategemen, die ihn nach einem gewissen Maß an Geistigkeit verlangen ließ wie einen Fisch nach luftdurchperltem Wasser, und wenn er, der Plato,

Schopenhauer, Kant, Nietzsche und Jacob Böhme gelesen und zu einem guten Teil auch verstanden hatte, sich dennoch von faschistischer Weltanschauung abspeisen ließ, ohne zu merken, daß er in der Sudelküche tafelte, dann deshalb, weil ihm, wie vielen Tausenden seinesgleichen, dort, und nur dort, ein drogenhaftes Gewürz geboten wurde, das ihn wie ein Opiat einfach betäubte: die Erhebung der eigenen Person zum auserwählten Herrn der Menschheit und unverrückbaren Angelpunkt allen Weltgeschehens, und zwar nicht nur, wie dies jeder Nationalismus leistet, dergestalt, daß man das eigene Land und das eigene Volk und damit in gewissem Maße auch sich selbst über die Umwelt der anderen Völkerschaften als irgendwie leistungsfähiger und begabter, sei es kriegsmutiger, handelsgeübter, seeerfahrener, arbeitserprobter, fleißiger, weiser, poesievoller, musikalischer, empfindsamer, gemütsreicher oder auf welche Art auch immer, herausragen sieht und diese Sonderstellung durch historisch belegbare Tatsachen, die von der Zahl der geführten Kriege bis zur Innigkeit der abendlich unterm Lindenbaum gesungenen Lieder reichen mögen, zu beweisen sich müht, sondern daß man sich, nur sich, nichts als sich, diesen Leib, diesen Kopf, diese Schenkel und diese Arme, diese Augen, Ohren, Adern, Nerven, Hirnlappen, Muskeln, Stränge, Nieren, Lungen, Hoden und Därme, diese Haut und dieses Fleisch, als auserwählt und geheiligt und ewiglich zur Herrschaft gesetzt über alle anderen Menschenrassen und Völkerstämme anschaut, und dies einzig und allein kraft Salbung des Blutes, das diesen Leib, der man ist, durchströmt, so wie es den Leib aller Ahnen durchströmte bis hinab in das mythische Dunkel der Genesis, so daß man bereits durch den Spruch der Natur, durch kosmische Prästabilisation, durch das Schalten und Walten der Vorsehung von Anbeginn an zum Menschheitskaiser erhoben war: man, Siegfried S., sechsundzwanzig Jahre, Obergefreiter, mäßig begabter Student und Untertan jedes Feldwebels, Ortsgruppenleiters und Truppführers und dennoch als Weißhäutiger Herrscher über alles, das anderer Haut, und als Deutscher über alles, das anderer Sprache ist! Eine solche Bestätigung seiner selbst pflegt man, zumal als junger Mensch, als Offenbarung aufzunehmen und nicht auf die Stichhaltigkeit ihrer Beweise und Prämissen zu untersuchen, und dies wiederum zumal dann nicht, wenn einem, wie es in Rosenbergs Buch geschah, durch eine Fülle von Namen, Daten und Zitaten ein schier unermeßlicher Überfluß solcher Beweismöglichkeiten vorgegaukelt wird, und so hatte denn S. die nationalsozialistische Philosophie und den Mythos ihres Ersten Denkers nicht als irgendein geschlossenes Denksystem wie das Kants oder Schopenhauers oder Platos, das man sich erarbeitet und das man sich prüfend erschließt, sondern als etwas Höheres, als Summe und Essenz aller menschlichen, nein: arischen, nein: deutschen und damit aber in einem höheren Sinne wieder allmenschlichen Weisheit angenommen, der man sich unterwirft, als unabdingbaren Imperativ allen Tuns und Denkens, an dem um so weniger zu deuteln und zu rütteln war, als man – und das war das so überaus Bequeme dieser Sendungslehre – bei unerklärlichen oder deutlich das Gewissen belastenden Fällen sich auf eine unfehlbare oberste Instanz berufen konnte, nämlich auf das Ingenium des Führers, der vollkommensten Verkörperung der Rassenseele, der im Besitz der letzten historischen, ja selbst eschatologischen Erkenntnisse war und auf geheimen, den gewöhnlichen Sterblichen nicht erkennbaren Wegen mit der Vorsehung selbst, dem Nornen-Wesen, dem göttlichen Prinzip der Geschichte, den Ur-Müttern Fausti, Zwiesprache zu halten vermochte, und da diese mythische Essenz für S., den Pastorensohn, der mit Gesinnung und Überlieferung seines Elternhauses gebrochen hatte, ein Religionsersatz war, verteidigte er jede ihrer Thesen mit dem Fanatismus eines gläubigen Moslems, der in seinem Heilsbuch ja auch die Summe aller Menschenweisheit sieht. Hinzu kam, daß dieser Mythos sich nicht nur als Offenbarung, sondern auch als äußerst bequem handhabbare Philosophie gab, die, da sie die Welt in Schwarz und Weiß, Erlesene und Verworfene, Himmel- und Höllenentstammte teilte und nur unwandelbare, also allerorts und jederzeit gleichgeartete wie gleichermaßen reagierende Seelentypen als Geschichts- und Kulturbildner anerkannte, ihren Adepten erlaubte, sich mühelos und ohne genaue, ja selbst ohne die geringsten Sach- und Detailkenntnisse in jeder historischen Zeit und in jedem ethnographischen Raum zu bewegen und dort Vorgänge zu deuten oder illustrierende Beispiele und Parallelen zu aktuellen Geschehnissen nach Belieben herzustellen und solcherart historisch-logische Kettengebilde zusammenzuklittern, die, da sie durchaus eigenem Forschen und einem intensiven Sachwissen entsprungen erscheinen, jeden naiven Zuhörer verblüffen, während sie doch in Wirklichkeit nichts anderes sind als kaleidoskophafte Arrangements von bereits Gekanntem und falsch Gekanntem dazu, nämlich jener schwarz-weiß geteilten Welt, die Voraussetzung des Kalküls gewesen ist. Und schließlich war jene Lehre auch etwas fürs Gemüt: sie ging, wie man so sagt, einem ins Fleisch und Blut, oder besser: sie hob ins Hirn, was sich durch Jahrtausende in Fleisch und Blut und Gemüt eines jungen Spießbürgers angesammelt hatte: Dumpfes, Ungares und Unklares, Dünstendes und Gärendes, saurer Brodem, Herrschertrieb wie Kadavergehorsam, Rauflust, Opportunismus, Verantwortungsscheu und hektischer Geltungsdrang, ein Hang zum credo quia absurdum und plattester Gemeinsinn, Unterwürfigkeit und Selbstüberhebung, Dünkel, Kritiklosigkeit gegenüber der eigenen Person und dem eigenen Volk, monströse Großmannssucht und weinerliche Selbstbemitleidung, verquollene Begeisterungsfähigkeit, Magie des Aufgehens in stampfende Kohorten, Orgasmen bedingungsloser Hingabe an ungreifbare Gemeinschaftsabstrakta, Lust an nebelhaftem Gedankenschwulst und handfester Brutalität, und so juckte es denn dem Obergefreiten jäh unter den Fingern, mit der Faust das freche Schandmaul zu stopfen, und wenn er es in diesem Fall nicht tat, dann nur, weil der Stabsgefreite trotz seiner Massigkeit doch um einiges stärker war als er, ein Umstand, vor dessen Eingeständnis er sich jedoch durch die Überlegung, es sei unter seiner Würde, mit einem Betrunkenen die Grundsätze des Nationalsozialismus zu diskutieren oder sich gar deshalb mit ihm zu prügeln, herumdrückte, und also auf einem weiten Gedanken- und Gefühlsweg doch schließlich wieder bei der ursprünglichen Frage, was denn nun eigentlich zu tun sei, angelangt war, und da ihm nichts Besseres einfiel, zuckte er leichthin mit den Schultern und sagte: »Ja, ja«, was aber mehr nach einem »äh, äh« klang. Darauf geschah, was S. befürchtet hatte: Der Stabsgefreite, der in der Tat Händel suchte und weder auf die beschwichtigenden noch auf die ungeduldig-quengelnden Worte der Kameraden am Skattisch hörte, schrie, von einem Rülpsen unterbrochen, sein Betriebsleiter, der alte Sammy Finckelstein, sei ein solch anständiger Jude gewesen, ein hochanständiger, spendabler und generöser Chef und zehnmal sozialer und arbeiterfreundlicher als der arische Treuhänder, der ihn dann abgelöst habe und der ein Schwein gewesen sei, ein antreiberisches, geiziges, halsabschneiderisches, hochnäsiges, arschgesichtiges Schwein von Ausbeuter, jawohl, ein Musterbeispiel raffenden Kapitals, auch wenn er den Ariernachweis bis ins siebzigste Glied erbracht hätte, und er schrie dies und schnaufte und rülpste und röhrte und hatte sich am Käfigstab hochgezogen und breitbeinig vor dem Obergefreiten aufgepflanzt und hauchte ihm, der sich, obwohl kochend, zur Ruhe zwang, seinen weinsauren Atem unter die spitze Nase und setzte ein drittes Mal zum Ruhm seines Chefs an, und da nun auch einer der Spieler, der Obergefreite B., sich, ob der lästigen Spielpause erzürnt, bemüßigt fühlte, ebenfalls über S. herzufallen und in scharfem und höhnendem Ton ein paar abfällige Bemerkungen über die Intelligenzbestien zu machen, die sich da hochnäsig von den ehrlichen Kameraden absonderten und mit ihrem Ödipusgequatsche, welches Scheißwort er schon nicht mehr hören könne, jede ehrliche Haut zur Verzweiflung trieben – da dies also geschah, geriet auch P. in Harnisch, und eine jener peinlich-pöbelnden Zänkereien, die einem erzwungenen engen und lang währenden Zusammenleben von Menschen verschiedener Interessen immer wieder entspringen, wäre wohl unvermeidlich gewesen, hätte nicht C., ein dem Stabsgefreiten an Dienstjahren weit überlegener Landsknecht, der schon in der Legion Condor im spanischen Bürgerkrieg als Bordfunker geflogen, jedoch im Polenfeldzug wegen Unterschleifs vom Leutnant zum gemeinen Soldaten degradiert worden war, sich von seiner Pritsche, auf der er stundenlang maulfaul und ohne die geringste Bewegung zu liegen pflegte, erhoben und mit einer großräumigen, den aufgezogenen Unmut sofort verscheuchenden Geste die Worte gesprochen: »Anständig oder nicht, Jungs, was geht uns der alte Sammy an, aber Jüdinnen, Jungs, spanische Jüdinnen!« und damit zu erkennen gegeben, daß, was nur selten geschah, er, der als hinreißender Erzähler weithin Beliebte, bereit sei, nun eine seiner berühmten, durch ihre Mischung aus krassester Obszönität und brutalster Grausamkeit höchst geschätzten Erinnerungen zum besten zu geben, in denen das Heulen der Jäger und Bomber mit dem halsabschneidenden Wüten der Mauren und allen tierhaften Lauten zerschossenen, geschändeten und befriedigt zuckenden Fleisches zusammenschmolz, und unter dem miasmenhaften Ansturm seiner Worte begann der Käfig samt seinen gierig um den Erzähler gescharten Insassen langsam in grünen, zäh sich öffnenden blasenquirlenden Schlamm sich aufzulösen, in glucksenden, trägen, nach Kastanien und Safran riechenden dunkelgrünen Schlamm, und also aufzugehen in dem strotzenden, wuchernden fleischigen Grün der üppigen Gewächse, bis daß ein Feldwebel die Tür aus Stäben im Käfig aufriß und A., der Stubenälteste, aufsprang und »Achtung!« brüllte und sie alle aufsprangen und so mit einem Mal wieder Kontur und Körper gewannen und hart geschnitten in ihrem grauen Zeug vor dem Hintergrund der Agaven und großblättrigen Lorbeersträucher standen wie ehedem und der Blick des Feldwebels hämisch auf den Obergefreiten S. fiel.

3

Indes, so plötzlich, weil es begonnen, hatte es aufgehört zu regnen, die stürzende Flut hatte sich erschöpft, die Wolken waren, leere Schläuche und Hüllen, vom Himmel geschwemmt, und die Mittagssonne, gleißend wie je, dünstete aus dem Steinboden Nebel, der, als stiege er aus einer Unterwelt, Lager und Park mit weißen Schwaden langsam umwallte. Die beiden Freunde waren, nachdem der Feldwebel die gepackten Tornister vergebens nach Mängeln durchgemustert und, wenn auch widerwillig, sogar die Mantel- und Zeltbahnrolle des Obergefreiten S., den er nie gemocht und mit dem er noch ein Sonderhühnchen zu rupfen suchte, abgenommen hatte, aus dem Käfig getreten und gingen nun, eine Zigarette rauchend, langsam im Schlenderschritt hinter den Zelten auf und ab, und wieder war es der junge P., der, obwohl er noch vor wenigen Minuten so jammervoll hatte straucheln müssen, mit einer neuen Variante das Gespräch zum klärenden Ende zu führen versuchte.

»Lassen wir die Juden oder Bolschewiken aus dem Spiel«, sagte er, »nehmen wir einen Teil von den griechischen Banditen – denn es gibt ja nicht nur kommunistische, es gibt auch nationale Gruppen, die sogar manchmal mit uns gehen. Die Griechen sind von unserm Blut, das ist nicht zu leugnen. Natürlich ist viel Jauche hier eingeflossen: Levantiner, Türken, Serben, Araber, Neger und was weiß ich. Aber sie haben doch tapfer gekämpft; wir haben uns doch erbittert mit ihnen schlagen müssen, da muß doch ein guter Blutkern vorliegen – nur irregeleitet, weißt du, aufgewiegelt, verdummt, verhetzt, so wie viele Volksgenossen früher in Deutschland auch! Gewiß glaubt dort in den Bergen mancher, für die gerechte Sache zu streiten, und weiß einfach nicht, daß er an der falschen Front steht, wenn er gegen uns kämpft. Könnte das nicht der Fall sein?«

Der Obergefreite wälzte seine Zigarette in den Mundwinkel, sog einen tiefen Zug ein, stieß den Rauch bedächtig durch die Nase und sagte dann: »Gewiß!«, und da er dies eine Wort aussprach, war der Gefreite so sicher, nun endlich doch am Ziel aller Mühen zu sein, daß, da sein Freund dem Wörtlein »gewiß« kopfwiegend die Klausel nachfügte, es könne wohl – wenn auch nur in Ausnahmefällen – einer der Guerillas ein subjektiv ehrlicher Mann sein, damit aber liege noch längst kein Fall Ödipus vor, er, P., in rebellisch-ungehaltenem Ton knurrte: »Warum denn nicht?«, und er war diesmal seiner Sache so sicher, daß er den kurzen Moment pointierenden Überlegens, den S. vor jeder seiner Repliken nutzte, als Eingeständnis des Unterliegens nahm und, auftrumpfend und unverhohlen aufsässig auf Antwort drängend, den Widerspruch abermals formulierte: »Warum denn nicht?«

»Weil«, so antwortete S. bedächtig, »weil der Bandit in jedem Fall nur ein Werkzeug sein könnte, mein Bester, Ödipus aber der Ursacher war.«

»Das stimmt nur halb«, warf P. erregt ein. »Ödipus war auch ein Werkzeug, und zwar ein Werkzeug Gottes!«

»Hm«, machte S. und musterte seinen jungen Freund, dem nun doch Übles schwante, mit spöttischem Blick, dann zwinkerte er mit den Augenlidern, nahm die Zigarette aus dem Mund, blies umständlich die Asche von der Glut und sagte, die Lippen leckend und, ein wenig zur Seite gewandt, nach unten sprechend, als sage er etwas ganz Nebensächliches: »Na ja – aber dann wäre der alte Sammy Finckelstein der blondgelockte Apollo in höchster Person! Vorher war er nur Ödipus! Du machst dich, du machst dich, mein Guter!« Und er brach in ein schallendes Gelächter aus.

P. starrte den Lachenden entgeistert an.

»Verstehst du denn nicht«, sagte dieser endlich, »die Banditen sind insgesamt doch nur ein Werkzeug des Weltfeindes, zu dem nun einmal auch der Sammy Finckelstein zählt. Machst du also die Banden oder einen Teil oder auch nur einen einzelnen von ihnen zum Ödipus, erhebst du die Weisen Zions direkt zum Gott!«

Er begann sich wieder vor Lachen zu schütteln, und sein überwältigter Widerpart erwies sich als guter Verlierer: er stimmte, nach kurzem Stutzen, besiegt in das Gelächter ein. Er lachte hell und stoßweise und schüttelte den Kopf und machte eine Gebärde, als scheuche er all seine Dummheiten fort, dann sagte er: »Kein Glück mehr im Denken, überlassen wir es den Pferden! Begraben wir also endgültig den alten Thebaner und lassen wir seine Gebeine ruhen!« Er lachte noch einmal hellauf, dann schlug er vor, einen kräftigen Schluck auf den Schreck zu trinken, er habe in seiner Feldflasche noch einen Rest Marketenderwein. S. stimmte zu, und so schlenderten sie denn langsam ihrem Quartier zu, doch schon nach wenigen Schritten hielt P., der nach seinem heftigen Lachanfall plötzlich sehr still geworden war, unvermittelt inne und fragte, die Augen schließend, als wolle er eine Vision erzwingen: »Hast du eigentlich darüber schon einmal nachgedacht?«

»Worüber?« fragte S.

»Warum eigentlich so viele gegen uns sind?« sagte P.

Es war, als habe S. diese Frage erwartet; er verhielt, ohne ein Wort der Verwunderung zu äußern, ebenfalls den Schritt, sog grübelnd ein paarmal an seiner Zigarette, spuckte, da er die Glut schon beinah auf seinen Lippen fühlte, den Stummel auf den Kies, zermalmte ihn mit der Stiefelspitze und sagte dann sehr ernst und bitter: »Ja, wirklich, warum sind so viele gegen uns!«

»Ich versteh's nicht«, sagte P. hastig, »ich versteh's einfach nicht! Wir kämpfen doch für sie, für sie alle, für die Griechen, Bulgaren, Serben, Franzosen, Engländer, Amerikaner, ja sogar für die Russen, wenn du willst! Wir beschützen sie doch, wir verteidigen doch ihre Freiheit, ihre Kultur, ihr Leben, ja ihr nacktes Dasein vor der roten Pest; wir geben unser Blut doch auch für sie her, wir liegen für Europas Freiheit in Dreck und Eis und Wasser und Feuer – und sie? Sie schießen auf uns aus dem Hinterhalt, verminen unsere Marschwege, sprengen unsere Brücken, brennen unsere Quartiere nieder – warum, warum, warum? Gut, wir sind im Krieg widereinander gestanden, aber jetzt, da der Bolschewismus an die Tore Europas pocht, da müßten sie doch mit uns gehen, sie alle, alle; sie müßten aus den Bergen kommen und die Waffen heben und sprechen: Führt uns voran gegen den wahren Feind, wir wollen euch folgen! Tausend Legionen müßten mit uns marschieren, die ganze Welt müßte zu unseren Fahnen eilen, ein Heiliges Heer aller Nationen müßte gegen den Ansturm der Hölle antreten – statt dessen fallen sie uns in den Rücken und schießen auf uns! Warum? Ich begreif's nicht!«

P. war dermaßen erregt, daß sein Freund jede Lust an einem spöttischen Wort verlor. »Sieh mal«, sagte der Obergefreite fast väterlich und zerscharrte noch immer mit der Stiefelspitze die Kippe, »es ist eben immer so in der Weltgeschichte, daß eine kleine Schar von Auserwählten für die Horden der Trägen und Dumpfen kämpfen und bluten muß. Nimm den Sieg der Handvoll Ritter um Karl Martell, nimm das Rolandsheer vor Roncesvalles, nimm die klirrende Heldenschar Ottos auf dem Lechfeld. Nimm die Kreuzzüge zum Eismeer hinauf und zum Roten Meer hinunter, diese geradezu metaphysischen Feuerstürme reinsten Idealismus, der Kinder zu den Waffen greifen ließ, da die Satten ruhten! Nimm die Handvoll entschlossener Pioniere Europas, die Asien und Afrika unterwarfen! Denk an die Grenzbauern in den Marken, denk an die verlorenen Haufen, denk an Preußens einsamen Opfergang! Denk an die Thermopylen, wo sich ein Trüpplein Edelster für Griechenland hinschlachten ließ, indes hämische Krämerstädte sich die Hände rieben, daß das gefürchtete Sparta einen Aderlaß erlitt. Nun – heute stehen wir an des Leonidas Stelle – wie das Gesetz es befiehlt!«

»Du hast recht«, sagte P. verzückt, »und immer ist es Deutschland gewesen, das den Völkern voran gekämpft hat, um sie zu schützen und zu bewahren – wie sollte das heute anders sein! Wir sind nun einmal der Schild und das Schwert Europas, seitdem den Germanen das verrottete Erbe Roms zugefallen ist. Wir haben es vor den Hunnen bewahrt, vor den Arabern, den Mongolen, den Türken, vor Dschingis-Khan, Etzel und Tamerlan! Wir haben das Reich geschaffen, das Heilige Römische Reich Deutscher Nation, das Herz des Abendlandes! Wir haben Europas Erde mit unserem Blut getränkt und gedüngt, und uns allein verdankt es alles, was es seitdem hat ernten dürfen! Und heute schützen wir Europa, die ganze zivilisierte Welt vor dem Untergang! Das ist es! Das ist der Atem der Weltgeschichte! Das ist groß!«

P. war von seinen eigenen Worten so berauscht, daß er die Frage, von der er ausgegangen war, völlig vergessen hatte, und erst als ein junger griechischer Bauer am Lager vorüberging und, nach einigen hastig-scheuen Blicken zu den Käfigen, eilends im nebeldurchwehten Parkwald verschwand, erinnerte er sich ihrer wieder. »Sieh ihn dir an!«

sagte er, »sieh ihn dir an: kräftig, gesund, geradegewachsen, im besten Alter, warum kommt er da nicht zu uns und sagt: Gebt mir ein Gewehr, ich will auch gegen die verfluchte Brut kämpfen, wir wollen sie gemeinsam jagen! Er schaut doch anständig aus, der Junge, heile Hose, sogar Schuhe, nicht übel, warum ist er nicht bei uns?« P. packte seinen Freund am Jackenknopf. »Weißt du, wer mit uns ist?« fragte er aufgebracht. »Die Schieber. Die Kapitalisten. Die fetten Schweine, die sich in den Athener Cafés mit ihren Weibern lümmeln und Gänsebrust essen und am hellichten Tag Champagner saufen, während die einfachen Leute auf der Straße vor Hunger umfallen und krepieren wie das liebe Vieh! Die Fischer und Bauern drehen uns den Rücken zu, wenn wir durch die Straßen marschieren, die Schmerbäuche aber klatschen und winken uns zu. Die sind mit uns, ausgerechnet die, die Plutokraten, die wir doch bekämpfen! Ist das nicht furchtbar?«

»Ja, das ist furchtbar!« sagte S. Er schnippte mit den Fingern. »An jede Macht hängt sich eben immer Gesindel an«, sagte er, »aber du hast recht, es ist furchtbar!« Ein Weilchen standen sie so und sahen den Nebeldunst nun wie Stores die Käfige verhängen; ein Weilchen standen sie so, dann hob S. wieder, und wieder, als führe er ein Selbstgespräch, an zu reden, doch diesmal war der tiefe Ernst seiner Worte ungebrochen von Ironie. »Weißt du«, so sagte er, »es gibt andrerseits Erlebnisse, die einem immer wieder Mut und Zuversicht geben und die man nie vergessen kann. Eines will ich dir berichten. Es war vor drei Jahren, in der Ausbildungskompanie, in Polen, in irgend so einem verschimmelten Nest – da kamen eines Morgens zwei Bauern zu uns, Polen oder Ukrainer, wer weiß das, so echte Ostgestalten, verstehst du, wüste Gesellen, zottig, in Filzlumpen, stinkend nach Schnaps und nach Schweiß, sicher fünf Wochen ungewaschen, zwei Klötze also, den Bären näher als den Menschen – aber was bringen die uns angeschleppt? Drei Jüdlein, die Hände hübsch auf den Rücken gebunden, drei Heckenschützen, die sich im Wald verkrochen hatten, zwei Weiber und einen Mann! ›Wir bringen sie der Obrigkeit, diese Hundesöhne‹, sagten die Bauern, ›wir wollen mit solchem Pack nichts zu tun haben, am besten, ihr hängt das Geschmeiß gleich hier an der Eiche auf!‹ sprachen sie und verneigten sich bis zum Boden und schoben uns die Itzigs hin, und natürlich bekommen sie ihren Schnaps und ihre Belohnung, aber das ist ja nicht die Hauptsache! Wenn es sogar diesen Halbtieren dämmert, was sie zu tun haben und wer ihr wahrer Freund und wer ihr eigentlicher Feind ist, wenn sich unter unserem Einfluß sogar bei den Polen eine Elite zu bilden beginnt, eine Auslese brauchbaren Bluts, die sich instinktiv zu uns drängt – wenn es also solcherart bestellt ist, findet man seine geschichtliche Mission doch immer wieder bestätigt und weiß: Die Besten Europas stehen an unserer Seite! Der Besten sind immer nur wenige, aber es sind eben die Besten: die internationalen SS-Legionen, die Pfeilkreuzler, die Feuerkreuzler, die Eiserne Garde, die Ku-Klux-Klan, Quisling und Degrelle, Francos Blaue Division, die kroatischen Ustaschi und die griechischen Evzonen – und vielleicht sogar morgen ein polnisches Schwarzes Regiment!« Er hatte dies mit einer Begeisterung gesprochen, die P. an ihm noch nie bemerkt hatte, und noch als er schweigend in die steigenden Nebel blickte, hatte er etwas Verklärtes an sich.

P. blickte den Freund dankbar an und sagte ergriffen: »Es ist gut, daß man dies weiß und sich auch immer wieder mal vor Augen führt! Sonst wehte es einem ja wirklich manchmal eiskalt und schaurig ans Herz!«

Dann aber huschte ein fröhliches Lächeln über das Gesicht des jungen Gefreiten, und er sagte: »Du, ich glaube, ich habe jetzt wirklich den Schlüssel zum Ödipus!«

»So laß hören«, sagte S. begierig.

»Diesmal überleg ich mir's aber bis zum Ende!« sagte

der Gefreite, und S. wollte ihm gerade vorwerfen, daß das eine schuftige Haltung sei, den Freund und Kameraden derart zappeln zu lassen, da knallten ringsum die Stiefelhacken aneinander, und eine Stimme brüllte »Achtung!«, und da standen die beiden stramm. Der Hauptmann war aus seinem Zelt getreten, und als er die beiden Freunde, die Front gemacht hatten und ihre Rechte gestreckt am Käppirand hielten, erblickte, winkte er sie mit einem Krümmen des Fingers zu sich.

4

»Sieh an«, sagte der Hauptmann, »Jokaste und Ödipus!« Er betrachtete wohlwollend die beiden Soldaten, die sich in untadelig strammer Haltung vor ihm aufgebaut hatten, dann hieß er sie sich rühren. »Schöne Tage gewesen, was?« fragte er und setzte, ohne eine Antwort abzuwarten, die Fragen fort. »Noch manchmal Probleme gewälzt? Metaphysik des Tragischen? Bedeutung des Choros? Ich und Über-Ich? Katharsis und heroisches Lebensgefühl?«

»Jawohl, Herr Hauptmann«, riefen, Haltung annehmend, die beiden, und P. sagte treuherzig: »Bloß mit der Schuld des Ödipus kommen wir nicht klar!«

Der Hauptmann lächelte und wies mit der Hand nach seinem Zelt; eine halbe Stunde habe er Zeit für sie, sagte er, und in dieser halben Stunde solle es wieder so gehalten werden wie ehedem auf der FHS: keine Vorgesetzten und Untergebenen, nur Lehrer und Studiosi oder, besser noch, ein Bergsteigertrupp auf dem schwierigen Weg zu den Gipfeln menschlicher Weisheit! Er sagte dies mit einer spürbaren Freude, ja mit einer gewissen Erleichterung, und er raffte, zum Zeichen, daß sie als seine Gäste und nicht als seine Untergebenen zu ihm kamen, mit eigener Hand die Zeltplane am Türeingang hoch und forderte die ein wenig Benommenen mit dem herzlichen Wort »Bitte,

bitte, die Herren Kommilitonen!« zum Vorangehen auf. Dann steckte er die Zeltbahn am Dachgestänge fest, so daß die luftige Tür offenstand und helles Licht das sonst schummrige Zeltinnen durchflutete, und hieß die Studenten auf den weißgescheuerten Holzstühlen, die um einen kartenbedeckten Tisch standen, Platz zu nehmen. Er selbst setzte sich auf sein Feldbett hinter dem Tisch.

»Na, dann erzählen Sie mal, wie Sie sich's so denken!« sagte er, und S. rapportierte, geschickt zusammenfassend, ihre Deutungsversuche, wobei er besonders das Gespräch über Rassenseele, moralische Hochwerte und deren gesetzliche Fixierungen ausbeutete. Er tat dies übrigens, ohne seine Person und seinen Löwenanteil an den gewonnenen oder besser noch an den immer wieder verworfenen Erkenntnissen herauszustreichen, und ließ auch das mehrfache Straucheln seines Freundes nicht mit der leisesten Andeutung ahnen; er sprach, als referiere er über eine wissenschaftliche Tagung, an der er als interessierter, aber neutraler Zuhörer teilgenommen, und der Professor lauschte ihm auch höchst aufmerksam, doch bald mit immer hellerem Zorn und immer heftiger stachelnder Entrüstung. Mein Gott! dachte er, dieser unglaubliche Talmikram dieses unglaublichen Trottels Rosenberg – es ist doch einfach nicht zu fassen! Es kam ihm, da er dies dachte, überhaupt nicht in den Sinn, daß *er* es ja gewesen war, der den jungen Geistern dieses Unkraut in die Hirne gepflanzt hatte; er hörte den Studenten von den ewigen Werten des Blutes reden, und es schnitt ihm ins Herz; er hörte den Enthusiasten von der unverformbaren Rassenseele schwärmen, und Zorn kochte in seinem Ohr; er hörte die Worte: »Wilder bleibt Wilder«, und Empörung machte seine Wangenmuskeln zucken. Was für ein Nonsens! dachte er, was für eine Afterphilosophie, was für eine Schande! Es gibt ja weder eine Rassenseele noch überhaupt etwas Unveränderbares; panta rhei, alles fließt, Veränderung ist das Grundprinzip des Daseins und

Stimulans aller Geistesgeschichte, und mit unveränderter nordischer Urseele schweiften wir heute noch mit Gorillagebiß und Faustkeil in den Tundren herum! Und dieses Gefasel von Blut – es ist unerträglich! Als ob Blut je etwas anderes als eine chemische Substanz gewesen wäre, biologisch so unentbehrlich und für Charakter und Geist so unbedeutend wie die Konsistenz von Urin oder Gallensekret! Er hatte sich, da er dies dachte, nicht mehr auf den Vortrag konzentriert; nun tat er es wieder, und er wollte, da die Suada des Unsinns noch immer sich artikuliert ergoß, den Referenten mit einem verärgerten Wort unterbrechen, und er war auch schon bereit, dies zu tun, da – und es geschah dies, wie solche Veränderungen, die einem schon im nächsten Augenblick als selbstverständlich erscheinen, ja oft sich vollziehn: als schiebe, da man einen Schritt außerhalb seines Ichs in einem imaginären schwerefreien Raum zu stehen glaubt, aus dem man sich selbst und seine gegenwärtigen Handlungen und Erlebnisse wie einen Film schnurrend abrollen sieht, eine körperlose, aber deutlich spürbare Hand einen wieder in sich selbst hinein – erkannte, nein: entdeckte er jählings wieder, daß er ja selbst der Verwirrer dieser Gemüter gewesen war, und Scham und Ekel vor dem eigenen Herzen fiel ihn mit einem Panthersprung an. Er fühlte sich von einem heftigen Reuegefühl ergriffen; er dachte die Hand auf den Scheitel der beiden zu legen und ihnen ins Auge zu sehen und zu ihnen zu sagen: Hört, Jungs, was ich euch da verzapft habe, war nichts als Quatsch, der wissenschaftlich überhaupt nicht haltbar ist, und ich schäme mich dafür, denn ich hab es aus Feigheit getan, jawohl, aus blanker, nackter, schäbiger Feigheit, und er schickte sich schon an, den Mund aufzutun, und jetzt war auch ein Malmen der Lippen nicht mehr zu verbergen, und da, auf dem Gipfel seines Entschlusses und dem des geistigen Unflats zugleich, hörte er seinen Schüler S. fragen: »Nicht wahr, Herr Professor?«, und siehe, als wäre da ein

Mechanismus verborgen, eine andere Hand als jene, die ihn zu seiner Erkenntnis gedrängt, begann der Kopf des Gelehrten zu nicken, ein nickendes Siegel unter Unrat und Lüge, und den Professor befiel ein Grauen, und es graute ihm vor sich selbst, und er nickte fort. Ein fader Geschmack füllte seinen Mund; er fühlte Brechreiz und schluckte seinen Speichel und zwang sich, mit den schräg gestellten Unterarmen von der Tischkante sich hochdrückend, zu aufrechtem Sitz, und es kam ihm vag, und so, als lese er eine undeutliche Schrift ab, in den Sinn, den beiden zu sagen, die Zeit, die er für sie habe erübrigen können, sei schon überschritten, und er wollte den Mund auftun, um dieses zu sagen, und er öffnete den Mund auch dieses Mal nicht, und er dachte an gar nichts mehr, und es wurde ihm schwarz vor den Augen, da hörte er plötzlich eine sausende Stille, und S. hatte geendet, und Wind strich vom Park her ins Zelt, und der Professor sah auf und sah die gläubig-vertrauenden Blicke der beiden jungen Menschen auf sich gerichtet, und er dachte, er müsse ihnen jetzt, gleichgültig, was immer dann kommen möge, die ganze Wahrheit und nichts als die Wahrheit sagen, und er wußte zugleich, daß er es nicht würde tun können, und er dachte, daß doch irgend etwas geschehen müsse, und sei es nichts anderes, als daß er aufstehe und die beiden verabschiede, da hörte er den jungen Gefreiten, seinen Lieblingssoldaten und Lieblingsschüler, von dem er oft dachte, er könnte sein Sohn sein, fragen: »Dürfen wir Herrn Professor bitten, uns die richtige Deutung geben zu wollen? Allein finden wir uns mit diesem Problem nicht mehr zurecht!«

Jetzt ist die Zeit da! dachte der Professor, und er tat den Mund auf und sagte: »Tscha!« Zwar schämte er sich sofort dieses läppischen Schnalzlautes, doch bei diesem letzten Aufflackern der Scham wußte er auch, daß er ihnen niemals die Wahrheit – aber halt, war es denn die Wahrheit, war es nicht vielmehr nur eine subjektive

Nicht-Übereinstimmung mit einer Lehrmeinung, der anzuhängen ein anderer sehr wohl das Recht und die freie Wahl hatte – verkünden werde, und er dachte plötzlich, daß es unverantwortlich von ihm gewesen wäre, diese gläubigen jungen Menschen abrupt in einen Gewissenskonflikt zu stürzen, von dem sie gar nichts ahnten, und er wußte nun, daß er nur seiner väterlichen, jawohl, väterlichen und menschlichen und auch soldatischen Pflicht treu geblieben war, wenn er seine Männer vor solchem gefährlichen Wissen bewahrte, und da saß er auch wieder aufrecht auf dem Feldbett und schluckte nicht mehr seinen Speichel und fühlte den Wind seine Stirne kühlen, und seine Brust hob sich wieder frei. Er erwiderte offen und unbefangen den Blick der beiden, und er sah sie vor sich sitzen und andächtig seiner Antwort harren, Liebhaber der Weisheit, Erkunder der Wahrheit, Beflissene der Wissenschaften, und er stand erlöst von seinem Tisch auf und redete, auf und ab gehend, dies:

»Ihr dürft nicht vergessen, daß die Griechen der sophokleischen Zeit ein herzensfrommes Volk waren und Sophokles im Grund genommen ein religiöser Dichter ist. Was aber ist das Wesen der Frömmigkeit? Die unbedingte Unterwerfung des eigenen Willens und Denkens und Glaubens unter das Gebot einer höheren Macht, unter Entscheid und Willen der Götter, der Jenseitigen, der Überirdischen, die nach Gesetzen walten und wirken, die zu erkennen dem armseligen Menschen nicht gegeben ist, non datum, und die er bestenfalls nur schaudernd erahnen kann. Ödipus – und darum werden seine Tugenden ja so hervorgehoben – ist der Frömmste der Frommen, und er fragt darum nicht, warum, um welcher, Apollo höchst gleichgültigen subjektiven Schuld willen ihm die Götter so schrecklich zürnen und warum sie das entsetzliche Fatum des Vatermords und der Mutterschändung über ihn verhängt haben – es ist ihm genug zu wissen, *daß* ihm die Götter feind sind und daß er darum, wegen des

Götterzorns und nicht wegen einer subjektiven Schuld, ein Verworfener, ein Böser, ein zu Meidender ist. Da er zugleich ein großer, edler Charakter ist, bleibt ihm darum nur eines: sich in die möglichste Übereinstimmung mit dem Willen der Götter zu bringen, das heißt, sich selbst zu zürnen, sich selbst zu bestrafen, sein Elend vollkommen zu machen. Ödipus ist das Hohelied der unbedingten Frömmigkeit, des unbedingten Gehorsams. Versteht ihr das?«

S. nickte nachdenklich; P. aber sagte: »Was Sie uns erklären, verstehen wir schon, Herr Hauptmann, aber ich kann nicht nachempfinden, daß ein Mensch so zu handeln vermag. Gott kann mir Prüfungen schicken, gut, die kann ich erdulden, ich kann mich seinem Ratschluß blindlings unterwerfen, ich kann mich unter Schicksalsschlägen bewähren – aber es ist doch unmenschlich, zu verlangen, ich solle mein Los selbst noch furchtbarer machen. Mir stirbt, sagen wir, der Vater, nun soll ich daraufhin noch die Mutter mit eigener Hand opfern? Ich begreif's einfach nicht!«

Draußen begann eine Amsel ihr Lied.

»Die Mutter dürfte ich nicht opfern«, sagte der Professor, »ich muß die Vollendung an mir und an keiner anderen Person vollziehen, sonst lenkte ich ja ab. Seht mal, es gibt zwei Möglichkeiten, das Leid zu tragen oder besser: sich zum Leid zu stellen. Die eine ist die Hiobshaltung, das passive Ertragen, eben das Sich-in-Gottes-Ratschluß-Fügen, und ich würde sie die weibliche Haltung nennen. Es gibt aber auch eine andere Möglichkeit: seinem Schicksal vorauszulaufen, selbst zu vollenden, mit eigner Hand zu tun, was noch kommen könnte, sein Fatum auf die Spitze zu treiben und sich so die Freiheit des Handelns zurückzugewinnen. Ich würde das die männliche Haltung nennen!«

Der Professor merkte P.s Ratlosigkeit.

»Ich will Ihnen ein Beispiel geben, das zwar nicht ganz

genau trifft, aber vielleicht verständlich macht, was ich meine. Ihr beide seid Soldaten, anständige Soldaten, mit Leib und Seele Soldaten, gut. Sicher habt ihr auch erlebt, was ich als junger Rekrut erlebt habe: Übungsmarsch mit vollem Gepäck, sengende Sonne, Staub, keine Marscherleichterung, Singen, Gasmaske, Hinlegen und Laufschritt dazwischen, Blasen an Fersen und Ballen, Durst zum Verrücktwerden, kennen wir, schön. Die letzten fünf Kilometer; alles schleicht dahin wie die Schnecken, der Gesang ist Geröchel, die Füße schlurfen und stolpern, und auch die Feldwebel und Unteroffiziere halten sich nur noch mühsam aufrecht, und man selbst glaubt jeden Augenblick, nun liegt man lang, und wird schon weich in den Knien und knickt ein, und da sagt man sich: Gerade! und drückt die Knie wieder durch, und plötzlich wächst man über sich selbst hinaus und tut mehr, als man muß. Zieht das Gewehr strammer an, hebt die Beine anständig hoch, singt lauter als die andern, hält sich eisern unter Kontrolle – und fühlt sich plötzlich frei. Verstehst du: du duldest nicht mehr, was du mußt, du willst es, du tust sogar mehr, und damit bist du wieder dein eigener Herr geworden! Du bist deinem Schicksal vorausgelaufen, bist über deinen eigenen Schatten gesprungen – und damit hat der Marsch, der für die andern die Hölle ist, alle Schrekken verloren! Was immer an Hartem noch befohlen werden könnte, du fürchtest es nicht, es ist ja jetzt schon, wie immer es ausfallen mag, dein eigener Wille. Es gibt nichts mehr, was dich überwinden könnte, du bist ja schon am Ziel! So ähnlich – ähnlich – ist es mit Ödipus. Er duldet nicht mehr sein Schicksal, er vollstreckt es selbst und erhebt sich damit über das Fatum. Er erhebt sich über den Menschen, er wird heilig. Es ist, im Grunde genommen, eine wenn auch himmelgewandte, so doch zutiefst preußische Haltung! Ja, es ist bestes Preußentum!«

Professor N. ging, die Hände auf dem Rücken gefaltet, langsam auf und ab und dachte erlöst, daß er mit dieser

Darstellung nicht nur eine außerordentliche geistige Leistung vollbracht, sondern auch gleichzeitig die braune Afterphilosophie aufs glänzendste und wirksamste widerlegt und so seine eigene Reputation wiederhergestellt habe. »Eine preußische Haltung, das ist es!« wiederholte er und konnte schon frei der Amsel lauschen, »Preußengeist, Adel der Seele, sittliche Nobelkeit! Die Einheit von Wille und Pflicht, von Befehl und Gehorsam! Das schreibt euch ins Herz, das sei euer Vermächtnis, junge Freunde! Merkt: Du kannst alles tun, was man von dir verlangt, wenn du es nur willst! Du hast nicht zu fragen, warum man dir Schweres, Bittres, ja Gräßliches abverlangt, du hast zu gehorchen! Und was wiederum heißt das? Das heißt nicht mehr und nicht minder als das Aufgehen des Individuums im großen Ganzen, das Zurückkehren der ausgestoßnen Persönlichkeit in die Gemeinschaft, das Selbst-Zerstören des Ichs als Voraussetzung des Hingangs ins Über-Ich, die Bejahung der heroischen Tragik – Nietzsches große Quintessenz! So ist der Fall Ödipus also gelagert: eine Spiegelung des dionysischen Prinzips in der Moralwelt! Meine Herren: der Gedankenkreis ist geschlossen. Der circulus non vitiosus ist geleistet. Wir sind wieder am Ziel und am Ausgangspunkt zugleich!«

Er hielt inne, rieb sich erfreut die Hände und wollte die beiden gerade fragen, ob sie seinen Ausführungen hatten folgen können, da verstummte das Amsellied, und ein Schatten trat in die flatternde Zelttür, ein Paar Hacken knallten zusammen, und eine den dreien völlig unbekannte Stimme meldete das Eintreffen des angeforderten Minensuchtrupps.

5

»König Ödipus als geschliffner Rekrut!« sagte P. feixend, da sie, unmittelbar nach dem Eintreffen des Feldwebels vom Hauptmann entlassen, wieder zu ihrem Quartier zurückgingen.

Der Wind klärte den Himmel, er wirbelte die Wolken zu Fetzen und zersprühte die Tröpfchen auf den Nadelspitzen der harten Agaven zu einem regenbogenflirrenden Schaum.

»Glaubst du den Unsinn von Gewaltmarsch und Freiheit, den der Alte da verzapft hat?« fragte P.

»Warum nicht«, erwiderte, schon wieder rauchend, S.; »für einen, der mit Leib und Seele Soldat ist, kann ich das schon verstehen!«

»Aber wer ist denn mit Leib und Seele Soldat«, erwiderte P., »ich habe noch keinen solchen Wunderknaben gesehen. Entweder wird man Soldat, weil man gezogen worden ist, oder man wird Soldat, weil man für einen anderen Beruf zu dumm ist oder weil man Karriere machen will. Natürlich gibt es genügend Beispiele, wo einer in und außer Dienst mehr getan hat, als er mußte, aber dann hatte er auch immer Gründe: damit man schneller vorwärtskommt, mehr weiß, besser verdient, jemandem imponiert, einen guten Start hat, gewiß. Aber daß man sich aus Prinzip selbst schleift – nee! Das ist ein Witz!«

»Und doch könnte ich es verstehen!« sagte der Obergefreite.

»Dann bist du eben pervers«, entgegnete der Blonde, »außerdem vergißt du, daß Hauptleute leicht von großen Heldentaten auf Märschen sprechen können. Sie reiten nämlich!«

Der Gefreite knuffte, über seinen eigenen Witz höchst amüsiert lachend, den Freund in die Seite. Die Pointe gab ihm wieder Mut. »Das Beispiel des Hauptmanns ist natürlich krumm«, sagte er, »aber einen Gedanken finde ich doch sehr neu und wichtig: daß man schuldig sein kann, daß einem das Los des Verworfenseins zubestimmt ist, ohne daß man, wie man so sagt, etwas dafür kann. Was kann ein Jude dafür, daß er ein Jude ist? Gar nichts, nicht wahr? Er wurde gezeugt und geboren und lag als Säugling in der Wiege und hatte keine einzige Missetat begangen und war doch schon mit einem untilgbaren Makel an der Stirn behaftet, eben der Tatsache seiner Geburt. Dafür kann er nichts. Dieser Makel ist durch nichts zu löschen als durch den Tod dessen, der ihn trägt, und wenn man nicht will, daß ein neuer Makel entstehe, muß man verhindern, daß Menschen mit solchem Makel überhaupt zur Welt kommen. Mensch!« rief er plötzlich aus und schlug sich mit der Hand vor die Stirne, »das wäre die Lösung! Man müßte sie alle sterilisieren und aussterben lassen, dann wären wir sie los, und die Welt hätte Ruh!«

»Zum ersten wäre zu bemerken«, erwiderte S., »daß dieses vorausbestimmte Schuldigsein, die Schuld als objektive Kategorie, nichts anderes ist als eine Spiegelung der Existenz von Rassenseelen; es bringt uns also keinen Schritt weiter. Zum zweiten aber – wie willst du das denn machen?«

»Was?« fragte P.

»Sie alle sterilisieren! Willst du ihnen allen die Eier abschneiden?«

»Aber das können sie doch selber tun!« rief P., dessen Geist aufs lebhafteste sprühte, lachend aus, »das können die doch selber tun! Die beschneiden doch ihre Knäblein, da kann man doch gleich auch diese Dingsda mit abschneiden, das ist *ein* Blutvergießen!«

»Womit wir wieder beim König Ödipus wären!« sagte S. lachend, »der eine hieb sich mit eigener Hand die Augen aus, und die andern schneiden ihrer Brut mit eigener Hand die Hoden ab!« Er schlug P. fröhlich auf die Schultern und sagte: »Paß auf, wir kommen doch noch dahinter! Dann schreiben wir ein dickes Buch über den Ödipus und seine Schuld und Sühne, und alle Studenten der Welt müssen es dann auswendig lernen!«

Die Amsel ließ wieder ihren Ruf erschallen.

»Wenn sie das freiwillig täten, um sich aus der Welt zu schaffen, wären sie wirklich König Ödipus!« sagte P.

»Sie tun's aber nicht«, sagte der Obergefreite.

»Darum kann es also heute keinen Fall Ö. mehr geben«, sagte der Gefreite, und die beiden wollten gerade ihren Käfig betreten, da winkte ihnen ein Unteroffizier und befahl ihnen, in die Bekleidungskammer zu gehen und die angeforderten Wäscheleinen zu holen.

»Wäscheleinen?« fragte S. erstaunt.

»Nun ja doch«, sagte der Unteroffizier. »Wäscheleinen. Stricke!«

III. Die Lösung

1

Ihr Auftrag lautete, ein neues Chiffriergerät vom Stab abzuholen; es hätten dazu zwei Mann genügt, doch es marschierte beinah eine Kompanie. Ein kleines Kommando war im Quartier zurückgeblieben, und daß darunter auch der Obergefreite S. war, hatte seinen guten Grund. Der Feldwebel, der ihn haßte, weil er ihm den Spitznamen Kreon zu verdanken glaubte, gedachte ihn von einer bestimmten Vergünstigung, deren, wie er annahm, der Marschtrupp sich am Bestimmungsort würde erfreuen können, auszuschließen, und so hatte er ihn, der schon angetreten war, aus dem Glied gerufen und ihn überdies noch zum Latrinenreinigen eingeteilt.

Anfangs hatte der Gefreite P. bedauert, daß sein Freund zurückbleiben mußte, bald aber hieß er diese Entscheidung doch gut. Er liebte die Berge; er liebte den festen Fels unterm Fuß und das Knirschen des Gerölls; er liebte es, frei und kräftig zum Firmament hinanzuschreiten, hinauf ins freie Reich der Geier und der Götter, die Firnluft tief in die Lungen zu saugen und sich den Sturm um die Stirne brausen zu lassen, ohne – und dies wäre geschehen, wenn S. mitmarschiert wäre – dauernd ein Jammern ob des kiesligen Wegs und des steilen Anstiegs und des schneidenden Winds im Ohr zu haben oder, auf ebenen und geschützten Strecken, von Kategorien und Disziplinen und Syllogismen zu hören. Sosehr er die Diskussionen mit dem geistig überlegenen Freund auch schätzte – nun, da er ungestört und schweigend und im Ohr nur Brausen und Vogellaut dahinschritt, freute er sich doch, dem geschwätzigen Gelehrten nun für einige Stunden entronnen zu sein.

Sie marschierten durch Eichenhaine mit raschelnden ledrigen Blättern, die an den knorrigen Ästen wehten wie Reiterstandarten eines Totenheeres. Der Wind trieb die

Wolken, die flatternd flohen; die Berge standen rostrot vor dem Himmel, rostrot und riesig und rund um die schmale handtellerförmige Ebene gehäuft wie der Rand eines Kraters, und an ihren Graten ballte sich das dünstende Grau. Zypressen ragten und milde Terebinthen, und zwischen den Stämmen wucherten Akanthusbüsche, von denen angepflockte Esel fraßen. Die Straße war löchrig, in den Mulden standen Pfützen. Sie spiegelten Himmel und Wolken und die zweckenbesetzte Unterseite der Soldatenstiefel. Rings scholl erregtes Hähergeschrei.

Die Kompanie marschierte den Bergen zu; vor dem Saumpfad jedoch, der sich in den Berg hineinschraubte wie die Führung in einen Gewehrlauf, hieß der Feldwebel (Hauptmann N., der übrigens auf einem Schimmel ritt, folgte der Kompanie in einiger Entfernung) sie abbiegen und auf eine kleine Siedlung zugehen. Die Siedlung bestand aus vier Häusern, alle aus Stein errichtet; ihrer zwei hatten eine Esse; ans letzte schloß sich eine Steinmauer, die offenbar einen Hof umsäumte. Hinter den Häusern reckten sich Pinien, sie hoben sich von dem staubgrauen Grund der Felswände ab wie gestielte Gewitterwolken; zwei Stiele aber wurzelten nicht im Grund. Schließlich erkannte P., daß hier zwei Menschenleiber hingen. Die nackten Füße unter den zerfransten, zerlöcherten Hosen waren violett. Sicher Banditen, dachte der junge Gefreite wie seine Kameraden. Sie dachten es gleichgültig, so wie man denkt, daß es regnen wird oder die Berge hoch sind. Sie waren den Anblick gewohnt; er gehörte zum Alltag. Der Feldwebel befahl zu halten. Sie hielten. Der Wind sauste in den Baumkronen. Aus den Häusern drang kein Laut. Die Häher schrien gellend aus dem Eichenhain.

Der Feldwebel, offenbar schon vor dem Abmarsch genau instruiert, klopfte an das Haus, zu dem der Hof gehörte; er klopfte mit den Knöcheln der Faust und rief: »Rauskommen!«, nach einer Weile rüttelte er am knaufartigen Türgriff und brüllte: »Macht sofort auf!« Endlich öffnete sich die Tür, und ein Bauer trat auf die Straße. Er mochte sechzig Jahre sein; er trug die gleiche zerschlissene Kleidung wie die Männer unter den Pinienästen. Sein Schädel war von kurzem silberborstigem Haar übersät wie ein Agavenstrunk; in seinen Augen zuckte Angst. Er hielt eine Mütze in der Hand und verneigte sich tief vor dem Feldwebel, der ihm nun mit Gesten bedeutete, den Hof zu öffnen. Die Häher schrien nicht mehr. Der Feldwebel ließ die Kompanie wegtreten. Der Hauptmann ließ seinen Schimmel grasen. Die meisten Soldaten nutzten, nachdem sie die Gewehre zusammengestellt hatten, die Zeit, um ihr Wasser abzuschlagen.

Der Bauer schritt, gefolgt vom Unteroffizier, auf die Mauer zu und schloß das Tor auf. P. sah hinüber und erblickte einen Wagen, wie ihn die Bauern hier fuhren, einen mäßig hohen, flachwinkligen schwarzbraunen Bretterkarren, dessen Vorderräder bedeutend kleiner als die Hinterräder waren. Neben dem Wagen weideten zwei Maultiere. P. sah den Unteroffizier auf den Wagen und die Mulis deuten und dem Bauern solcherart befehlen, sie anzuspannen; der Bauer fiel vor dem Unteroffizier auf die Knie, hob die Arme über den Kopf und begann zu jammern; der Unteroffizier klopfte ihm auf die Hände, winkte ihm aufzustehen, führte ihn vor das Haus, zeigte zuerst auf die Soldaten, dann auf den Pfad, der sich in die Berge schraubte, und nannte den Namen einer Ortschaft jenseits des Grates, also erklärend, daß sie, die Soldaten, über die Berge nach jener Stadt zu ziehen gedachten; dann bückte er sich nieder, zeigte mit tippendem Zeigefinger zwischen zwei Schlaglöcher, sagte: »Mine!« und warf, ein lautes »Poum« ausstoßend, die Arme jäh, als entfalteten sich Flügel, seitlich nach oben, um dann zu sagen: »Mine, verstehen« und dem ängstlich nickenden und wohl auch begreifenden Bauern zuzulächeln und, mit einem Tippen des Zeigefingers und einer Kreisbewegung, den Wagen, die Mulis und den Alten selbst zusammenzuführen und von diesem also bespannten und bemannten Gefährt weg abermals auf die Bergstraße zu deuten und zu sagen: »Du fahren voran!« Dann wies er erneut auf die Soldaten, markierte mit Armen und Beinen die Bewegung des Marsches, stieß den Zeigefinger dann scharf zum Boden, und das Lächeln zu breitem Grinsen verzerrend, setzte er schnell und betont hintereinander die Worte: »Mine – poum, poum – du kaputt!«, wobei er die flügelentfaltende Handbewegung in kleinerem Ausmaß wiederholte. Des Bauern Gesicht wurde fahl; er schluckte mit einem so tiefen und zugleich würgenden Schlucken, daß ihm der Adamsapfel vorsprang, und seine Hände verkrampften sich. Er hatte alles verstanden und verstand auch noch, daß der Unteroffizier abschließend sagte: »Nix Mine, du retour«, er hatte alles verstanden, und das Schlucken erstarrte in seinem Schlund, der Mund stand halb offen, die Augen waren irr. »Endlich eine gute Idee!« sagte einer, »jetzt sitzt die Bande in der eigenen Falle, das hätten wir längst schon machen müssen!« Der Bauer starrte immer noch wortlos auf den Unteroffizier; schließlich deutete er auf seine weißen Haare und auf die nackten Füße und sprach, immer schneller und zum Schluß fast pfeifend, einige Worte und versuchte, die Hand des Unteroffiziers zwischen die seine zu pressen, doch der brummte ein »Ach was« und wandte sich ab und befahl seinem Zug, den Wagen auf die Straße zu schieben und mit Steinen zu beladen, was in polternder Schnelle geschah. Der Bauer war zu seinen Tieren getreten; er hatte die rechte Hand auf den Scheitel eines Mulis gelegt, das die Nüstern schnuppernd an seiner Jacke rieb; der linke Arm war hilflos ausgestreckt, der Mund stand noch immer halb offen, er atmete in kurzen Stößen, und seine Augen rollten hin und her. Die Steine polterten auf den Wagen; der Feldwebel tippte dem Bauern auf die Schulter und sagte: »Los, einspannen!«, da flog die

Haustür auf, und eine schlohhaarige Greisin, mit einem blauweiß gestreiften Rock und einer schweren schwarzen Bluse bekleidet, rannte heraus. Sie hielt sich nicht erst beim Unteroffizier auf; sie erkannte die blitzenden Sterne auf der Schulter des Feldwebels und lief zu ihm und fiel vor ihm auf die Knie, umschlang seine Beine und schrie, den Kopf zurückgeworfen, so daß sie gen Himmel schrie, mit heiserer Stimme immer dieselben Worte, die wohl Gnade oder Erbarmen bedeuten mochten. Der Feldwebel stand einen Augenblick verlegen, doch dann, und da einige Soldaten herzhaft lachten, löste er sich, energisch rückwärts tretend, aus den umklammernden Armen, schritt hinüber zum Maultier, auf dessen Scheitel der Alte die Hand gelegt hatte, packte es am Zaum und zog es zum Wagen; die Alte rutschte ihm, unablässig schreiend, auf den Knien nach, eine Kette Soldaten stellte sich ihr in den Weg, und der Bauer, so, als erwache er aus seiner Erstarrung, rief ihr ein herrisches Wort zu und ging mit dem zweiten Muli zum Wagen hinüber. Sein Gesicht war nun versteint, sein Mund geschlossen, nur seine Hände zitterten, als er die Tiere anschirrte. Die Frau lag eine Weile wimmernd auf den Steinen, dann erhob sie sich und schritt schwankend, fast torkelnd und unablässig vor sich hin murmelnd, zum Haus zurück, rührte die Klinke an, ließ sie aber wieder fahren und wankte zu den Pinien, küßte den Ermordeten andächtig und lang die violetten schmutzigen Füße, hob dann den Kopf, fuhr mit einer einzigen langsamen Drehung des Angesichts das Rund der Soldaten mit den Augen ab und ging stumm ins Haus und schloß die Tür. Der Bauer hatte die Mulis eingeschirrt; der Wagen war beladen, die Kompanie, der Minensuchtrupp voran, angetreten, da hörte P. nochmals die Tür sich öffnen, doch da er in Reih und Glied stand und sich nicht umsehen durfte, hörte er nur eine Mädchenstimme leise einige Worte sprechen, dann hörte er den Feldwebel sagen: »Nehmen wir sie am besten doch auch mit!«, dann hörte er Schritte und ein leises Huschen über das Steingeröll, und dann sah er für einen Augenblick Schultern, Nacken und Haar eines Mädchens, das zu dem Bauern auf den Wagenbock stieg. Das Kommando zum Abmarsch erscholl, der Wagen fuhr an, und die Soldaten marschierten, eine Schleife am Haus vorbeiziehend, zur Straße zurück.

2

In diesem Augenblick, da P. am Haus vorbeizog, flog das Fenster auf, und der Kopf der Bäuerin erschien. Sie beugte sich weit hinaus; ihr Gesicht war gerötet, ihre Augen blickten starr und eisig, und ihre Lippen schlugen lautlos schnell aufeinander, dann hob sie eine Holzplatte hoch, auf der kleingehackte blutige und kotige Stückchen von Innereien eines geschlachteten Tieres – es waren Innereien eines Hundes – lagen, und streute sie, Flüche und Verwünschungen ausspeiend, auf die Helme der Marschierenden. Die Flüche, uralte Zaubersprüche, begannen als leiernder Singsang, der plötzlich schrill wurde, gepreßt und schrill, dann jäh abbrach und ein feierlich ausgestoßenes hallendes Wort folgen ließ, um dann wieder leise und leiernd zu beginnen und sich in neue Schrille hineinzusteigern. Während dieser Zeremonie wiegte die Alte ihr Haupt hin und her; sie streute mit blutigen Händen Galle, Nieren und Därme aus, und der Wind wurde Sturm und ließ die Gehenkten unter den Pinien wie Klöppel schwingen und machte die Wolken an den Bergkuppen wirbeln wie Schaum. Die Alte schleuderte die letzte Handvoll Eingeweide auf die Soldaten; sie hauchte jetzt ihren Zauberspruch, indes ihr Unterkiefer schnatterte und alles Feuer ihres Hasses sich in den Augen versammelte, die härter waren als Stein. Die Soldaten lachten und schnippten die blutigen Fibern von ihren Uniformen; P. war bestürzt. Er empfand einen Schauder, der beinah Angst war; er war vom vollen Blick der Greisin getroffen worden wie von einem Speerstoß, und ein Grauen kam ihn an, das nichts als Angst vor etwas unheimlichem Kommendem war. Er fürchtete, die Frau könnte aus dem Fenster, darauf sie wie auf einer Felswand lag, stürzen und ihn mit ihrem Körper zu Boden pressen und ihm mit ihren spitzen Fingern die Augen durchbohren; er marschierte unter dem Fenster und dachte unablässig: Jetzt, jetzt, jetzt, und er dachte, jetzt werde sie stürzen und ihn vernichten, und er schaute auf und sah ihre Augen niederfahren, und sie verbrannten ihn, und er sah, wie sie, mit der Hand zum Wurf ausholend, sich weit aus dem Fenster beugte, und in diesem Augenblick setzte sein Denken aus, es war ihm, als habe er aufgehört zu existieren und sei nichts als ein Schatten, und er spürte keine Beine mehr und hörte keinen Marschtritt und fühlte nicht die Darmfetzen auf sein Angesicht klatschen, er ging und fühlte nicht, daß er ging, und dann war er vorbeimarschiert, und nun, da der Wagen eine Kurve zog, sah der junge Gefreite das Mädchen. Es mochte achtzehn Jahre sein; es saß unbeweglich auf dem Wagen und blickte geradeaus, und seine Lippen waren zusammengepreßt. Er sah es im Profil; es trug braunes, straff nach hinten gekämmtes und im Nacken geknotetes Haar, das Stirn und Schläfen freigab; die schmale und ebenmäßige Nase war durch eine flache Kannelierung von der Stirn getrennt, die dünnen Lippen waren geschlossen, die Kinngrube ebenso flach und sanft geschnitten wie der Nasenansatz, und der Hals unter dem wenig gewölbten Kinn war lang und schmal. Es trug ein gelbes tunikaähnliches Hemd und einen blauen Rock; die nackten Arme und Füße waren gleichmäßig gebräunt. Es rührte sich nicht; es wahrte seine strenge Haltung auch während des Rumpelns und Schüttelns des Karrens, und P. sah es nach dem entsetzlichen Anblick der irren Alten beglückt und befreit. Sie ist unsere Schutzgöttin, dachte er, solange sie mit uns ist, kann uns nichts widerfahren! Er sehnte sich danach, seinen Arm um ihre Schultern zu legen, nur seinen Arm um die Schultern zu legen in sanfter, keuscher Berührung und ihren Atem zu hören und neben ihr zu sitzen und in die Berge hinaufzufahren, auf denen die Wolken sich häuften; es war ein vollkommen reines, ein brüderliches Gefühl, er wollte nichts anderes als neben ihr sitzen, dem Krieg entflohen und dem Grauen, im Arm des einfachen, friedsamen Lebens, glücklich, geborgen, beinah erlöst. Der Wagen hatte die Schleife genommen, und die Köpfe der vorderen Reihen deckten ihn zu, doch als die Straße steiler und steiler in die Berge sich schraubte und sich mäanderhaft um Zacken und Felsnasen wand, tauchte, und nun ein Stückchen erhöht, das Mädchenprofil lind und tröstend wie ein Vogelruf im März über den Marschierenden auf, das Mädchenprofil und die gekrümmte Gestalt des Bauern und die sanften Leiber der trottenden grauen Tiere, und P. mußte plötzlich denken, daß dieser Zug in den Karst, dieser Zug mit seinem nahen Beieinander von Gefahr und Anmut, Grauen und Schönheit, Zerstörung und Liebreiz, Wildheit und Milde, Tod und Verklärung, ein treffenderes Symbol für diese Zeit sei als das geplante Spiel vom König Ödipus, und wenn er dann wieder nur Nacken und Haupthaar seiner Kameraden sah, wartete er voll Ungeduld, das holde Angesicht zu erblicken, und er dachte, langsam einherschreitend, denn der Karren fuhr langsam, an friedsame Dinge: an die Apfelbäume im väterlichen Garten, einen Waldsee, einen Wildentenstrich. Es duftete betäubend nach Thymian; aus graubraunem Fels glühte Hibiskus und Ehrenpreis. der Sturm war abgeflaut, kleine Hummeln summten. Sie marschierten ohne Lied und ohne Gespräche; die Straße starrte von Rissen und Löchern, der Wagen kam nur mühsam vom Fleck, und sie mußten oft stehenbleiben, um nicht auf den Karren aufzulaufen.

Endlich war ein Hochplateau erreicht, das ein flottes Rollen erlauben konnte, doch seltsamerweise fuhr der Wagen im gleichen langsamen Trott weiter, um schließlich vor einer Weggabelung anzuhalten und stillzustehn.

3

Der Karren hielt, der Bauer stieg ab; er zögerte beim Absteigen, er hing einen Augenblick unbeweglich am Trittbrett, und sein Kopf kreiste langsam von den Soldaten zu seiner Enkelin, die noch immer reglos auf dem Wagen saß, dann endlich berührte sein Fuß den Boden, und er ging, langsam, den Kopf gesenkt, zu den Soldaten, verharrte nach einigen Schritten und stand, die Arme vor der Brust gekreuzt, und mit tief geneigtem Haupt, als erwarte er einen Gesandten, schließlich erschütterte ein Zucken seinen Körper, und er ging, stolpernd, doch schneller und schneller und schließlich fast rennend, dem Feldwebel zu, der ihm langsam entgegenschritt. Der Blick des Bauern war glasig, der Hals und die Brust zitterten; er warf sich wieder dem Gestiefelten zu Füßen und umschlang dessen Knie und begann in äußerster Eile zu reden; der Feldwebel stieß ihn vor die Brust und zog ihn am Jackenkragen in die Höhe, und als der Bauer Gesicht an Gesicht vor dem Feldwebel stand, brach er mit einem wimmernden Kicksen seine Rede ab, zeigte flehend auf seinen Karren, seine Enkelin und auf sich selbst, deutete dann mit dem Zeigefinger den weiten Weg vom Tal hier herauf auf das Hochplateau an, faltete, mit gespreizten Fingern, die Hände vor der Brust, neigte das Haupt zur Seite und versuchte mit flatternden Lippen ein Wort zu formen, das Hauch blieb. Indes war der Hauptmann herangeritten; als der Bauer den Berittnen, den Mächtigen, den Höchsten der Hohen erblickte, wollte er abermals auf die Knie fallen, wurde aber vom Feldwebel zurückgestoßen und verharrte also, die Hände noch immer gefaltet, in Demut versteint und flehte mit seinem armen ausgedörrten gekrümmten Leib.

»Komisch, warum will der denn gerade hier nicht weiter?« fragte der Hauptmann, dann befahl er seinen Männern, volle Deckung zu nehmen, und schickte die Minensucher aus, die Straßen, denn es waren ja hier ihrer drei, ein Dreiweg, abzusuchen, und als der Bauer sah, daß die Soldaten in Deckung gingen und die Minenräumer mit ihren stählernen Wünschelruten des Todes sich anschickten, die Höhlen und Risse der Pfade auszufragen, rief er dem Mädchen mit scharfer Stimme ein Wort zu und rannte dann über das Hochplateau dem Abgrund entgegen, den sie soeben erklommen hatten. Die Soldaten rissen das Gewehr hoch und schlugen den Sicherungsflügel herum, doch da knallten schon zwei Schüsse: der Feldwebel hatte seinen Revolver gezogen, und der alte Mann schrie auf und stürzte zappelnd nieder und versuchte weiterzukriechen, doch da waren Soldaten schon über ihm und hielten ihn an den Schultern fest. Der Schuß hatte den Oberschenkel durchschlagen, der Bauer wimmerte laut in ununterbrochenen Stößen, er hatte den Kopf bis an die Ohren in die Schultern gezogen, der Unterkiefer war weit zu der Seite, auf die sich der Kopf stützte, gedrückt, und als nach kurzem Getrappel der Aufschrei des Mädchens erklang, bäumte sich der Bauer auf, als treffe ihn ein elektrischer Schlag. Das Mädchen war vom Wagen gesprungen und hatte zu entkommen versucht, doch der Hauptmann war ihm nachgeritten und hatte es am Haarknoten im Nacken gepackt und, zu den Soldaten zurückgekehrt, einem Herbeigewinkten – es war der Gefreite P. – zur Bewachung übergeben; dann war er zu dem Bauern getreten und hatte befohlen, ihm das stark blutende Bein zu verbinden, und nun begann er ein Verhör.

Der Hauptmann, der das Altgriechische wie seine Muttersprache beherrschte, verstand Neugriechisch ganz gut und war auch des Sprechens so weit mächtig, daß er sich verständigen konnte, doch pflegte er von dieser Fertigkeit selten Gebrauch zu machen, da er, ein Liebhaber alles Vollkommenen, sich seines Radebrechens in der Sprache schämte, die doch einmal die Sprache Homers gewesen war. Hier aber war es nicht zu vermeiden, und so fragte er denn, ob der Kreuzweg vermint sei und ob der Bauer mit den Partisanen in Verbindung stehe und wer die Minen gelegt habe, und der Bauer erwiderte, immer stöhnend und wimmernd, er wisse von nichts, er habe nichts anderes gewollt, als nach Hause zu gehen, und er werde den hohen Herrn General noch auf seinem Sterbebett preisen, wenn er ihm jetzt die Heimfahrt gnädig gestatte, und der Hauptmann erwiderte, man werde ja sehen. Die Minenräumer hatten ihre tastende Arbeit aufgenommen; die Soldaten hockten wieder in Deckung, der Bauer wurde hinter einen Felsblock gelegt, und das Mädchen kauerte neben P. im Geröll, ein Maultier wieherte fröhlich, dann war es ganz still, und man hörte nur das stoßweise Wimmern des alten Mannes.

P. hatte, als der Hauptmann ihm das Mädchen zur Bewachung übergab und er es am Arm gepackt, nicht mehr gefühlt gehabt, ein Mädchen in der Hand zu halten; sie war in diesem Augenblick nichts als ein Feind, kein Mädchen, kaum Mensch, er hatte nur daran gedacht, daß der Gefangene nicht fliehen dürfe und daß er ihn nicht loslassen dürfe, und noch da der Befehl, Deckung zu nehmen, gekommen war, hatte er den Gefangenen mit einem rohen Ruck zu Boden gerissen, doch nun, da sie nebeneinander kauerten, durch eine dünne Wand von Luft mehr verbunden als getrennt, und er ihren Atem hörte und ihr Haar roch und ihren Nacken sah und den Geruch ihrer Haut spürte, fühlte er in immer heftigerer Verwirrung, daß es ein Mädchen war, das er am Arm gepackt hielt, und er lockerte den Griff seiner Finger, bis er nichts mehr als eine zarte Berührung war. Er wagte nicht, die Hand zu lösen, noch wagte er, den nackten Arm zu streicheln, obwohl ihn danach verlangte; er wollte dem Mädchen ins Angesicht sehen und wagte auch dies nicht, und seine Verwirrung wuchs zu ratloser Verlegenheit, als er merkte, daß sie es war, die ihn ansah, und daß sie ihren stummen Blick auf sein Gesicht gerichtet hielt; es war ihm, als wäre die Zeit gestockt und habe innegehalten; er fühlte die ungeheure Scham der Ohnmacht unter ihren Blicken, und für einen Herzschlag dachte er: Lauf weg, Mädchen, liebes Mädchen, lauf weg! – Lauf weg! dachte er, ich werde dich nicht halten, und er dachte plötzlich, daß sie zu zweit sich erheben und in den Himmel hineinschweben würden, unerreichbar von allen Feinden wie das Liebespaar in den Märchen, das vor der Hexe oder dem Zauberer flieht und den Verfolgern Wälder, Flüsse und Bergkämme in den Weg streut, bis es die rettende Grenze überschreitet und beim Nordstern angelangt ist oder im Soria-Moria-Schloß oder dem Regenbogen; er fühlte sich durchströmt von aller Süße, und er löste den Griff so weit, daß nur die Kuppen seiner Finger die Haut des Mädchens berührten, und in diesem Augenblick wagte er den Kopf zu heben und seine Augen in die ihren zu senken, um sofort, vom ungeheuren Blitz ihres Hasses getroffen, den Kopf wieder wegzudrehn, ein gefrorenes schäbiges Lächeln auf den Lippen, und da er den Kopf wegdrehte, von Scham überflutet, packte er wieder fester zu, und da hörte er auch schon erregte Stimmen, und da gellte vom Dreiweg das warnende Klingeln als Zeichen, daß man in der Tat eine Mine gefunden habe, und da war die Gefangene wieder Gefangene, Feind, nichts als Feind, den die Faust des Gefreiten brutal umfaßte, und dann waren die Sinne nur auf das Krachen der Mine gerichtet, und jedes Steinchen, das bewegt wurde, schrillte und toste, als stürze das Gebirge in Trümmer, und dann kam der Ruf: »Mine entschärft«, und P. preßte die Faust um den Arm seines Gefangenen und riß ihn auf die Beine und fühlte die wilde Wut, ihm in den Leib zu treten, dem Feind, dem Ungeheuer, das mit dem holden Antlitz einer Jungfrau lächelte und dessen unterirdisch verborgene Löwenkrallen nach dem Leben schlugen –: aah, dem Feind in die Kehle treten, ihn zusammenhaun, niedertrampeln, in Stücke fetzen, und in allen Soldaten schäumte die Wut auf und wogte und war über dem Bauern zusammengeschlagen und hatte ins brüllende, wimmernde, blutende, zuckende Fleisch getreten und geschlagen, und der Hauptmann war vor das Mädchen gesprungen, das P. immer noch am Arm gepackt hielt, und hatte ihm klatschend links und rechts ins Gesicht geschlagen und hatte weitergeschlagen, als das Blut aus der Nase schoß und über Mund und Kinn lief, und hatte mit blutigen Händen geschlagen und geschrien: »Ihr Schweine, ihr Schweine, ihr Schweine«, und es war seine eigene Schmach und Schande gewesen, die er da mit blutigen Händen schlug, und dann hatte er plötzlich innegehalten und sie, die stumm stand und nicht klagte noch schrie, mit großen Augen angesehen, und plötzlich war sein Gesicht welk geworden, zwei tiefe Falten hatten sich von den Mundwinkeln herabgezogen, der Blick hatte sich geduckt, die Backenknochen hatten sich vorgeschoben, die blutige Hand war erschlafft, und langsam, unendlich langsam hatte sich der Hauptmann abgewandt, und sein Blick hatte den ungeheuren Himmel über den Steinen gesehn, und der Hauptmann hatte einen Augenblick geglaubt, sich übergeben zu müssen, dann hatte ihn der Feldwebel angesprochen und dann der Führer des Minensuchtrupps seine Meldung erstattet, und dann waren Geier am Himmel erschienen, und das Maultier hatte wieder gewiehert, und dann war es vorbei. Der blutüberströmte Bauer und das Mädchen wurden mit Wäscheleinen an den Bock des Karrens gebunden, das Gespann setzte sich wieder in Bewegung, die Soldaten folgten im langsamen Schlendergang dem rumpelnd dahinziehenden schwarzbraunen Karren, der von weitem aussah, als sei er ein Sarg, der Weg wand sich nun wieder abwärts, einer silbernen, von Ölbaumlaub überrieselten Ebene zu, und als der Abend kam, war die Stadt erreicht und Quartier bezogen, und als die Soldaten erfuhren, daß es in der Stadt ein Wehrmachtsbordell gab, marschierten sie in geschlossenem Zug in den Puff.

4

Die Wehrmachtsbordelle waren, zum Unterschied von den Fronthochschulen, keine Errungenschaften der nationalsozialistischen Ära; sie besaßen eine lange Tradition im Militärwesen, aber der Geist der Volksgemeinschaft spiegelte sich auch in diesen Etablissements insofern wider, daß, während noch das Wilhelminische Heer nur streng getrennte Mannschafts-, Unteroffiziers-, Feldwebel-, Offiziers- und Stabsoffiziersbordelle sein eigen nannte, nun in den meisten dieser Häuser Mannschaften, Unteroffiziere und Feldwebel gleichen Rangs waren und die Reihenfolge der Besuche einzig durch frühere oder spätere Anmeldung beim Sanitätsunteroffizier, der im Korridor die Besucherlisten führte und die Soldbücher während der Zeit des Aufenthalts einzog, bestimmt wurde. Unsere Soldaten kamen spät, sie mußten warten. Der niedrige, mit verblichenen und zerschlissenen Papiergirlanden und einem staubigen Palmkübel gezierte Saal war überfüllt, die Luft wogte träg und grau von Rauch und Schweißdunst unter den rotgestrichnen nackten Lampen, und ein elektrisches Klavier überschrillte den Lärm der Wartenden. P. hatte die Nummer 59 erhalten; im Augenblick waren die Nummern 17 bis 22 an der Reihe, er hatte also fast zwei Stunden Zeit. Er saß zurückgelehnt, mit niederhängenden Armen und vorgestreckten

Beinen in einem Rohrsessel vor einem fleckigen und zerschrammten Marmortisch, nippte an dem Harzwein, von dem er, wie auch die Kameraden, sich nicht mehr als einen dreiviertel Liter leisten konnte, rauchte und hörte mit halbem Ohr der ungeduldig harrenden Männer wiehernde Rufe, Zoten und wüste Gespräche, aus denen alles Weiberfleisch Europas und Afrikas strotzend wuchs. Der junge Gefreite beteiligte sich nicht an der Unterhaltung, und er dachte auch an nichts; er wartete stumpf, er war müde, die Fußsohlen brannten; er hatte nach dem langen Gebirgsmarsch noch, während die anderen im Soldatenhotel ruhten und die Beine streckten, den Bauern und das Mädchen ans andere Ende der Stadt zur Dienststelle der Sicherheitsbehörden bringen müssen, und nun saß er erschöpft da und nippte am Harzwein und blinzelte im schweren, schwappenden Bockdunst und dachte an nichts, auch nicht mehr an das Mädchen. Auf dem Marsch die Berge hinab war er noch einmal von einer hellen, wie ein warmer Quell das Wintereis durchbrechenden Welle des Mitleids zu dem jungen Menschenkind, das nun in den Tod fuhr, durchflutet worden, doch hatte er dieses Mitleid bald niedergerungen und sich gesagt, daß es einzig gelte, hart und gnadenlos mit jenem Gesindel abzurechnen, das auf so teuflische Weise nach Leib und Leben friedlich Dahinmarschierender getrachtet; er hatte gedacht, daß sie nun einmal der Kriegeradel Europas seien, der einzige Schutzwall der Welt vor der roten Pest, und daß der Bauer und das Mädchen ja selbst Schuld an ihrem Lose trügen, geständig durch ihr Halten vor der Mine, überführt versuchten Meuchelmords an Dutzenden der Besten und also rechtens abzustrafen, und dies mit dem härtesten Maße: dem Tod. An den Galgen mit ihnen, zur Hölle, ins Nichts! Damit hatte er diese unerquicklichen Dinge endgültig aus seinem Gedächtnis geschoben; er hatte auch nicht mehr nach dem Mädchen auf dem Karren gesehen, und als das Gerücht aufgekommen war, daß es in der Stadt am Ziel ihres Marsches ein Bordell geben solle, einen piekfeinen Puff mit ganz tollen Weibern, hatte er hin und her gerechnet, wie er den Rest seiner ohnehin nicht üppigen Löhnung am vorteilhaftesten anlegen könne, und war immer wieder zu dem Schluß gekommen, die drei Millionen Drachmen, die er noch im Brustbeutel trug, würden gerade für eine Zulassungsmarke und dreiviertel Liter Harzwein langen, und er hatte überlegt, ob es nicht klüger wäre, sich, statt in den teuren Puff zu gehen, für die Abendration Brot auf der Straße etwas Langhaariges anzulachen, doch dann hatte er befürchtet, die Kameraden, die ihn wegen seiner Ödipusgespräche mit S. nun doch schon zu hänseln begonnen hatten, könnten es ihm verübeln, wenn er sich von dem gemeinsamen Vorhaben ausschlösse, und so saß er nun hier und rauchte und nippte am Harzwein und wartete und dachte abermals an das nahe Beieinander von Liebe und Tod und Kampf und Härte und Innigkeit, und da der Geist wehet, wo immer er will, und waltet an allen Orten, und wären es die geringsten, und keine Wand nicht noch Mauer seinem Brausen zu wehren vermag, überkam ihn hier, da er so dasaß, rauchend, Wein trinkend, sinnend, ein unerhörtes geistiges Erlebnis: er fand die Deutung des Königs Ödipus. Der Gedanke überfiel ihn plötzlich; er kam mit ungeheurer Wucht, wie schießendes Blut, das die Kavernen des Geistes füllt; er fühlte einen Strang in seinem Gehirn fast körperhaft schwellen, und seine Augen begannen zu glänzen, die Nüstern bebten, er wollte sich aufbäumen, und er keuchte beinah vor des Denkens Lust. Er roch nicht mehr Schweiß und Rauch und Weindunst, er vergaß das Täfelchen mit der Nummer, das er in der Hand hielt, er hörte nicht mehr die Stimmen der Kameraden, er wurde getragen vom Geist, er fühlte sich schwerelos und entrückt der Erde, und in rasender Begierde spürte er Wort um Wort im Geist sich lösen und sich ergießen und zu einem Fluß der

Gedanken zusammenrinnen; sein Denken war trächtig geworden, und dies war die Lösung, die er fand: Der Mythos des Ödipus lehrte den Mythos des Blutes! Ja, den Mythos des Blutes und seiner Reinheit, den Mythos des Blutes in Adel und Untergang! Die griechischen Herrschergeschlechter waren doch – und mit dieser Erkenntnis hatte jener befruchtende Sturm des Denkens, das Pfingsten unseres jungen Gefreiten, begonnen –, sie waren doch nichts anderes, als die dünne Schicht der hochrassigen Eroberer, die aus dem Norden gekommen waren und sich das mittelmeerische Völkergemisch mit Feuer und Schwert unterworfen hatten, um es, dies träge Siesta-Pack, zu leiten und zu regieren und zu Taten zu spornen und anzutreiben; sie waren der Blutadel, der die Könige stellte: Achill, Agamemnon, Odysseus, Ajax, Ödipus, Nestor; sie waren Krone und Speerblatt und Kitt des Hellenenvolkes, und sie konnten ihre Herrschaft nur ausüben und festigen, wenn sie es rein hielten, ihr kostbares Blut! Das Blut des Ödipus und der Jokaste aber war durch den Inzest unrein geworden, und dem Geschlecht drohte damit unaufhaltsam Entartung, genauso wie die Inzucht schließlich den englischen und preußischen Hochadel, der doch einmal die ritterliche Führungsschicht gewesen, zu einem reaktionären Klüngel hatte entarten lassen! Das also war es, das, genau das: Ödipus hatte gegen das höchste Gebot verstoßen, gegen das Gesetz des Blutes, gegen das Gesetz der heiligen Natur, und ob er dies wissentlich getan hatte oder nicht, war genauso nichtig wie die Frage, ob ein Leprakranker sein Übel mit oder ohne Vorsatz erworben habe, da es eben vollauf genügt, daß er mit Lepra behaftet ist, um ihn von der menschlichen Gemeinschaft zu sondern, so war es dort genug gewesen, das Königsblut verdorben zu haben, um aufhören zu müssen, zu zeugen und zu gebären. Darum, daß ihr Schoß kein Leben mehr zur Welt bringe, mußte sich Jokaste erhängen, und Ödipus mußte sich darum blenden (und er würde sich auch entmannt haben, dachte P.) und als solcherart sichtlich Gezeichneter durch Hellas ziehen, um seinesgleichen warnend zu mahnen, die Reinheit des Blutes zu hüten, besser als ihren Augapfel, daß es sich nicht mit Minderem mische noch sich selbstschänderisch selber verderbe. Blut, Rasse, Mythos und Herrenmensch – dies also war die Deutung, die der junge Soldat und Philosoph der Dichtung gab, und Schauder der Verzückung durchrannen ihn, da er dachte, daß jahrtausendelang der wahre Sinn dieses Werkes in Dunkel gehüllt war, bis er gekommen und ihn wieder ans Licht gehoben, und nun brannte er vor Begierde, sich mitzuteilen, und bedauerte aufs äußerte, daß sein Freund nicht hier war, die große Entdeckung anzuhören, und so gewaltig war das Erlebnis des Geistes und die Beglückung ob der gefundenen Lösung, daß unser junger Freund, obwohl sein Blut doch seit Wochen schon knurrte, jetzt, hätte er S. in der Nähe gewußt, spornstreichs aufgebrochen und auf das süße Glück, dem er so lange entgegengewartet und für das er schließlich schon redlich bezahlt hatte, verzichtet und zu seinem Freund geeilt wäre, um ihm zu berichten, doch da der Freund fern war, blieb P. nichts anderes übrig, als seine Zeit hier abzuwarten, und er tat dies in solch geistiger Entrücktheit und Verklärung, daß er den Aufruf seiner Nummer tatsächlich überhörte und erst von seinem Nachbarn durch einen heftigen Puff in die Rippen aufgefordert werden mußte, jenem einen nun offnen der insgesamt fünf schmalen und zellenartigen Gemächer zuzuschreiten, vor dem schweißtriefend, keuchend, gesichtslos und kaum verhüllt Fleisch stand, Fleisch, durch das alles Männliche schon gegangen und das sich nun bereit legte, auch ihn aufzunehmen.

5

Am nächsten Morgen, als sie zurückmarschierten, hingen bereits die Körper des Bauern und des Mädchens am Ast einer Eiche auf dem Marktplatz. Die Soldaten erkannten sie nicht, denn es hingen viele Leiber an den Ästen, und so achteten sie nicht weiter darauf, und sie waren auch noch schläfrig und gähnten laut und ungeniert. Sie fingen wieder einen Bauern und setzten ihn auf den Karren mit Steinen und marschierten also, ohne daß sich ein nennenswerter Zwischenfall ereignet hätte, zu ihren Unterkünften zurück. Sie marschierten, als die frische Luft ihre Müdigkeit vertrieben hatte, frei und gelockert, sie fühlten sich entspannt und gelöst und tauschten in lebhaftem Gespräch ihre Erinnerungen an die letzte Nacht aus, die schon wieder so weit entrückt war wie alle anderen Nächte auch, und wenn der Weg nicht zu sehr anstieg, schmetterten sie ein fröhliches Lied. Die Luft war lau und lind, die Sonne stach nicht, wohl war Gewölk am Himmel versammelt, doch fiel kein Regen, und der Wind wehte als die sanfte Brise, die man auf Märschen so ersehnt. Geier kreisten, der Duft von Thymian füllte die Lüfte, und fern, im blendenden Mittagslicht, leuchtete das ewige Eis der Firne wie eine Krone aus Diamant.

Hauptmann N. ritt diesmal voran. Er hatte, nachdem er seine Hand an der Wange des Mädchens zerschlagen, einen Ekel, noch würgender als den am Vortag im Zelt, in seinem Schlund aufsteigen gefühlt; es hatte ihn gedrängt, sich die Hand abzuhacken, die solches getan, und er hatte sich am Abend auf seinem Zimmer lang die Hände gewaschen und hatte dabei gedacht, zum Sicherheitsamt zu gehen und dort auszusagen, daß das Mädchen nichts mit dem Minenattentat zu tun haben könne, da es ja freiwillig mitgekommen sei, ja, er war schon, mit der plötzlichen Erkenntnis, daß es auch aus Sicherheitsgründen seine Pflicht sei, den Fall wahrheitsgemäß darzustellen, in die

Stiefel gefahren, um sich auf den Weg ans andere Ende der Stadt zu machen, da hatte er mit einem Male ein Haus mit grauschwarz uniformierten Posten vorm Tor gesehen und in dem Haus einen Raum und in dem Raum einen Tisch und in dem Tisch eine Lade und in der Lade eine Akte, eine Akte mit seinem Namen und denen lang gemiedner einstiger Gesprächsteilnehmer, und er hatte eine Hand gesehen, die diese Akte aus der Lade herauszog, und er hatte eine schneidende Stimme gehört: »Sie also sind dieser Hauptmann Neubert!«, und er hatte die schneidende Stimme »so, so« sagen hören, und er hatte zwei eiskalte Augen vor den seinen gesehen, und da hatte er die Stiefel wieder ausgezogen und war lange Zeit auf der Kante seines Feldbettes gesessen und hatte vor sich hin gestarrt und unhörbar die Lippen bewegt, und dann hatte er laut »ach was!« gesagt und war aufgesprungen und in seinem Zimmer auf und ab gegangen, und dann hatte er das Becken mit dem seifigen Wasser gesehen, in dem er so lange seine Hände gewaschen, und als er gesehen hatte, daß das Wasser nicht rot war, hatte er sich ein wenig erleichtert gefühlt. Dann hatte er sich an den Tisch gesetzt und eine Pfeife gestopft und sich gesagt, daß er seinen beiden Schülern wohl noch einmal eine treffendere Deutung des Ödipus-Mythos werde geben müssen, da er, dies wußte er jetzt vollkommen sicher, sie beim Gespräch im Zelt nicht hatte überzeugen können; er hatte ein Weilchen hin und her gegrübelt und seine Argumente gemustert wie ein Feldherr vor der Schlacht seine Truppen, da war ihm, so als habe sich eine verschollen geglaubte Mannschaft unversehens wieder eingefunden, plötzlich eine schon längst vergessene Bemerkung Bachofens erneut in den Sinn gekommen, die ihm, das erkannte er jetzt erst, den eigentlichen Schlüssel zu der alten Sage in die Hand gab, und das wiederum hatte ihn so mit Genugtuung erfüllt, daß er sogleich Beruhigung gefunden und er schließlich, nachdem er seine neue Theorie durchdacht und überprüft und als unangreifbar bestätigt gefunden hatte, sogar in lindernden und tröstenden Schlaf gesunken war, der ihn derart erquickte, daß er an diesem herrlichen Gottesmorgen nun mit freier Brust über die Berge ritt, mit freier Brust und das Haupt erhoben, dem Gesang seiner Männer wie dem hellhallenden Schlag der Hufe lauschend und vom Gemurmel und dem glitzernden Glanz eines niederrieselnden Bächleins entzückt. Sein Wohlwollen übertrug sich auf die Feldwebel und Unteroffiziere, sie ließen die Mannschaft unbehelligt und gönnten ihr so manche Freiheit, das Wetter war herrlich, die Stimmung prächtig, Jupiter gnädig, und so zog man denn so frohgemut wie noch nie ins gemütliche Quartier. Der Hauptmann hatte die Kompanie wegtreten lassen, war vom Pferd gestiegen und hatte sich angeschickt, zu seinem Zelt hinüberzugehen, die Mannschaften strudelten durcheinander, das Klappern von Stiefelbeschlägen mischte sich ins Stimmengewirr und Häherschreien; aus den Rohren der Feldküche stiegen Rauch und Duft von Gesottenem und Gebratenem, und der Hauptmann streifte im Schlendern die weißen Reithandschuhe von seinen Händen und sah auf seine Hand und sah in diesem Augenblick den Obergefreiten S. aus dem Käfig springen und seinen Freund, den Gefreiten, der sofort lebhaft auf ihn einzureden begann, begrüßen, und der Hauptmann sah, und er hörte dabei Donner aus den Tiefen der Erde, auf seine Hände und sah auf die beiden und sah die Quartiere, die Käfige waren, und plötzlich sah er, was er vielleicht, seitdem sie hier lagerten, schon immer gesehen, aber nie mit Bewußtsein wahrgenommen: Er sah, daß die Käfige Schilder trugen, Schilder in deutscher und lateinischer und griechischer Sprache, und daß auf diesen Schildern die Artbezeichnung der ehemaligen Insassen geschrieben stand: *Gemeiner Wolf*, so las der Hauptmann auf dem Schild des Käfigs, vor dem S. und P. standen, und er sah es und hörte die Donner dröhnen, die Donner aus den Eingeweiden der Erde, und er las *Gemeiner Wolf, Canis Lupus,* und er sah seine Männer im Käfig sitzen, davor das Schild hing *Gemeiner Wolf,* und *Gestreifte Hyäne* stand am Nebenkäfig, und darin agierte der Hauptfeldwebel mit den Kolbenringen am Ärmel und saß am Tisch und stocherte zwischen den Zähnen, und auf dem Käfig daneben stand *Schakal,* und dahinter lagen drei Unteroffiziere und spielten Karten, und der Hauptmann las *Geier: Schmutzgeier* und *Bartgeier,* und er sah hinter den Stäben der Voliere sein lachendes Soldatenvolk schwatzen und schmatzen, und er las *Fuchs* und *Bär* und *Marder* und *Iltis* und wieder *Wolf* und wieder *Hyäne* und sah seine Männer, deutsche Soldaten, und er sah das Mädchen, und er sah die Gehenkten, sah alle Gehenkten und alle Erschossenen und alle Gemarterten und Gequälten und Erniedrigten und Gezeichneten, und er sah das Blut auf seinen Händen und wußte, daß er der Schuldigste war. Er war der Schuldigste; die anderen waren verblendet, er aber hatte sehen dürfen: daß an der Spitze des Reiches Verbrecher standen und daß der Krieg Deutschlands Schändung und Untergang war und wie eine Pest über den Völkern dauern würde, solange jene Verbrecher noch mächtig waren, und er sah die beiden, die vor ihrem Käfig standen, vorm Wolfszwinger, wohin sie auch gehörten, sie, Jokaste und Ödipus, noch unwissend, noch ungeblendet und ungehangen, ach, Ödipus, Ödipus, Jammers genug! Das hatte er ihnen sagen wollen: daß der Ödipus Sinnbild des Zusammenstoßes zweier Menschheitsepochen war, der alten, wilden Stufe des Mutterrechts, in dem der Vatermord kein Verbrechen war, da es ja den Begriff des Vater-Individuums nicht geben konnte, und wo der Inzest sich nicht aus den andern Akten der Vermischung hob und also von einer Schuld der Mutterschändung keine Rede sein konnte; im Zusammenprall zweier Menschheitsepochen ward Ödipus zermahlen, im Zusammenstoß des Mutterrechts mit dem Vaterrecht, das waffenklirrend und grimmig emporkam, eine überlebte Zeit zu Grab zu zwingen, der anzugehören allein schon verderbliche Schuld war; eine neue Zeit forderte ihre neuen Rechte, Gewohnheiten wurden zu Verbrechen, Übliches Frevel, Normales Laster, eine neue Zeit kam herauf und stieß die brüllende alte Zeit in die Grube, und wehe dem Menschen, der zwischen die Zeiten geriet! Historisch notwendig, war dieser Übergang für das Individuum schmerzlich, qualvoll, blutig tragisch, Ödipus war das Beispiel dafür, Ödipus Schwellfuß, und der Hauptmann sah die blauen Augen des jungen Menschen, der Ödipus war und es bloß noch nicht wußte, und er dachte, was diese Augen einst würden sehen müssen: Daß da Henker waren, die sie für Führer gehalten; daß das Reich, vor dem sie bewundernd in bestem Glauben schützend mit Waffen gestanden, ein Zuchthaus war und eine Folterkammer, daß ihre Heldentaten Verbrechen waren, Verbrechen, gräßlich, mörderisch, greulich, höllisch, und er sah, wie die Augen des Jungen sich vor Scham und Entsetzen weiten würden und brennen vor Graun in ihren Höhlen, und er sah den Strick um den Hals des andern, den er sich selbst umlegen würde, nein *der* nicht, der ihm also würde umgelegt werden von den Rächern, den Männern und Frauen des neuen Zeitalters, des dritten, das nun waffenklirrend und grimmig heraufkam, die blutige Ära der Kriege und Knechtungen ein für allemal zu beenden, die längst überlebte, verfaulte, stinkende, morsche Ära, in der eine Handvoll Halunken die Erde beherrschte und aussog und unter den Stiefel trat: Mutterrecht hatte geherrscht, und Vaterrecht herrschte, und nun brach die neue Zeit des Menschenrechts aus den Schlünden des Balkans und den Hainen des Maquis und den sanften Ebenen Polens und rollte donnernd her aus den Weiten Rußlands, um der alten Zeit ein Ende zu setzen, in der die Menschen den Tieren noch zu nahe gewesen und ihre Art mehr wölfisch und bärisch und füchsisch und von der

Art der Schakale und der Hyänen als menschlich war, die neue Zeit war auf dem Marsch, die alte Zeit zu begraben, der anzugehören einfach schon Schuld war, und der Hauptmann sah seine Hände und sah die Stäbe und Schilder und sah dann die beiden: Jokaste und Ödipus, und er, Teiresias, der alles wußte und nicht zu sprechen wagte aus Angst vor dem Kommenden, aus erbärmlicher, feiger, elender Angst, und er dachte, daß sein Zelt ein Koben sei, auf dem das Schild stehen müßte, wie es an den Türen von Ställen mit Koben hängt, und er dachte für einen Moment, zu den beiden zu treten und mit ihnen zu reden, doch dann winkte er sich selbst ab, winkte ab mit leerer müder Gebärde und ging in sein Zelt und schoß sich eine Kugel in den Kopf, und da seine Hand zitterte, schoß er sich durch beide Augen.

Das alles ist wirklich geschehen.